Peter Hocken

Die Strategie des Heiligen Geistes?

d&d medien gmbh

Titel der Originalausgabe:
The Strategy of the Spirit?

© 1996 by Peter Hocken
Published by Eagle/Inter Publishing Service (IPS) Ltd.,
St. Nicholas House, 14 The Mount, GB-Guildford, Surrey GU2 5HN

© der deutschen Ausgabe 1998
by D&D Medien GmbH, D-88214 Ravensburg

1. Auflage 04/1998

Immanuel Edition
Übersetzung: Elisabeth Dörflinger
Satz, Titelfoto und Umschlaggestaltung:
D&D Medien GmbH
Druck: St.-Johannis-Druckerei, Lahr

ISBN 3-932842-12-x

Inhalt

Vorwort

In dieser Zeit der herannahenden Jahrtausendwende spüren viele Christen, daß neue Initiativen ergriffen werden müssen, um das Verständnis und die Einheit unter Christen verschiedener Kirchen und Traditionen zu fördern. Dieses Buch eines katholischen Theologen stellt meiner Meinung nach einen höchst bedeutenden Beitrag zum gegenseitigen Verständnis und zur Einheit dar. Es folgt Peter Hockens vorangegangenen Büchern, besonders „*One Lord One Spirit One Body*"[1] und „*The Glory and the Shame*", die sehr geschätzt wurden.

Peter Hocken schreibt mit großer Einsicht und einer herausragenden historischen Kenntnis als Theologe von den Erweckungsbewegungen der vergangenen Jahrhunderte sowie unserer Zeit. Er zeigt vier Strömungen auf, die sich vor allem außerhalb der historischen Kirchen entwickelt haben: Die evangelikale, die Heiligungs-, die Pfingst- und die charismatische Strömung. Sein Hauptgedanke ist, daß diese Strömungen nicht als Gegenpole zu den historischen Kirchen, besonders der katholischen Kirche und der Ostkirchen, gesehen werden sollten. Sie sollten sich vielmehr gegenseitig ergänzen. Er sagt zu Recht, daß der Heilige Geist sowohl in den historischen Kirchen als auch in den Strömungen wirkt, und daß sie einander brauchen.

Der Versuch, eine ökumenische Brücke zwischen evangelikal-pfingstlerisch-charismatischen Kirchen und Gemeinschaften auf der einen Seite und den historischen Kirchen, besonders der katholischen Kirche, auf der anderen herzustellen, ist eine höchst entmutigende Aufgabe, die auf beiden Seiten von vielen kritisiert und als Utopie verspottet werden wird. Aber dies ist sicher die Hauptaufgabe, der die ökumenische Bewegung unserer Zeit gegenübersteht, eine Aufgabe, in der der Katholischen Charismatischen Erneuerung eine besondere Rolle zukommt, wie der gegenwärtige Papst öffentlich anerkannte.

Es ist für viele Katholiken und andere Christen der historischen Kirchen sehr einfach, die pfingstlerisch-charismatischen Kirchen und Gemeinschaften schlichtweg als unausgewogen, fanatisch sowie sektiererisch abzustempeln, und für viele von diesen, die historischen Kirchen, besonders die katholische, als tote Kirchen zu betrachten, die den Herrn verraten haben, so daß die Überwindung der auf beiden Seiten bestehenden Berge von Vorurteilen viel Geduld und Ausdauer erfordert. Dieses Buch ist ein bemerkenswerter Versuch, jede Seite der anderen zu erklären und sich auf eine authentische Versöhnung hinzubewegen, ohne die Glaubensgrundsätze des Autors als engagiertem katholischen Priester zu relativieren.

Die Dringlichkeit dieser Aufgabe kann aus den Statistiken ersehen werden. Die katholische Kirche und die Ostkirchen bilden weltweit die mit Abstand größte Gruppe von Christen, während die evangelikal-pfingstlerisch-charismatischen Kirchen und Gemeinschaften in vielen Gegenden den sich rapide ausbreitenden Teil der christlichen Welt ausmachen. So werden in der nahen Zukunft mehr und mehr Christen der einen oder anderen dieser beiden Gruppen angehören. Und oft treten zwischen diesen beiden die meisten Mißverständnisse und Feindseligkeiten auf.

Das Kapitel dieses Buches über die Bedeutung Israels ist besonders kraftvoll. Während ich es las, wurden mir die sündhaften Haltungen und Handlungen von Christen gegenüber Juden über die Jahrhunderte hinweg noch bewußter. Petrus Venerabilis, der Abt von Cluny (1092-1156), schrieb über die Juden: „Gott möchte nicht, daß sie getötet oder ausgerottet werden, sondern daß sie an einem Leben erhalten werden, das schlimmer ist als der Tod, in größeren Qualen und Demütigungen als der Brudermord Kains."
Christen sind sich nun, Gott sei Dank, immer mehr in ihrer Haltung gegenüber Juden der biblischen Aussage bewußt: „… unwiderruflich sind Gnade und Berufung, die Gott gewährt" (Röm 11,29). Die Juden bleiben ein erwähltes Volk mit einer einzigartigen Berufung, die für die gesamte Menschheit von wesentlicher Bedeutung ist. Peter Hocken weist darauf hin, daß die Christen es am meisten den Evangelikalen zu verdanken haben, daß sie den bleibenden Platz Israels in Gottes Plänen wiedererkennen konnten.

Peter Hocken ist seit langem ein Förderer der geistlichen Ökumene, die das Zweite Vatikanische Konzil „als die Seele der ganzen ökumenischen Bewegung" beschrieb. Dieses Ideal steht deutlich hinter Peter Hockens gesamtem Werk als Theologe und Historiker. In seinem Kapitel über Reue ruft er eindringlich zu einer vereinten Buße auf – Christen, die ihre verabscheuungswürdige Behandlung von Juden bereuen sowie die Feindschaft und Spaltung in ihren Beziehungen untereinander. Er liegt sicher richtig in der Überzeugung, daß keine großen Fortschritte in der Einheit erlangt werden können, bevor nicht viel mehr Reue geübt wird.

Dann fährt er mit einem sehr interessanten Vorschlag fort: Könnten Christen nicht, nach dem Beispiel des jüdischen Versöhnungsfestes Yom Kippur, einen Tag des Jahres als Tag der Reue einführen, besonders der Reue für die Behandlung von Juden durch Christen und für die Spaltung untereinander? Bleibt sehr zu hoffen, daß dieser Vorschlag von anderen aufgegriffen wird, denn ich glaube, dies könnte von großer Bedeutung sein.

Pater Benedict M. Heron O.S.B.

Teil I
Eine neue Situation und Chance

Einleitung

Das Thema dieses Buches, die Beziehung zwischen den Kirchen und den Strömungen neuen geistlichen Lebens (evangelikale, Heiligungs-, Pfingst- und charismatische Strömung), ist die natürliche Ausdehnung meiner vorhergehenden Studien über die charismatischen und die Pfingstbewegungen.[2] Meine Doktorarbeit *Erneuerungsströmungen* über die Ursprünge und frühe Entwicklung der charismatischen Bewegung in Großbritannien[3] führte mich zu geschichtlichen Studien als notwendigem Ausgangspunkt für theologische Überlegungen über das Wirken des Heiligen Geistes in unserer Zeit. Um die Bedeutung einer Erweckungs- oder Erneuerungsbewegung zu verstehen, ist es notwendig, ihren Beginn und ihre Entwicklung zu untersuchen.

Durch meine Dissertation wurde ich erstmals mit dem Phänomen der neuen charismatischen Kirchen konfrontiert, die damals Hauskirchen genannt wurden. Ich setzte mich lange mit den Höhen und Tiefen charismatischer Strömungen auseinander und behielt so im Blick, wie bemerkenswert die neuen Kirchen in der ganzen Welt wuchsen und sich ausbreiteten. Einladungen zu Vorträgen über die Pfingstbewegung und die neuen Kirchen bei europäischen Tagungen, die die katholische Kirche über neue religiöse Bewegungen veranstaltete, spornten mich weiter an, dieses Thema und seine Folgerungen für die katholische Kirche zu erforschen.[4]

Mein wachsender Kontakt zu „Jugend mit einer Mission" (JmeM) half mir ebenfalls, meine Gedanken und Gebete in diesem Bereich anzuregen. Das wachsende Interesse von JmeM-Mitarbeitern, mit der römisch-katholischen Kirche zusammenzuarbeiten bei der Erweckung des Glaubens von jungen Katholiken und deren Schulung zu Jüngern und Predigern, zeigte sowohl die Schwierigkeiten als auch das

Potential an positiven Beziehungen zwischen den Kirchen und Strömungen.

Die Wichtigkeit dieses Themas wurde mir auch durch pastorale Kontakte nahegelegt. Wenn ich einerseits neue charismatische Gruppierungen besuchte, traf ich immer ehemalige Katholiken. In letzter Zeit bemerke ich jedoch, daß einige von ihnen ihren Widerstand gegen die Kirche, die sie verlassen haben, ändern und ein oder zwei Jahrzehnte später einige ihrer Stärken zu schätzen lernen. Auf der anderen Seite treffe ich hin und wieder, vor allem bei katholischen charismatischen Konferenzen, Menschen, die nach einer gewissen Zeit in einer neuen charismatischen Gemeinde zur katholischen Kirche zurückkehrten; sie sind im allgemeinen sehr dankbar für das, was sie dort geschenkt bekamen, wurden aber von einem Verlangen nach der Eucharistie und einer liturgischeren Form des Gottesdienstes zurückgeführt. Diese Zurückgekehrten sind jedoch größtenteils darüber frustriert, daß es in katholischen Pfarreien stark an biblischer Lehre mangelt, und sehnen sich nach den Stärken beider Seiten. Ich begegne auch Katholiken, deren Glauben durch die charismatische Erneuerung zum Leben erweckt wurde, hin und wieder in neuen innerkirchlichen Gruppierungen, und die nun in der Spannung leben zwischen ihrem Zugehörigkeitsgefühl zur katholischen Kirche und der Vitalität, die sie an anderen Orten erfuhren. Ein bedeutendes Potential, um diesen pastoralen Problemen entgegenzuwirken, liegt in der Verbesserung der Beziehungen und der Zusammenarbeit zwischen den alten und den neuen Kirchen.

Die Herausforderung annehmen und sich dem Rätsel stellen
Dieses Buch setzt sich mit der Herausforderung auseinander, die die im evangelikalen Protestantismus entstandenen Strömungen neuen geistlichen Lebens und die historischen Kirchen, besonders die römisch-katholische, einander stellen. Eine der ersten Herausforderungen ist, einander besser kennenzulernen. Denn Vorurteile erwachsen aus der Unkenntnis und aus starren Mustern, die sich Gegner gerne von der anderen Seite zurechtlegen. So stellt die erste Hälfte des Buches eine kurze Geschichte der Strömungen neuen geistlichen

Lebens und der Erneuerungsbewegungen in den Kirchen, besonders der römisch-katholischen, in der heutigen Zeit vor. Der zweite Teil des Buches versucht, die speziellen Herausforderungen aufzuzeigen, die die beiden Seiten einander stellen. Für viele überzeugte Evangelikale und Anhänger anderer Strömungen auf der einen sowie für viele überzeugte Katholiken auf der anderen Seite wird es sogar schwer sein zu akzeptieren, daß der Geist Gottes zu einem solchen gegenseitigen Austausch herausfordert. Für sie ist die andere Seite einfach abtrünnig oder häretisch, unkultiviert. Jeden Leser, der versucht ist, auf diese Weise zu reagieren, lade ich ein, die folgenden Rätsel zu betrachten, denen meines Erachtens sowohl der römische Katholik als auch der evangelikale Protestant gegenübersteht.

Der römische Katholik steht vor dem Rätsel, warum die Formen des Christentums, die nicht sakramental, außerhalb jeglicher geschichtlichen Sukzession und nicht-kirchlich im katholischen Sinn von Kirche sind, so viel Vitalität besitzen und sich in fast allen Teilen der Erde schneller als jede andere Form von christlichem Glauben ausbreiten. Die Evangelikalen und die Pfingstler stehen vor dem Rätsel, warum die römisch-katholische Kirche, die für sie so viel Nichtbiblisches darzustellen scheint, so orthodox in ihrem Bekenntnis von Christus, der Dreieinigkeit, von christlichen moralischen Grundsätzen ist und eine Fähigkeit an den Tag legt, der Ausbreitung von moralischer Beliebigkeit Widerstand zu leisten, die jüngere Kirchen nicht zu besitzen scheinen.

Diese zwei Rätsel, die jede Seite der anderen aufgibt, ergeben in unseren gewöhnlichen Denkmustern von gegenseitiger Ablehnung keinen Sinn. Sie ergeben nur Sinn, wenn der Geist Gottes auf der anderen Seite in einer Weise wirkt, die wir noch nicht erkannt haben. Meine Hoffnung ist, daß dieses Buch zu einer weiteren und umfassenderen Vision von Gottes Wirken und Ziel beiträgt, die das Aufleben von neuen Strömungen und die Erneuerung der historischen Kirchen als Ergänzung sieht und nicht als Gegensatz, wenn wir auch noch wenig davon verstehen mögen, wie sie genau zusammenpassen.

Ich schreibe als überzeugter und engagierter römischer Katholik. Ich glaube an die Lehre, die von der Kirche verkündet wird, der ich angehöre, und ich glaube, daß die Kirche eine fortwährende Erneuerung durch die Kraft des Heiligen Geistes benötigt. Ich bin wirklich davon überzeugt, daß ein echtes Vertrauen darauf, daß der Heilige Geist die Kirche führt, Katholiken dazu befreit, demütig und großzügig das Wirken desselben Geistes unter all jenen anzuerkennen, die sich zu Jesus als Herrn und Retter bekennen und die den Wunsch haben, ihn zu verkünden und seine Liebe den Menschen näherzubringen. Ich bete, daß die katholische Kirche, zusammen mit den anderen „Groß-"Kirchen, durch Gottes Gnade diese gegenwärtige Situation nicht nur von der negativen Seite aus betrachtet als ein Problem mit einem Feind, der bekämpft werden muß, sondern als eine Herausforderung in erster Linie an uns selbst, uns grundlegend erneuern zu lassen, denn dies allein kann Gottes Pläne für sein Volk wahrhaft fördern.

Peter Hocken
Januar 1996

Wenn nicht anders vermerkt, wurde die Einheitsübersetzung für alle biblischen Zitate verwendet.

Kapitel 1

Zeichen einer Annäherung

Im April 1994 gab eine Gruppe angesehener Evangelikaler und Katholiken der USA eine gemeinsame Erklärung „Evangelikale und Katholiken gemeinsam" („Evangelicals and Catholics Together", ECT) heraus. Obwohl dieses Dokument auf scharfe Kritik stieß, fast ausschließlich von evangelikaler Seite, beweist die Tatsache seiner Existenz und das hohe Ansehen der Unterzeichnenden, daß im Christentum gegenwärtig eine bedeutende Neuausrichtung stattfindet. Ein darauffolgendes Buch *Evangelicals and Catholics Together: Toward a Common Mission*, herausgegeben von Charles Colson und Richard John Neuhaus,[5] druckt die Erklärung nochmals ab und kommentiert sie ausführlich. Die Widerlegung evangelikaler Einwände zu ECT durch einen der Unterzeichnenden, Dr. James Packer, bestätigt das Ausmaß dieses Gesinnungswandels, nicht zuletzt aufgrund des streng evangelikal-reformierten Rufs seines Autors.[6]

In der ganzen Geschichte des evangelikalen Protestantismus wurde der römische Katholizismus als ständige Bedrohung der Reinheit des evangelikalen Glaubens angesehen. Während die heftigen und beleidigenden Anschuldigungen zwischen evangelikalen Protestanten und römischen Katholiken, wie sie in den vergangenen Jahrhunderten anzutreffen waren, allgemein abnahmen, blieb doch auf beiden Seiten ein tiefes gegenseitiges Mißtrauen haften. In den letzten fünfunddreißig Jahren seit Papst Johannes XXIII. und US-Präsident John F. Kennedy haben jedoch viele Einflüsse zu einem Gesinnungswandel beigetragen. Mark Noll beschreibt die Evolution dieser Beziehung, vor allem im nordamerikanischen Kontext, in seinem Beitrag zum Colson-Neuhaus-Buch.[7]

Sobald die römisch-katholische Kirche dem ökumenischen Dialog beitrat, neigte ein Großteil der evangelikalen Welt dazu, sich mehr und mehr vom Ökumenismus abzuwenden. Obwohl Beschuldigungen aktiver Verfolgung von Protestanten in vorwiegend katholischen Ländern seit der katholischen Achtung religiöser Freiheit im Zweiten Vatikanischen Konzil zurückgingen, entwickelten sich wirkliche Beziehungen in diesen Ländern oft nur langsam. Die katholische Anerkennung des Ökumenismus führte etwa in Lateinamerika zu einer strengen Unterscheidung zwischen den Großkirchen (achtbaren Kirchen), die keinen Proselytismus betreiben und in der ökumenischen Bewegung mitwirken (Anglikaner, Lutheraner, Presbyterianer, Methodisten), und jenen, die Proselytismus betreiben und deren christlicher Charakter nicht anerkannt wird. Diese evangelikalen und pfingstlerischen Proselytenmacher werden dann zu „Sekten" erklärt und nicht deutlich unterschieden von Gruppen wie den Mormonen, den Zeugen Jehovas und der Vereinigungskirche.

Auf diesem Hintergrund muß die evangelikal-katholische Erklärung von 1994, die von verschiedenen angesehenen Leitern beider Traditionen ausging, ernsthaft als Zeichen eines Wandels angesehen werden. Der Text weist darauf hin, daß diese begrenzte, aber höchst bedeutsame Übereinstimmung durch den wachsenden Angriff auf die historische christliche Orthodoxie und die traditionellen moralischen Grundsätze nicht nur in der Gesellschaft, sondern auch unter Christen, ausgelöst und hervorgebracht wurde. Der heftigste Widerstand gegen Abtreibung, Euthanasie und Akzeptanz von Homosexualität kam in der Tat aus der römisch-katholischen Kirche, besonders von ihren Verantwortlichen, sowie aus den evangelikalen und pfingstlerisch-charismatischen Bereichen. Da viele engagierte Christen in den westlichen Staaten eine Gesetzgebung bekämpfen, die solche Praktiken erlaubt und sogar fördert, die historisch als unvereinbar mit der christlichen Offenbarung verworfen werden, bemerken sie automatisch, wer ihre Freunde und Unterstützer sind, beziehungsweise wer sie bekämpft und gar verspottet. So treffen sich Evangelikale und Katholiken beim gemeinsamen Protest vor Abtreibungskliniken, beim Gebet vor dem Obersten Gerichtshof in Washington, bei der gemeinsamen Arbeit gegen nachgiebige Gesetzgebung.

Die Erklärung „Evangelicals and Catholics Together" entspringt deutlich dieser über Jahre hinweg geteilten Erfahrung.

Die Hauptschriftführer, Richard John Neuhaus und Charles Colson, sind bekannt als starke und kompromißlose Gegner von moralischem Relativismus und jeglichem Abfall von objektiven biblischen Richtlinien. Diese Annäherung ist nicht rein pragmatisch. Seit einigen Jahren gab es Anzeichen dafür, daß sich Evangelikale immer mehr der Notwendigkeit einer klaren christlichen Stellungnahme gegenüber dem modernen moralischen Verfall bewußt wurden und eine gewisse Anerkennung dafür zeigten, daß die katholische Tradition für einen solchem Kampf einen Reichtum an Hilfsquellen besitzt. Viele Evangelikale hatten seit einigen Jahren eine Vorliebe für die Schriften von C. S. Lewis, dem anglikanisch-christlichen Verteidiger einer katholischeren Richtung. Vor nicht allzu langer Zeit weitete sich ihre Begeisterung auf das Erbe des ungestümen katholischen „Konvertiten" G. K. Chesterton aus. Lewis und Chesterton werden in vielen evangelikalen und sogar pfingstlerischen Kreisen heute verehrt und unterstützt, weil sie, vielleicht mehr als alle konservativen protestantischen Autoren, den christlichen Glauben und seinen übernatürlichen Charakter als „no nonsense" (keinen Unsinn) verteidigen und sich dabei in keiner Weise für ein vertrauensvolles Bekenntnis zu Gott und Christus entschuldigen. Sie gehen vielmehr in die Offensive gegen jegliche Form eines modernisierenden Reduktionismus und werden nun von Christen, die in einem Nebel von Spott und Unglauben ersticken, als frischer Luftzug entdeckt.

Während die wachsende Säkularisierung und Relativierung Evangelikalen und römischen Katholiken half, einander zu entdecken, gab es gleichzeitig auch verschiedene andere Formen der Annäherung. Evangelikale und pfingstlerische Gruppen waren immer stark evangelistisch ausgerichtet und bestrebt, Missionare in alle Teile der Welt zu entsenden, um das Evangelium zu verkünden. Unausweichlich mußten sie sich der Herausforderung der Inkulturation stellen und der Frage, wie das eine ewige Evangelium in den Begriffen der vielen verschiedenen Kulturen und Sprachen der Welt ausgedrückt werden kann. Während die konservativsten und fundamentalistischten Gruppen dem Um-denken, das eine echte Inkulturation erfordert, weniger offen gegenüberstehen, gibt es immer mehr Evangelikale, die diese Herausforderung sehr sensibel angehen und den ausgiebigen Kampf der Katholiken in diesem Bereich bemerken.

Es gibt auch Zeichen von verschiedenen interkonfessionellen oder überkirchlichen Gruppen in der evangelikal-pfingstlerischen Welt, die ihre traditionellen Haltungen gegenüber der römisch-katholischen Kirche überdenken. In der Vergangenheit wurde in diesen Kreisen automatisch davon ausgegangen, daß Katholiken keine wirkliche Christen seien, sondern lediglich Objekte für ihre evangelistischen Initiativen. Manchmal vermittelten sie den Eindruck, daß es erfreulicher sei, Katholiken aus „der Dunkelheit des päpstlichen Aberglaubens" zu erretten, als einen einfachen Heiden zu bekehren.

„Campus für Christus" war eine der ersten evangelikalen Organisationen, die in der nachkonziliaren katholischen Kirche die Chancen für eine Unterstützung der Katholiken in der Aufnahme des Evangeliums und seiner Verkündigung innerhalb der katholischen Welt wahrnahmen. Polen war in vielerlei Hinsicht ein Versuchsobjekt für diese ersten Experimente einer evangelikal-katholischen Zusammenarbeit in gezielt geistlichen und religiösen Angelegenheiten. Seine überwältigende katholische Mehrheit stellte ein Problem für die Campus-Missionare dar. Polen von außerhalb der katholischen Kirche zu evangelisieren bedeutete, es von seiner Geschichte und Kultur zu trennen. War dies wirklich das richtige Ziel für evangelikale Missionare in einem Land, in dem die katholische Kultur noch ein Bollwerk gegen die Angriffe des atheistischen Kommunismus bildete? Die Kraft des Widerstands der polnischen Katholiken gegen den gemeinsamen kommunistischen Feind ordnete Polen auch einer anderen Kategorie zu als die „katholischen" Länder Lateinamerikas, in denen es keinen gemeinsamen Feind und eine weniger ausgeprägte katholische Frömmigkeit gab.

Jugend mit einer Mission (JmeM) war eine andere interkonfessionelle Vereinigung, die ihre Haltung und Politik gegenüber den römischen Katholiken neu überdachte. JmeM, eine stark von pfingstlerisch-charismatischen Formen beeinflußte Gruppe, sah immer mehr junge Katholiken an ihren Kursen teilnehmen und in ihren Teams mitarbeiten. Sie waren auch in Kontakt mit verschiedenen katholisch-charismatischen Gruppen, die eine praktische Lehre über Evangelisation und Schulung künftiger Leiter suchten. In einem Zeitraum von mehreren Jahren gelangte JmeM schließlich zu der Sicht, eine Zusammenarbeit als rechtmäßige Möglichkeit zu akzeptieren, wenn sie den Katholiken hilft, einen lebendigen Glauben an Jesus in ihrer eigenen Kirche zu erfahren.

JmeM nahm eine bemerkenswert uneigennützige Haltung ein und ermutigte zu einer katholischen Anpassung ihrer Lehrmaterialien und -methoden. Erst vor kurzem begannen auch die streng evangelikalen Navigatoren, sich mit der möglichen Übertragung ihrer Trainingsprogramme und veröffentlichten Materialien für den katholischen Gebrauch auseinanderzusetzen. Dies ist selbstverständlich ein viel schwierigeres und umstritteneres Gebiet als die Zusammenarbeit in moralischen Fragen. Es berührt die sensible Frage der Zusammenarbeit in der Evangelisation und die Möglichkeit von Formen einer gemeinsamen Verkündigung des Evangeliums.

Die Schwierigkeiten hierbei sind beträchtlich, wie durch die unterschiedliche Terminologie auf beiden Seiten angedeutet wird: „evangelism" (im Deutschen: „Evangelisation") bei den Protestanten und „evangelization" (im Deutschen: „Evangelisierung") bei den römischen Katholiken.[8] Die katholische Terminologie ist sicher neuer als die protestantische, denn die ausdrückliche Erörterung der „Evangelisierung" anstelle von rein missionarischer Arbeit ist seinerseits eine Frucht des Zweiten Vatikanischen Konzils, besonders des inspirierenden Schreibens von Papst Paul VI., Evangelii Nuntiandi von 1975. Die katholische Bevorzugung von „Evangelisierung", womit sie sich zweifellos auch in gewisser Weise vom evangelikalen Wortgebrauch distanziert, drückt den Wunsch nach einem fortwährenden Prozeß der Verwandlung durch das Evangelium aus, der mit der individuellen Bekehrung beginnt, sich aber dann auf die ganze Gesellschaft und Kultur ausweitet. Dennoch haben sich trotz dieser Unterschiede und Schwierigkeiten verschiedene Formen der Zusammenarbeit in der gemeinsamen Verkündigung des Evangeliums entwickelt. Die Kreise für solche Versuche waren fast ausschließlich die der charismatischen Erneuerung. Die Rolle der charismatischen Erneuerung in der evangelikal-katholischen Annäherung und die Gründe dafür werden in einem späteren Kapitel untersucht.

Die neuen Formen der Zusammenarbeit und des Dialogs zwischen Evangelikalen und Katholiken in der ganzen Welt sind natürlich weit gestreut und unterschiedlich ausgeprägt. Dies trat beim World Evangelical Fellowship und beim zweiten Lausanne-Treffen in Manila sehr deutlich hervor, obwohl Evangelikale aus Lateinamerika noch um einiges weniger offen waren für Kontakte mit Katholiken. In Irland fand sich eine Gruppe von Katholiken, vor allem Laien, zusammen, die sich „Evangelikale Katholiken" nennen und die katholische Orthodoxie vor fundamentalistischen evangelikalen Überzeugungen verteidigen. Ihre Broschüre „Was ist ein evangelikaler Katholik?" erreichte protestantische Kirchenoberhäupte in Irland und rief heftige Diskussionen hervor. Ihre Organisation, die „Evangelikal-Katholische Initiative", hält heute Tagungen mit Katholiken und evangelikalen Protestanten in ganz Irland, eine Tatsache von besonderer Bedeutung und Aktualität auf einer Insel, die von ernsthaften, aus der Spaltung herrührenden Auseinandersetzungen und Gewalt heimgesucht wird.

Eine weitere überraschende Entwicklung, die zwischen der evangelikalen und der katholische Welt Brücken schlägt, ist das Entstehen der sogenannten „Convergence Movement" (Annäherungs-Bewegung). Diese Bewegung stellt eine neue Wechselbeziehung zwischen drei Strömungen dar: der charismatischen, der evangelikal-reformierten und der liturgisch-sakramentalen. Unter den ersten Vordenkern einer solchen Annäherungsidee war eine Gruppe von Mitgliedern von Campus für Christus, angeführt von Peter Gillquist, der sie verließ, um die Evangelikal-Orthodoxe Kirche zu gründen, die später größtenteils der Antiochisch-Orthodoxen Kirche als deren Evangelikal-Orthodoxe Mission angegliedert wurde. Ein weitere Schlüsselfigur war Robert Webber vom Wheaton College, ein Episkopaler, der die Überzeugungen vieler ehemaliger Evangelikaler artikulierte, die die Tiefe und Schönheit des liturgischen Gottesdienstes entdeckten. Ein neuerer und vielleicht noch aufsehenerregenderer Ausdruck dieser Annäherungsbewegung war die Gründung einer neuen Konfession, der Charismatisch Episkopalen Kirche, anfangs angeführt von einigen ehemaligen Pfingstlern und unabhängigen Charismatikern, die wie Gillquist die Grenzen eines frei fließenden Gebetes und die Launenhaftigkeit von charismatischer Lehre wahrnahmen, während sie den Reichtum der Kirchenväter und der althergebrachten liturgischen Traditionen des Gottesdienstes entdeckten. Die Charismatisch Episkopale Kirche verzeichnete eine beachtliche Wachstumsrate, mit Hilfe des Beitritts von einigen charismatischen Episkopalen, die der Kampf um christliche Lehrtreue innerhalb der Episkopalen Kirche in den Vereinigten Staaten ermüdet hatte.

Diese Entwicklungen in der Beziehung zwischen den alten Kirchen, der römisch-katholischen sowie der orthodoxen Ostkirche, und der Welt des evangelikalen Protestantismus zeigen auf der einen Seite eine wichtige neue Öffnung in der christlichen Welt und weisen andererseits auf den ungeheuren potentiellen Gewinn und Segen hin, den eine weitere Ausdehnung dieser Zusammenarbeit und dieses Austausches mit sich bringen würde. Dieses Buch untersucht den historischen Hintergrund, die sensiblen Themen und das Potential, das in verbesserten Beziehungen zwischen Evangelikalen, Pfingstlern und Charismatikern auf der einen und den historischen Kirchen, besonders den alten Kirchen des Ostens und Westens, auf der anderen Seite liegt.

Teil II
Eine Erweckungsgeschichte

Kapitel 2

Die evangelikale Strömung

Die christliche Welt des späten 20. Jahrhunderts ist mit dem festen Glauben und dem kraftvollen Zeugnis evangelikaler Christen vertraut. Obwohl Forscher von Zeit zu Zeit Probleme damit haben, den Evangelikalismus zu definieren und einzuordnen, wer in diese Sparte fällt, stimmen alle darin überein, daß der Evangelikalismus ein bedeutendes christliches Phänomen ist, das viele Konfessionen umspannt. Für das Ziel dieses Buches besteht mein Interesse am Evangelikalismus darin, daß es sich hier um eine christliche Strömung handelt, die nicht identisch mit einer Kirchenzugehörigkeit ist und nicht darauf reduziert werden kann. Evangelikal zu sein bedeutet, gewisse Überzeugungen und Prioritäten anzuerkennen, die ihrerseits eine wichtige Rolle in der christlichen Identität dieser Person spielen. Evangelikalismus ist die erste dieser „nicht-kirchlichen" Strömungen, in der die Mitgliedschaft in einer Strömung nicht von einer Kirchenzugehörigkeit abhängig ist und oft als wichtiger angesehen wird.

Die evangelikale Strömung entsprang aus den evangelistischen Erweckungen der 30er und 40er Jahre des 18. Jahrhunderts. Aus dieser Verknüpfung von Erweckung und Evangelisation erhielt der Evangelikalismus seinen stark aktivistischen Charakter und erwarb sein unerbittliches Vertrauen, das er über Zeiten der Verspottung und Ausgrenzung hinweg aufrechterhielt.

Die Anfänge des Evangelikalismus
In der Zeit zwischen 1727 und 1743 traten explosionsartig Erweckungspredigten und eine missionarische Dynamik in Erscheinung, die für den christlichen Glauben von enormer

Bedeutung waren. Im Sommer 1727 kam das Pfingstfeuer über die Mähren von Herrnhut in Sachsen unter der Leitung des Grafen Nikolaus von Zinzendorf (1700-1760). Etwa um dieselbe Zeit wurden die Methodistischen Gesellschaften mit den Wesley-Brüdern, John (1703-1791) und Charles (1707-1788), in Oxford gegründet, und Erweckungsaufbrüche in Neuengland wahrgenommen. 1738 wurde John Wesley nach seinen Treffen mit den Mähren durch seine „herzerwärmende Erfahrung" des Herrn verwandelt. Das Erweckungsfeuer brannte auch in Wales, mit den Predigten von Howell Harris (1714-1773), Daniel Rowland (1713-1790) und Howell Davies (1716-1770). In den frühen 1740ern ereignete sich dann, was als die „Große Erweckung in Neuengland" bekannt wurde, in dem die Gestalt von Jonathan Edwards (1703-1758) besonders hervortrat, als Prediger wie auch in der Auslegung der Schrift.

Die Person, die mehr als jede andere die Ursprünge des Evangelikalismus verkörperte, war George Whitefield (1714-1770). 1739 unternahm Whitefield, ein anglikanischer Priester, den radikalen Schritt, unter freiem Himmel zu predigen, erst in Bristol, dann in London. Seine „Freiluft-Kanzel" wurde zu einer bedeutenden Konkurrenz für andere öffentliche Veranstaltungen und zog große Menschenmengen an, ungeachtet ihrer Kirchenzugehörigkeit. Er war der erste Prediger, der sowohl die britische als auch die nordamerikanische Öffentlichkeit in seinen Bann zog. In England wurde Whitefields kühnes Unternehmen unter freiem Himmel bald von John Wesley nachgeahmt. Obwohl Wesleys Schwerpunkte genauso evangelikal waren wie die Whitefields, war er doch immer viel mehr als nur evangelikal, eine Tatsache, die die aufgetretenen Schwierigkeiten erklärt, als die spätere methodistische Kirche einfach unter einem evangelikalen Oberbegriff miteingeschlossen werden sollte.

In diesem Aufbruch von Erweckung kam etwas entscheidend Neues auf. Wie neu, das kann nur ein Rückblick nach über zweihundert Jahren in seinem vollen Ausmaß zeigen, denn dies waren in der Tat die Anfänge von Strömen oder Strömungen neuen geistlichen Lebens, die eine gewisse Unabhängigkeit von den historischen Kirchen entwickelten.

Diese Ereignisse aus der Zeit zwischen 1727 und 1743 stellen die Geburt der evangelikalen Strömung dar, die sich als erste dieser konfessions-übergreifenden Strömungen neuen geistlichen Lebens erweisen sollte. Die späteren Strömungen, die ebenfalls nicht mit den historischen Kirchen identifiziert oder darauf eingeschränkt werden können, die Heiligungsbewegung (ab Mitte des 19. Jahrhunderts), die Pfingstbewegung (ab dem frühen 20. Jahrhundert) und in jüngerer Vergangenheit die charismatische Bewegung (ab den 50er und 60er Jahren dieses Jahrhunderts) werden in den nachfolgenden Kapiteln untersucht.

Die Wesenszüge des Evangelikalismus

Evangelikale Christen beschreiben sich normalerweise als entschiedene Verteidiger der protestantischen Reformation und als moderne Erben von Luther, Calvin, Latimer, Ridley, Cranmer und Knox. Woher kommt es, daß angesehene Historiker des Evangelikalismus wie David Bebbington seine Anfänge in den 1730ern ausfindig machen? Der Grund dafür ist, daß die Zusammenstellung der für den Evangelikalismus charakteristischen Überzeugungen und Schwerpunkte eine klare moderne Mutation der Grundsätze der Reformation darstellt. Die Anfänge des Evangelikalismus wiesen zumindest drei Elemente auf: (a) ein Ausgießen von göttlicher Gnade, (b) ein klares neues historisches Zeitalter mit ausgeprägten sozialen und kulturellen Veränderungen sowie (c) das Aufgreifen von vorbereitenden Elementen und deren Umformung, um das Ausgießen von Gottes Gnade in der modernen Welt zu vermitteln. So hat diese neue geistliche Strömung mindestens drei Komponenten, die diesen drei Elementen entsprechen: (a) geistlich, (b) gesellschaftlich-kulturell, (c) reformierend.

Die neue gesellschaftlich-kulturelle Situation der ersten Hälfte des 18. Jahrhunderts beinhaltete das Aufkommen der Aufklärung in den Bereichen der Philosophie und Gedankenwelt; die Anfänge der industriellen Revolution, besonders in Großbritannien, und die Anfänge der Marktwirtschaft in der Neuen Welt; eine beträchtliche religiöse Erschöpfung in Europa nach den Religionskriegen der vorangegangenen zwei Jahrhunderte. Diese Veränderungen hat-

24

ten weitreichende Auswirkungen auf das Leben zahlreicher Menschen auf beiden Seiten des Nordatlantiks. In Europa setzte eine Völkerwanderung ein, eine Vielzahl von Bauern floh in die wachsenden Industriestädte; im kolonialen Amerika fand der Übergang vom Tauschhandel zur Marktwirtschaft statt.

Auch zwischen der Betonung der Vernunft durch die Aufklärung und der religiös-sozialen Erschöpfung nach den Religionskriegen bestand ein enger Zusammenhang. Denn wenn die großen Zweige des Christentums einander nur bekämpfen konnten, mußte sozialer Frieden und Eintracht auf etwas anderem als der Religion begründet werden. Die Unfähigkeit der Kirchen, kreativ miteinander umzugehen und Versöhnung anzustreben, trug nicht nur zu einer Flucht zur menschlichen Vernunft bei, sondern auch zu Bemühungen um geistliche Erweckung außerhalb des Zentrums des kirchlichen Lebens.

Die vorbereitenden Elemente, die aufgegriffen und in die neue evangelikale Gestalt einverleibt wurden, waren der Pietismus, vor allem im kontinentalen Europa, und der Puritanismus, vor allem in Neuengland. Der Pietismus entstand in der Welt des deutschen Luthertums als Protest gegen trockenen Intellektualismus und äußerlichen Formalismus in der Religion. Der lutherische Pietismus, angeführt von Philipp Jakob Spener (1635-1705) und August Hermann Francke (1663-1727), betonte eine von Herzen kommende Hingabe an Jesus, die in der Erfahrung persönlicher Bekehrung von Sünde verwurzelt war. Er schloß auch eine gewisse „Trennung" mit ein, in erster Linie innerhalb der offiziellen Kirche, was später zur Gründung von „kleinen Kirchen in der Kirche" (ecclesiolae in ecclesia) führte.

Die Lehre des angloamerikanischen Evangelikalismus hatte ihren Ursprung bei den Puritanern. Bebbington arbeitete den „Konversionismus, Aktivismus, Biblizismus und Kruzizentrismus" als konsequente Elemente des Evangelikalismus heraus;[9] in anderen Worten waren sie aktive, eifrige Gläubige, die der Bekehrung, der Heiligen Schrift und dem Kreuz ein besonderes Gewicht gaben. Bebbington stellt fest, daß unter diesen vier Punkten der Aktivismus neu bei den

Evangelikalen war. Es gab folglich keine missionarische Arbeit bei den Puritanern des 16. und 17. Jahrhunderts, eine erstaunliche Tatsache, die oft von heutigen Evangelikalen nicht anerkannt wird. Aber die evangelikale Betonung des einzigartigen Werkes Christi am Kreuz und der Heiligen Schrift als alleiniger Richtschnur ist ein Erbe der Puritaner.

Eine neue Antwort auf eine neue Situation

Die Neuheit des Evangelikalismus kann ohne Bezug auf die Neuheit der gesellschaftlich-kulturellen Situation des 18. Jahrhunderts nicht angemessen verstanden werden. Die Herausforderungen der Aufklärung, die industrielle Revolution und die sich wandelnden Wirtschaftssysteme in Nordeuropa und den amerikanischen Kolonien lösten mit Gottes Gnade neue Antworten aus, die sowohl deutlich modern als auch bemerkenswert wirksam waren.

Das bereits erwähnte Aufkommen von Predigten unter freiem Himmel war ein entscheidender Faktor in diesem Geburtsprozeß. Obwohl Howell Harris 1735 in Wales begonnen hatte, im Freien zu predigen, waren es Whitefield, gefolgt von John Wesley, die diesen öffentlichen Dienst in ein Hauptwerkzeug für die Evangelisation verwandelten. Es ging dabei nicht nur darum, einen neuen Veranstaltungsort für Predigten und Gebet zu haben. Damit wurde vielmehr das Evangelium zu den Menschen getragen; Wesley predigte zum Beispiel regelmäßig zu den Ärmsten der neuen Armen der Städte, die im industriellen Großbritannien von den Betrieben der Klein- und Großstädte angezogen wurden. Damit bewegte man sich ebenfalls aus der Kontrolle durch die Kirche heraus und zog Zuhörer aus der gesamten Bevölkerung an, was Spaltungen zwischen den etablierten Kirchen und abweichenden Gruppierungen überwand. Die evangelikale Bewegung enthielt in ihren Ursprüngen auch ein starkes Element der Entklerikalisierung: Predigten im Freien wurden bald von Laienpredigern gehalten, die nicht durch die Kirchenautorität abgesegnet waren. Aus diesem Grund entwickelte John Wesley bereits mehrere Jahrzehnte vor der Lossagung der Methodisten zur Gründung einer neuen Konfession für die Methodistischen Gesellschaften ein

System, das auf Laienprediger setzt, die von Wesley selbst autorisiert und geprüft wurden, was jedoch keine Anerkennung von seiten der anglikanischen Bischöfe fand.

Diese neue Laienmitwirkung stellte einen bedeutenden Wandel des bis dahin bestehenden Hauptstromes des reformierten Protestantismus dar. Die lutherische und die reformierte Tradition legten einen Schwerpunkt auf die Predigt des Wortes Gottes durch einen gebildeten Geistlichen, der offiziell ordiniert und ausgesandt wurde. Dieser Schwerpunkt war eine direkte Antwort auf eine Hauptkritik der Reformation, nämlich die Unwissenheit des katholischen Klerus. Deshalb kam der Rolle des ordinierten Geistlichen in den großen protestantischen Kirchen neues Gewicht zu. Obwohl die presbyterianischen Leiterschaftsstrukturen einen Schutz gegen die Alleinherrschaft von Geistlichen durch die Institution von Laienältesten vorsah, lag deren Rolle nur in der Verwaltung, nicht in der Lehre. Der Gedanke von Laienpredigten und Laienlehren war den großen protestantischen Kirchen jener Zeit so fremd wie der römisch-katholischen Kirche.

Die Laiendimension des Evangelikalismus unterstreicht seinen egalitären Wesenszug. Der Klerikalismus der etablierten Kirchen, zu denen sogar auch die puritanische Geistlichkeit Neuenglands hinzugerechnet wird, war Teil von hierarchisch geordneten Gesellschaften, in denen Geburt und Erziehung für den Status von ausschlaggebender Bedeutung waren. Die Natur der Erweckung, die die Grenzen von Klasse, Erziehung und sozialem Umfeld überspringt, ist im wesentlichen auf Gleichheit ausgerichtet, indem es Massen beeinflußt und jedem Gläubigen einen Sinn für Würde und Bestimmung im Reich Gottes gibt.

Ein weiterer Hauptunterschied zwischen dem Puritanismus und dem Evangelikalismus liegt in dem Verständnis von Erlösungsgewißheit. Während für die Puritaner die Gewißheit eine Gnade war, die höchstens von den Eifrigsten erlangt werden konnte, war für die Evangelikalen diese Gewißheit das normale Zeichen für eine echte, tiefgreifende Bekehrung. Auf geistlicher Ebene war diese Sicherheit die Frucht von sichtbar kraftvollen Glaubenserweckungen. Diese Überzeugung von zugesicherter Erlösung gab den Evangelikalen ihr charakteristisches Merkmal von Vertrauen in die Evangelisation und den Dienst, der in der Tat ihrem Aktivismus zugrunde liegt, im Gegensatz zu der mehr nach innen gekehrten Frömmigkeit der Puritaner. Dieses neue Vertrauen der evangelikalen Christen stand wahrscheinlich in Verbindung mit dem Geist des Zeitalters, dem Vertrauen in menschliche Vernunft, Wissen und Entdeckung, die die Aufklärung kennzeichneten, sowie den wissenschaftlichen Entdeckungen, die die industrielle Revolution vorantrieben. In Amerika vermischte es sich mit dem Vertrauen, das die Neue Welt charakterisierte, mit all den Möglichkeiten, die sie für unternehmerische Initiativen und Begabungen bot.

Obwohl die Geschichte des Evangelikalismus einen fortwährenden Kampf gegen die Eingriffe von liberalem Rationalismus in die Theologie und Bibelexegese einschließt, waren die Evangelikalen selbst Kinder der Aufklärung. Die Bibelauslegung wurde zunehmend von den Regeln der Wissenschaft und Logik beeinflußt auf Kosten von Geheimnis, Symbol und Typologie. Das wissenschaftliche Modell, in dem jedes studierte Objekt seine eine Erklärung hat, neigte dazu, eine evangelikale Auslegung der Bibel hervorzubringen, die in jedem Text nur eine Bedeutungsebene sah und annahm, daß diese eine Bedeutung offensichtlich und leicht zu bestimmen war. In diesem Zusammenhang nahm die evangelikale Auslegung der Heiligen Schrift mit der Zeit eine deutlich moderne Gestalt an, die mit der neuen wissenschaftlichen Methode und mit der zeitgenössischen Philosophie des gesunden Menschenverstandes in Einklang stand, jedoch die Welten der biblischen Zeit und der frühen Kirche gedanklich weiter entfernte.

Seine Entwicklung

Die evangelikale Strömung setzte sich ununterbrochen seit den 1730er Jahren fort. Wie bereits bemerkt wurde, entwickelte sie sich durch Erweckungslehre und durch ein Ausgießen von göttlicher Gnade, das selbst die Auswirkungen der gesalbtestes Predigt überstieg. Diese Wellen der Gnadenausgießung wurden gewöhnlich durch intensive Erweckungsgebete eingeleitet.

Großbritannien

Ein Zweig dieses evangelikalen Erwachens war die Arbeit von John Wesley und die Entstehung der Methodistischen Gesellschaften, die später zur Methodistischen Konfession wurden. Ein weiterer Zweig war die Frucht der Predigten von George Whitefield auf beiden Seiten des Atlantiks. Wie Wesley, erreichte Whitefield viele, die nicht den etablierten Kirchen angehörten, aber im Gegensatz zu Wesley kümmerte sich Whitefield weniger um eine bestimmte Kirchenzugehörigkeit. Mit seiner calvinistischen Theologie blieb er den walisischen Kirchenführern nahe, deren Gesellschaften wie die Methodisten Wesleys innerhalb der etablierten Kirchen blieben, bis die Verfolgung 1795 zur Trennung der Calvinistischen Methodisten führte. Ein weiterer Zweig im britischen Evangelikalismus war die Entstehung eines evangelikalen Klerus und evangelikaler Gemeinden innerhalb der Kirche von England, die nichts zu tun hatten mit den Methodistischen Gesellschaften. Ihre frühen Anführer waren Henry Venn aus Huddersfield (1725-1797), Thomas Scott (1747-1821) und John Newton aus Olney (1725-1807), früherer Sklavenhalter und Autor des Liedes *Amazing Grace*. Die evangelikale Flagge wurde dann in der nächsten Generation von Charles Simeon aus Cambridge (1759 - 1836) und später von John Charles Ryle (1816-1900) übernommen, dem ersten anglikanischen Bischof von Liverpool.

Nordamerika

In Amerika ist die Entstehung evangelikaler Religion vielschichtiger. Die „Erste Große Erweckung" von 1740-1743 hatte in Neuengland zur Folge, daß das puritanische Erbe in evangelikale Formen umgewandelt wurde, die sich gegenüber einem Großteil der presbyterianischen und kongregationellen Kirchen durchsetzten. Die evangelikale Strömung erhielt einen frischen Auftrieb durch die „Zweite Große Erweckung" in den letzten Jahren des 18. und den ersten des 19. Jahrhunderts. Während die Formen evangelikaler Erweckung in den älteren Staaten von Neuengland bis Pennsylvania gemäßigter waren, gingen die Erweckungen an der sich westwärts bewegenden Grenze in Kentucky und Tennessee viel dramatischer vor sich und breiteten sich unter Armen, Ungebildeten und Gesetzlosen aus. In dieser Zeit sehen wir die ersten Grundlagen dessen, was im 20. Jahrhundert als Region des „Bible belt" (Bibelgürtel) bekannt wurde sowie die enge Verbindung zwischen religiöser und ziviler Unabhängigkeit, biblischer Bildung, amerikanischem Patriotismus und evangelikaler Religion.

Es scheint, daß die evangelikale Lehre, begleitet von sichtbaren Manifestationen des Heiligen Geistes, die erste bedeutende Wirkung bei den schwarzen Sklaven hinterlassen hat. Dies war das erste Mal, daß die Sklaven mit ihrem afrikanischen Erbe irgendeine wirkliche Verwandtschaft mit der „Religion des weißen Mannes" anerkannten. Dieses evangelikale Vorstoßen zur afrikanisch-amerikanischen Bevölkerung, die ihre eigene Mischung von evangelikaler Lehre und afrikanischem rituellen Verhalten hervorbrachte, begann mit dem „Großen Erwachen" der 1740er, aber erreichte weit mehr Menschen bei der Cane Ridge-Erweckung im Jahr 1803.

Der demokratische Grundton der neuen Nation kam nicht leicht mit der calvinistischen Lehre über die Erwählung zurecht, wo doch sein unternehmerisch ausgerichteter Geist menschliche Initiative förderte. Der amerikanische Methodismus, der bereits die erweckteste Konfession war und Wesleys liberal-evangelische (arminianische) Ansichten über die freie Meinung vertrat, ebnete den Weg für das, was zur evangelikalen Betonung des Entscheidungen-Treffens an Christi Statt führte. Vielleicht war es unvermeidlich, daß ein reformierter Prediger auftauchte, der die Bedingungen für ein Erweckungsgeschehen in ein Schema bringen und die überlieferte Lehre Calvins über die Erwählung ändern würde. Dieser Mann war Charles G. Finney (1792-1875), ein ehemaliger Rechtsanwalt, dessen *Vorlesungen über Religionserweckung* einen ungeheuren Einfluß auf beiden Seiten des Atlantiks ausübten.

Finneys Einfluß formte die Muster von evangelikalen Predigtkampagnen, die zunehmend „Erweckungen" genannt wurden, und trug bedeutend zu einem modernen evangelikalen Schwerpunkt bei, besonders dem, was wir mit einer „Doit-yourself-Erweckung" bezeichnen würden. In anderen Worten steigerte Finney, was Bebbington einen „Aktivismus" der evangelikalen Christen nannte: durch das Organisieren von Erweckungsgebetstreffen, im Abhalten von Veranstaltungen und Evangelisations-Kreuzzügen, in der Einführung von Gebetsbänken und Altarrufen, im Heraustreten von Menschen, um ihren Glauben an Christus zu bekennen. Dabei wandte Finney deutlich das amerikanische Talent für gute Organisation und „das Erzielen von Ergebnissen" auf das Gebiet von Evangelisation und Bekehrung an.

In ihrem ersten Jahrhundert nach der Zeit von Wesley, Whitefield und Edwards verkündete die evangelikale Strömung allgemein eine Eschatologie nach einer tausendjährigen Herrschaft (nach-millenniär), das heißt, sie glaubten an fortwährende Erweckungen, die eine wachsende Ernte versammeln und in eine Epoche von göttlichem Segen unter der Herrschaft Christi münden würden, entsprechend der tausend Jahre, von denen in Offenbarung 20 die Rede ist. Dies ist eines der Gebiete, auf denen sich die evangelikale Strömung am meisten verändert hat. Denn während der Zeit zwischen 1875 und 1925 nahmen viele Evangelikale, besonders in den Vereinigten Staaten, die vor-millenniären Ansichten an, die zuerst von John Nelson Darby (1800-1882), einem der Gründer der Plymouth-Brüder, gelehrt und dann durch die Scofield-Bibel verbreitet wurden.[10] Diese vor-millenniäre Dispensationslehre vertrat eine wörtlich tausendjährige Herrschaft Jesu auf Erden, die auf die Entrückung der Heiligen folgt.

Diese eschatologische Verschiebung änderte drastisch die Haltung der evangelikalen Christen gegenüber der Zukunft dieser Welt und der Möglichkeiten einer sozialen Verbesserung auf dieser Erde. Der relative Optimismus von Jonathan Edward wurde ersetzt durch einen Pessimismus, der nicht viel Wert legte auf Anstrengungen für eine soziale Verbesserung in einer Welt, die dem Gericht und der Zerstörung verfallen ist. Die Kirche kann nur ihre Entrückung erwarten und bestrebt sein, die Anzahl der Erlösten zu mehren.

Der fundamentalistische Kampf

Die Umstellung auf eine vor-millenniäre Eschatologie war Teil eines aufkommenden Fundamentalismus, mit dem ein Großteil der Evangelikalen auf die liberale biblische Kritik reagierte, die in den Universitäten und den großen protestantischen Konfessionen an Boden gewann. Die Geschichte des Evangelikalismus im 20. Jahrhundert wurde stark von der Debatte über Fundamentalismus und über die Autorität und die Unfehlbarkeit der Heiligen Schrift gekennzeichnet.

Der Evangelikalismus des 20. Jahrhunderts wurde anfangs stark von den fundamentalistisch-modernen Streitfragen geprägt, die am heftigsten in den 20er Jahren ausgetragen wurden. Anfangs schien es, daß der Evangelikalismus sehr geschwächt aus diesem Kampf hervorgegangen wäre und die großen protestantischen Kirchen sich gegenüber den konservativen Minderheiten durchgesetzt hätten. Nach Ende des Zweiten Weltkrieges bemühten sich viele Evangelikale, besonders die gebildeteren, ihr evangelikales Engagement von den Unzulänglichkeiten des Fundamentalismus zu trennen und einen konservativen Standpunkt bezüglich biblischer Kritik und der Autorität des Wortes Gottes beizubehalten. Diese Tendenz äußerte sich in der Bildung der Nationalen Vereinigung Evangelikaler (National Association of Evangelicals, 1943), der Gründung des „Fuller Theological Seminary" (1947), dem Wirken Billy Grahams (geb.1918) als Evangelist mit einem weltweiten Dienst, dem Einfluß von Harold Ockenga (1905-1985) und Carl Henry (geb. 1913) sowie der Herausgabe der Zeitschrift *Christianity Today* (1956).

Die Entstehung dessen, was zu Beginn „Neo-Evangelikalismus" genannt wurde, führte die evangelikale Strömung in Nordamerika aus einer unfruchtbaren Phase von lehrinhaltlicher Auseinandersetzung heraus und half ihr, ihren wesentlichen Bezug zur geistlichen Erweckung wiederzuentdecken. Dies hatte zur Folge, daß die evangelikale Bewegung sich in all ihren unterschiedlichen Ausprägungen größtenteils von den am stärksten sektiererischen und engsten Formen des Fundamentalismus distanzierte, eine Abtrennung, die sich in der Kluft zwischen der repräsentativeren und die Hauptströmungen vertretenden Nationalen Vereinigung Evangelikaler und des separatistischen Amerikanischen Rates Christlicher Kirchen (American Council of Christian Churches) ausdrückt.

Der wiederauflebende Evangelikalismus der zweiten Hälfte des 20. Jahrhunderts ist allgemein ein verbreitetes Phänomen, das nicht unbeteiligt ist an Formen des kulturellen und politischen Konservatismus, vor allem in den Vereinigten Staaten. Trotz seiner starken Ablehnung von relativierenden Tendenzen in Moralfragen ist es für den modernen Evangelikalismus schwer, eine gegenkulturelle Kraft zu werden; sehr wichtig in dieser Hinsicht war die Arbeit und der Einfluß von Francis A. Schaeffer (1912-1984), dem amerikanischen Gründer der L'Abri-Vereinigung in der Schweiz, der die Evangelikalen mehr als jeder andere für die „Pro-Life"-Arbeit gewann. In jüngerer Vergangenheit führten Evangelikale eine bedeutende Selbstprüfung ihrer Schwächen auf intellektueller und theologischer Ebene innerhalb des nordamerikanischen Evangelikalismus durch.

Ein bedeutender Ausdruck der evangelikalen Strömung auf Weltebene war der Internationale Kongreß für Weltevangelisation, der 1974 in Lausanne (Schweiz) stattfand. Der Ehrenvorsitzende, Billy Graham, schrieb, daß „Lausanne mit unerwarteter Bedeutung und Kraft auf uns (Evangelikale) hereinbrach".[11] Die erarbeitete, aus 15 Artikeln bestehende Lausanner Erklärung wurde bei diesem Kongreß fast einstimmig bestätigt und drückt evangelikale Überzeugungen bezüglich der Evangelisation von Welt und Kirche aus. Ein zweiter „Lausanne-Kongreß" wurde 1989 in Manila auf den Philippinen abgehalten.

In den 90er Jahren kann deutlich gesehen werden, wie die evangelikale Strömung in fast allen Teilen der Welt einen starken Aufschwung erfährt. Die Faktoren, die zu diesem Wiederaufleben beitragen, schließen notwendigerweise mit ein: den Einfluß von Billy Grahams Kampagnen; die zunehmende Vorherrschaft von liberalen Tendenzen in der protestantischen Hauptströmung - vor allem bei ihren pastoralen und theologischen Führungskräften, was an der Basis eine wachsende Sorge auslöst; das Vorherrschen eines prinzipientreuen Konservatismus vor einem ideologischen Fundamentalismus; das Entstehen angesehener evangelikaler Bildungsinstitute; die Ausbreitung der charismatischen Erneuerung (ab den 50ern) und ihren späteren Einfluß auf die evangelikale Welt (ab den 80ern).

In dieser über 250jährigen Geschichte stellt die evangelikale Strömung eine Richtung christlichen Lebens und christlicher Vitalität dar, die sich weigert, von Kirchen- und Konfessionsstrukturen völlig vereinnahmt zu werden. Obwohl viele Christen mit evangelikalen Überzeugungen auch eine starke Bindung zu ihrem kirchlichen oder konfessionellen Erbe verspürten, findet sich bei Evangelikalen normalerweise eine gegenseitige Anerkennung ihrer Verwandtschaft miteinander. Diese Offenheit für eine Zusammenarbeit und der Wunsch nach gegenseitiger Anerkennung führte zur Gründung der Evangelischen Allianz (Evangelical Alliance) in Großbritannien im Jahre 1846 und zur Nationalen Vereinigung Evangelikaler in den Vereinigten Staaten im Jahre 1943.

Kapitel 3

Die Heiligungsströmung

Im 19. Jahrhundert wuchs eine neue Strömung aus dem Evangelikalismus, die allgemein als Heiligungsbewegung bekannt war. Ihr folgten im 20. Jahrhundert zwei weitere Strömungen, die pfingstlerische und die charismatische. Wir untersuchen diese neuen Strömungen nacheinander. Es gibt verschiedene Ansichten über die Beziehung zwischen diesen späteren Strömungen und dem Evangelikalismus, besonders was die Pfingstler und die Charismatiker betrifft. Sicher ist, daß diese drei Strömungen späteren Ursprungs eine eigene Identität besitzen und daß sie, wie die frühe evangelikale Strömung, in erster Linie Strömungen neuen geistlichen Lebens sind und erst später in unterschiedlichem Ausmaß neue Konfessionen hervorrufen. In diesem Kapitel betrachten wir die Heiligungsströmung.

Die Heiligungsbewegung kam in der Mitte des 19. Jahrhunderts auf. Man könnte sagen, daß ihr Entstehungsprozeß in den 1830er Jahren einsetzte und sie in den 1860ern und 1870ern voll zum Ausbruch kam. Sie unterschied sich von vorangegangenen evangelikalen Erweckungen durch ihre Ausrichtung auf die Frage der Heiligkeit und der Heiligung. Der Hauptauslöser für dieses Anliegen kam von amerikanischen Methodisten, die besorgt waren, daß John Wesleys Lehre über die vollkommene Heiligung im amerikanischen Methodismus allmählich verlorenginge. Leitfiguren waren hier zwei Schwestern, beide Methodisten, Phoebe Palmer (1807-1874) und Sarah Lankford (1806-1896), die 1835 ein Dienstagstreffen zur Förderung der Heiligung im Haus der Palmers in New York City begannen. Frau Palmers Wunsch war es, sich vollkommen Jesus Christus zu weihen, und sie erbat eine Zusicherung des Herrn, daß er diese Selbstaufopferung annahm. Anfang 1837 betete sie: „Oh möge ich nicht ruhen, bis ich die Bestätigung des Geistes habe, daß mein Herz der Tempel eines innewohnenden Gottes ist, und das volle Vertrauen, daß Christus hoch über meinen Gefühlen thront und regiert und jeden Gedanken seinem Gehorsam unterwirft."[12] Dies wurde ihr in einer entscheidenden Erfahrung im Juli desselben Jahres bestätigt.

Phoebe Palmers Botschaft wurde „Altartheologie" genannt, begründet auf dem Text, „der Altar heiligt die Gabe". Christus ist sowohl das Opfer für die Sünde als auch der Altar, auf den das Leben des geweihten Christen gelegt wird. Ihre Lehre war einfach, radikal und praktisch, sie legte drei Schritte einer totalen Weihe, des Glaubens und des Zeugnisses dar.

Ein weiterer Zweig der Heiligungsströmung in Nordamerika, der sich auch in den 1830ern entwickelte, stammte von Charles Finney und Asa Mahan (1799-1889) ab, beide aus dem Oberlin-College in Ohio. Finney, der als erfolgreicher Erweckungsprediger sowie für seine Lehren über religiöse Erweckungen weit bekannt war, stellte dar, was ein Historiker „die Einführung einer Methode des calvinistischen Flügels in die Erweckungstradition"[13] nannte. Finney distanzierte sich von der calvinistischen Behauptung, der Mensch sei total unfähig, zu Gottes Werk der Erweckung und Bekehrung beizutragen. Seine Schriften legten dar, welche Bedingungen gegeben sein müssen, damit geistliche Erweckung geschehen kann, und wie Christen sich darauf vorbereiten können. Als Finney in den 30er Jahren nach Oberlin umzog, wurde seine Betonung einer auf Glauben basierten Mitwirkung an Gottes Handeln in ein Bemühen um Heiligung kanalisiert. Diese Strömung, die oftmals als Oberlin-Perfektionismus bekannt war, trug dazu bei, den Gedanken der Heiligung über die methodistischen Kreise hinaus zu verbreiten, vor allem unter den Presbyterianern.

Sowohl die methodistische Heiligungsströmung als auch der Oberlin-Perfektionismus entwickelten unter sich eine optimistische Vision für die Gesellschaft. Die Oberlin-Lehrer integrierten evangelistische, heiligungsbezogene und soziale Themen stärker als der Palmer-Kreis, wobei beide sich für die Abschaffung der Sklaverei einsetzten; sie befürworteten auch eine Stärkung des Einflusses der Frauen in Gesellschaft und Kirche. Vor allem Phoebe Palmer ist es zuzuschreiben, daß die Heiligungserweckung stark von Laien geprägt wurde. Durch ihre vielen Freundschaften und Bekanntschaften mit prominenten Persönlichkeiten der Gesellschaft, im Bildungs- und sozialen Bereich, trug sie die Botschaft der Heiligung aus den Kirchengemäuern hinaus in soziale Einrichtungen.

Eine Verbindung zwischen dem methodistischen und dem Oberlin-Zweig wurde von William E. Boardman (1810-1886) hergestellt, einem Presbyterianer, der 1842 durch die Palmers in die Erfahrung einer vollständigen Heiligung eingeführt worden war. Von Boardman wurde der Begriff des „Höheren christlichen Lebens" geschaffen, um Heiligung in einer nicht von Wesley stammenden Terminologie auszudrücken; sein Buch mit diesem Titel (1858) wurde zu einer der einflußreichsten Schriften in der Heiligungsströmung. Die Erweckung 1858 in New York City hatte in Hamilton, Ontario während eines Besuchs von Phoebe Palmer Ende 1857 begonnen, was dem Thema Heiligung erneuten Auftrieb gab. Ihre vorwiegend aus Laien zusammengesetzte Leiterschaft half bei der Verbreitung ihres inter-konfessionellen Charakters. Die Palmers traten inmitten der 1859 einsetzenden Erweckung, die vor allem die Randbezirke der britischen Inseln berührte, einen vierjährigen Aufenthalt in Europa an.

Eine bedeutende neue Phase in der Heiligungsströmung in den Vereinigten Staaten begann nach dem Bürgerkrieg mit der Gründung der Vereinigung zur Förderung von Heiligung und deren Organisation von nationalen Heiligungs-Treffen (camp meetings). Zum ersten dieser Treffen kamen im Sommer 1867 10.000 Menschen nach Vineland, New Jersey. Zumindest während der darauffolgenden 30 Jahre blühten diese Sommerlager – mit ihnen wurde eine existierende amerikanischen Einrichtung wiederbelebt, die von der ersten Generation der Methodisten intensiv genutzt worden war – und sie machten das Thema der Heiligung zu einem weit verbreiteten Anliegen. Aufgrund des Erfolgs der nationalen Lagertreffen wurde eine Vielzahl von staatlichen, regionalen und lokalen Heiligungsorganisationen gegründet.

In den ersten Jahren der Heiligungs-Vereinigung blieb die Heiligungsströmung fast ausschließlich ein Phänomen der Nordstaaten. Sie wurde im Süden als wesentlich nordische Entwicklung angesehen, besonders im Hinblick auf die enge Verbindung zwischen dem Anliegen der Heiligung und dem

Widerstand gegen die Sklaverei. Diese Trennung wurde durch die Meinungsverschiedenheiten der Methodistischen Kirche zum Thema der Sklaverei (1844) erleichtert. Diese geographische Konzentration änderte sich langsam in den 1870ern, als die methodistischen Bischöfe der Südstaaten die Heiligungsbewegung unterstützten. Bis zur Jahrhundertwende war die Heiligungsbewegung zu einer tragenden Kraft in den Südstaaten herangewachsen, gefördert auch von den Anhängern Wesleys und von Freien Methodisten. In ihr zeigte sich ein Wachsen des allgemeinen religiösen Empfindens unter der ländlichen und ärmeren Bevölkerung, während die großen protestantischen Konfessionen, besonders ihre Führer und Einrichtungen, beständig die soziale Leiter emporkletterten.

Die nationale Organisation, die später als Nationale Heiligungsvereinigung bekannt wurde, war zu Beginn ein methodistisches Organ und strebte die Förderung von Heiligung im Gesamtrahmen der Methodistischen Kirche an. Viele der örtlichen Organisationen nahmen jedoch bald das Wesen einer Heiligungsmission an mit dem Ziel, die Botschaft unter Gläubigen aller Konfessionen zu verbreiten. Während der restlichen Jahrzehnte des 19. Jahrhunderts nahmen die Verbindungen der Heiligungsströmung mit dem offiziellen Methodismus immer mehr ab – was zum einen durch fehlende Ermutigung, sogar eine gewisse Verdammung von seiten der methodistischen Bischöfe, zum anderen durch die wachsende kritische und separatistische Haltung vieler Heiligungsgruppen verursacht wurde. Bereits 1860 trennten sich zwei reformierte Gruppen von der Methodistischen Episkopalen Kirche und bildeten die Freie Methodistische Kirche, die die Lehre der vollkommenen Heiligung annahm. Weitere Spannungen traten in der Methodistischen Episkopalen Kirche des Südens auf bezüglich der Frage, ob umherreisende Heiligungprediger die Zustimmung von örtlichen Pastoren benötigten; ein bekannter Fall mit Henry Clay Morrison (1857-1942) führte zur Ausstoßung und darauffolgenden Wiedereinsetzung des Predigers. Ein derartiger Widerstand gegen die Heiligungsbotschaft schwächte die Loyalität der Heiligungs-Anhänger gegenüber der

Methodistischen Episkopalen Kirche merklich. So bildeten sich in den 1880ern und 1890ern verschiedene neue Heiligungs-Denominationen wie die Church of God (Anderson, Indiana), Gemeinschaften, die sich später zur Church of the Nazarene (Kirche des Nazareners) zusammenschlossen, und jene, die 1922 die Pilgrim Holiness Church (Pilgerheiligungskirche)[14] bildeten. Bis Ende des Jahrhunderts war die Nationale Heiligungsvereinigung, die mit dem Ziel der Unterstützung der Heiligungsbotschaft innerhalb des Methodismus begann, fast ausschließlich außerhalb der Methodistischen Episkopalen Kirchen situiert.

Eine weitere Auswirkung der Verbreitung von Wesleyscher Heiligungslehre in den Südstaaten war ihr erster bedeutender Einfluß unter afroamerikanischen Christen, vor allem unter Baptisten. Ihre Annahme der Wesleyschen Lehre rief in ihren Baptistengemeinden Spannungen hervor, und bis zur Jahrhundertwende waren die meisten der „Geheiligten" unter den Afroamerikanern in neue schwarze Heiligungs-Denominationen übergetreten. Obwohl viele von ihnen nach der Azusa-Street-Erweckung von 1906 pfingstlerisch wurden, behielt die Heiligungsbotschaft eine starke Anziehungskraft unter der afroamerikanischen Bevölkerung, ob sie sich der Pfingstbewegung anschlossen oder nicht.

Keswick

Besonders ab den 1850er Jahren fand ein konstanter Austausch zwischen der Heiligungsströmung Großbritanniens und der der Vereinigten Staaten statt. Die Heiligungsströmung in Großbritannien entwickelte sich aus den jährlichen Mildmay-Konferenzen, die 1856 begannen, und wurde in großem Maße durch das Buch *The Tongue of Fire* (übersetzt: Die Feuerzunge, 1856) des Methodisten William Artur angeregt, das auf beiden Seiten des Atlantiks viel gelesen wurde. Diese einheimischen Wurzeln wurden durch Besuche von Nordamerikanern gestärkt: Die Palmers verbrachten vier Jahre auf den britischen Inseln (1859-1863), Charles Finney stattete 1859 einen Besuch ab und die Pearsall Smiths von 1873 bis 1874. Heiligungskonferenzen in Broadlands (Hampshire), in Oxford und in Brighton ebneten den Weg für die jährlichen Keswick-Treffen, dem wichtigsten Ausdruck der britischen Heiligungsbewegung seit ihrer Gründung im Jahre 1875.

Die ersten Leiter der Keswick-Treffen kamen aus dem Kreis der anglikanischen Evangelikalen. Die Schlüsselfiguren der ersten Generation waren der Gründer und Vikar von Keswick, Canon T. D. Harford-Battersby (1822-1883), Evan Hopkins (1837-1918), H. W. Webb-Peploe (1837-1923) und Handley Moule, späterer Bishof von Durham (1841-1920). Keswick legte seinen Schwerpunkt so zielstrebig wie die amerikanischen Heiligungsströmungen auf die persönliche Heiligung. Mit seiner stark anglikanisch-evangelikalen Komponente bestand es jedoch auf einer soliden theologischen Grundlage und einer Vermeidung von schwärmerischen Extremen. Aus diesem Grunde wurde gewissenhaft dafür gesorgt, für die Heiligungslehre eine andere Grundlage als den „christlichen Perfektionismus" von John Wesley zu bieten.

Der methodistische Beitrag zum Keswick-Zweig der Heiligungsströmung war immer gering, und die Art der aufkommenden Heiligungslehre gründete mehr auf einer calvinistischen als auf einer Wesleyschen Theologie. So wurde in der Keswick-Lehre mehr die Sprache eines „Überwindens" oder eines „siegreichen" Lebens bevorzugt und die Lehre von der Möglichkeit einer „sündenfreien Vollkommenheit", wie sie in gewissen Wesleyschen Kreisen anzutreffen war, abgelehnt. Keswick lehrte, daß der Christ in diesem Leben immer mit der sündhaften Natur ringt, dem Prinzip des Fleisches, aber daß es durch die Glaubensgemeinschaft mit dem Werk Jesu am Kreuz für den Christen möglich ist, ein Leben des Sieges über die Sünde zu leben. Ein Jahrzehnt später traten einige nicht-anglikanische Sprecher bei Keswick auf, wie z. B. der südafrikanische reformierte Leiter Andrew Murray (1829-1917), der schottische Presbyterianer J. Elder Cumming (1830-1917) ab 1883 und der englische Baptisten F. B. Meyer (1847-1929) ab 1887. Frauen war es nicht gestattet, in der Versammlung zu referieren, obwohl bekannte Heiligungslehrerinnen wie Jessie Penn-Lewis (1865-1927) regelmäßig an Keswick teilnahmen und an den Nachmittagen zu Frauenkreisen sprachen.

Heiligungsströmungen im kontinentalen Europa

Die Heiligungsströmung hatte auch einen bedeutenden Einfluß auf den deutschen Protestantismus. Robert Pearsall Smith brachte seine Heiligungslehre 1875 von England ins kontinentale Europa und wurde vor allem in Kreisen von stark pietistischem Einfluß freudig aufgenommen. Die deutsche Bewegung entwickelte sich anders als in der englischsprachigen Welt und behielt größtenteils die pietistischen Formen von kleinen Gemeinschaften innerhalb der Staatskirche bei. Sie betonte die Gemeinschaft (womit ihre deutsche Bezeichnung als *Gemeinschaftsbewegung* aufkam), Massenevangelisation und vollkommene Heiligung. Die deutsche Bewegung wurde besser als in anderen Ländern durch die Bildung des Gnadauer Verbandes im Jahre 1888 organisiert.[15]

Eine wichtige Figur auf dem europäischen Kontinent war Otto Stockmayer (1838-1917). Stockmayer wurde bei einer der Oxford-Konferenzen stark ergriffen und zog sich 1878 von seinem freikirchlichen Pastorenamt zurück, um in der Schweiz ein Heilungs- und Glaubenszentrum zu eröffnen. Durch seine Funktion als regelmäßiger Sprecher bei Keswick wurde Stockmayer die Hauptverbindung zwischen den Heiligungsströmungen in Großbritannien, Deutschland und der Schweiz. Er war sowohl für seine Befürwortung göttlicher Heilung (in diesem Punkt beeinflußte er Andrew Murray) bekannt als auch für seine starke Betonung, daß die Heiligung eine Vorbereitung für die Rückkehr Jesu und das Hochzeitsfest des Lammes sei. Auch in der französisch reformierten Welt trat die Heiligungsströmung auf, durch Theo Monod, der während des Besuches der Pearsall Smiths in Frankreich beeinflußt wurde.

Weitere amerikanische Entwicklungen

Die anglo-amerikanische Zusammenarbeit wurde vor allem durch die Besuche des amerikanischen Predigers, D. L. Moody (1837-1899) fortgesetzt, der 1871, nicht lange vor seinen ersten Kampagnen in Großbritannien, eine durchschlagende Heiligungserfahrung hatte. Durch Moody wurde im Rahmen seiner Northfield-Tagungen in Neuengland, begonnen im Jahre 1880, die von Keswick vertretene Heiligungslehre wirksam in den Vereinigten Staaten eingeführt. Diese Lehre vom „höheren Leben" wurde auch von A. B. Simpson (1843-1919) vertreten, dem Gründer der Christlichen und Missionarischen Allianz.

Die Verbreitung der Keswickschen Heiligungslehre in den Vereinigten Staaten schärfte den Gegensatz zwischen Wesleyscher und calvinistisch-reformierter Lehre über Heiligung. Dieser Gegensatz war zwischen der Palmer-Arthur-Lehre und derjenigen Oberlins aufgetaucht, aber diese beiden Gruppierungen waren beide aus den Nordstaaten und einig in sozialen Fragen wie der Sklaverei. Nun bestand der Gegensatz zwischen der anspruchsvolleren Lehre nach Keswick, die Menschen aus dem Norden mit einem gewissen Bildungsniveau ansprach, und der „ausmerzenden" Art von Lehre jener Heiligungsgruppierungen, die sich größtenteils von dem Hauptstrom des Methodismus lösten. Letztere wurden vorwiegend im mittleren Westen und in Grenzgebieten angetroffen, wo Konferenzen eine weniger elegante Teilnehmerschaft anzogen.

Die Keswick-Lehre war differenzierter und sprach gebildetere Suchende an. Der Wesleysche Heiligungszweig, der Sünder zu einer sündenfreien Perfektion rief, war populärer und erreichte die Arbeiterschicht. Zwar wurde dieselbe Sprache benutzt, es bestanden jedoch bemerkenswerte Unterschiede im ethischen Niveau und der Lehre der beiden Stränge. Der populäre Zweig, der in Europa wenig Echo hervorrief, spiegelte die evangelikale Bekämpfung der Laster der expandierenden amerikanischen Grenze wider, wo Heiligung eng mit der Bezwingung der menschlichen Natur in ihren Wurzeln und dem vollkommenen Verzicht auf Alkohol, Spiel, Gewalt und Tanz verknüpft war.

Die Heiligungsströmung wurde vom Aufkommen der nächsten Strömung, der Pfingstbewegung, drastisch beeinflußt. In der ersten vollen Generation der Heiligungsbewegung vor Beginn des Pfingstbewegung kamen zunehmend pfingstlerische Bilder und sprachliche Ausdrucksformen auf. In den 80ern und 90ern des 19. Jahrhunderts lehrten Heiligungs-Anhänger allgemein eine „Geistestaufe" nach der Bekehrung, die als vollkommene Heiligung verstanden wurde. Verschiedene ihrer Veröffentlichungen und Organisationen enthielten das Wort „Pfingsten" in ihrem Titel. So bewährte sich die Heiligungsströmung als fruchtbarer Boden für die neue Pfingstströmung, die im ersten Jahrzehnt des 20. Jahrhunderts aufbrach. Als die Pfingstbewegung in den Vereinigten Staaten ab 1906 ausbrach, war die Heiligungsströmung geteilter Meinung über das, was oft als „Zungen"-Thema bezeichnet wurde. Die Heiligungsströmung blieb weiter bestehen, jedoch mit geringerem Ausmaß und Einfluß, und auch verändert durch ihr Mißtrauen gegenüber pfingstlerischen Elementen.

Ein wichtiger Zweig setzte sich länger innerhalb der südstaatlichen methodistischen Tradition fort. Obwohl Henry Clay Morrison oft im Streit mit seiner Kirche lag, blieb er immer Geistlicher der Methodistischen Episkopalen Kirche des Südens. Als Massenevangelist mit dem Hauptanliegen der Heiligung gründete er um 1890 den „Pentecostal Herald" und wurde 1910 Präsident des Asbury College in Wilmore, Kentucky, wo er 1923 das Asbury Theological Seminary gründete. Beide Einrichtungen spielten eine wichtige Rolle in der Aufrechterhaltung des Heiligungszeugnisses in der Wesleyschen und methodistischen Tradition.

Missionarischer Einfluß

Die Heiligungsströmung wirkte sich entscheidend auf die missionarische Arbeit aus. Sie betonte die „vollkommene Heiligung" und legte gleichzeitig auch einen Schwerpunkt auf die vollständige Auslieferung an den Willen Gottes. Es war diese aufopfernde Hingabe an Gottes Werk, die den starken missionarischen Drang in Heiligungskreisen auslöste. Zwei nicht verwandte Taylors waren die missionarischen Hauptpioniere in der aufkommenden Heiligungsströmung: der amerikanische Methodist Bischof William Taylor (1821-1902) und J. Hudson Taylor (1832-1905), der britische Begründer der China Inland Mission. William Taylor, ein energischer Prediger von vollkommener Heiligung, übte in vielen Ländern einen direkteren Einfluß aus, da er in Indien (1870-1875), in Lateinamerika (1877-1884) und in Afrika

(1884-1896) missionierte. Hudson Taylors Glaubensphilosophie und -engagement erzielte vielleicht den dauerhaftesten Einfluß auf missionarische Praktiken durch die Glaubensmissionen, von denen die China Inland Mission die erste war.[16] Diese Glaubensmissionen richteten sich oftmals auf kleine, genau definierte Gebiete Afrikas aus und waren stark von der Heiligungslehre durchdrungen, vor allen in ihren ersten Jahren. D. L. Moodys Kampagnen erweckten viele missionarische Berufungen, auch jene der „Cambridge Seven" 1885, unter denen sich C. T. Studd (1860-1931) befand, der später World Evangelization Crusade (Weltevangelisationskreuzzug, WEC) gründete.

Andere Missionsgesellschaften mit einer starken Heiligungsbotschaft waren die World Gospel Mission (Weltevangeliumsmission), gegründet 1910 von der National Association for the Promotion of Holiness, und die Oriental Missionary Society. Auch die ostafrikanische Erweckung der 30er Jahre war entschieden von der Heiligungsbewegung beeinflußt, was vor allem in der Ruanda Mission Ausdruck fand. Die Erweckung wurde von einer starken Verurteilung der Sünde gekennzeichnet: Ein Missionar sprach von „... der tiefen Einheit und Gemeinschaft mit den Afrikanernder als größten Frucht der Erweckung. Wir bemerkten, daß wir, nachdem wir einmal unsere Vorurteile und unser weißes Überheblichkeitsgefühl bereut und in einigen Fällen dafür um Verzeihung gebeten hatten, eine neue Sphäre von Beziehungen betraten, die das Wesen all unserer Arbeit veränderte".[17]

Die Heiligungsbewegung im 20. Jahrhundert drückt sich in verschiedenen relativ kleinen aber energischen Denominationen sowie in Gruppen innerhalb größerer Kirchen aus. Diese Denominationen schließen (in den Vereinigten Staaten) ein: die Wesleysche Kirche, die Freie Methodistische Kirche, die Church of God (Anderson, Indiana), die Church of the Nazarene. Die Wesleysche Theologische Gesellschaft, 1965 gegründet, vereint Gelehrte all dieser Heiligungskirchen zusammen mit den Vereinten Methodisten, die mit dem Asbury Theological Seminary assoziiert sind.

In Großbritannien wurden die Keswick-Treffen fortgesetzt, jedoch mit gewissen Schwerpunkten und einer Terminologie, die von ihrer Abneigung gegen die pfingstlerische Begeisterung geprägt sind. Eine Darstellung der Keswick-Lehre faßt ihre Punkte unter fünf Überbegriffen zusammen: die übermäßige Sündhaftigkeit von Sünde, der Weg der Reinigung und Erneuerung, das Leben in vollständiger Hingabe, die Fülle des Heiligen Geistes und der Pfad von Opfer und Dienst.[18]

Die Heiligungsströmung bleibt weiterhin einer Quelle tiefer geistlicher Schriften, sei es durch Neuauflagen früherer Autoren wie Andrew Murray, sei es durch neue Bücher, wie z. B. jene von A. W. Tozer (1897-1963), Ruth Paxson, Os Guinness und von Roy Hession, dessen Buch *The Calvary Road* eine große Leserschaft fand. Eine Lehre ähnlich der der Heiligung wurde auch durch die Schriften eines chinesischen Lehrers weit verbreitet, der die letzten 20 Jahre seines Lebens in kommunistischen Gefängnissen verbrachte, Watchman Nee (-1972).

Kapitel 4

Die Pfingstströmung

Die Pfingstströmung war wie die evangelikale und die Heiligungsströmung eine Frucht geistlicher Sehnsucht und geistgeführter Erweckung. Sie war in ihren Ursprüngen keine Sammlung von Lehrmeinungen, sondern ein Hereinbrechen von neuem Leben, das einherging mit unterschiedlichen Schwerpunkten und Wesensmerkmalen. Diese Schwerpunkte wirken sich natürlich auf die Lehre aus und besitzen einen theologischen Gehalt. Aber die Bewegung oder Strömung ist nicht einfach durch einen besonderen Lehrsatz definiert oder bestimmt.

Die Schwerpunkte und Wesensmerkmale, die den Pentekostalismus als eigene Strömung kennzeichnen, ergeben sich aus der Verschmelzung (1) von der Lehre und Erfahrung einer auf die Bekehrung folgenden Geistestaufe; (2) vom Ausüben und der Manifestation von Geistesgaben, wobei viele Pfingstler der Gabe des Sprachengebets eine besondere initialisierende Bedeutung zumessen; (3) vom völligen körperlichen und stimmhaften Ausdruck der Gegenwart und Macht des Geistes im Gebet und im Dienst. Die Erfahrung dieser Gabe durch die Taufe im Heiligen Geist wurde als ein Pfingsten des 20. Jahrhunderts verstanden, das für einen Endspurt von intensiver Evangelisation gegeben wurde, mit der alle Menschen erreicht werden sollen vor der rasch herannahenden Rückkehr des Herrn.

Die Historiker der Pfingstbewegung weisen gemeinsam auf zwei Ereignisse hin, die ausschlaggebend für ihr Entstehen waren. Das erste war ein Ausbrechen der Zungensprache in kleinerem Rahmen in Topeka, Kansas, in einer kleinen, von Charles F. Parham (1873-1929) geleiteten Schule Anfang 1901. Das zweite ist die Erweckung, die 1906 in der Azusa-Street-Mission in Los Angeles begann und von einem Afroamerikaner, William J. Seymour (1870-1922) geleitet wurde. Parhams wichtigster Beitrag war, eine Verbindung zwischen der Geistestaufe und der Zungensprache herzustellen; so daß er der Begründer der weitverbreiteten Pfingstlehre ist, die beispielsweise in den ganzen Assemblies of God angetroffen werden kann, daß die Zungensprache als notwendiger anfänglicher Beweis für die Geistestaufe gilt. Azusa Street bewirkte aber erst die geistliche Explosion, die diese neue Strömung in der kurzen Zeit von zwei Jahren in allen Kontinenten der Erde vorantrieb. In Azusa Street bot sich der erstaunliche Anblick, daß schwarze und weiße Gläubige sich vermischten und ihre Dienste ohne Rücksicht auf Rassentrennungen ausübten. Die von Azusa Street ausgehende geistliche Dynamik stand sicherlich im Zusammenhang mit dieser anfänglichen Rassenharmonie und dem Verschmelzen von Elementen der afroamerikanischen Sklavenreligion mit den evangelikalen und Heiligungstraditionen der weißen Gläubigen.

Im Gegensatz zu den Anfängen der evangelikalen und der Heiligungsströmung, die erstmals innerhalb der historischen protestantischen Traditionen auftraten, befand sich Azusa Street in der Tat „außerhalb der Stadt". Dieser soziale Hintergrund der pfingstlerischen Ursprünge verwandelte es eher in ein Phänomen der unteren Klassen in einem ethischen Niveau, das sich unterschied von dem vorangegangener Strömungen, ein im Titel *Vision of the Disinherited* (übers.: Vision der Enterbten) ausgedrückter Gesichtspunkt.[19]

Zwar war die Azusa-Street-Mission während ihrer ersten Monaten an Charles Parhams Apostolische Glaubensmission (Apostolic Faith Mission) angegliedert, diese Verbindung wurde jedoch nach Parhams rassistisch voreingenommener Anklage ihres „animalischen" Verhaltens beendet.

Von Azusa Street aus erhielt die Bewegung die typischen Wesensmerkmale des Pentekostalismus: kräftiger Lobpreis, starke eschatologische Erwartung, evangelistischer und missionarischer Drang, allgemeine Teilnahme. Hier lag wieder eine stark auf Gleichheit ausgerichtete Bewegung vor, die die Verfügbarkeit von Pfingsten und von der Kraft des Heiligen Geistes für jeden Gläubigen verkündete, arm und reich, Laie und Geistlicher, schwarz, braun und weiß, ungebildet und gebildet.

Ein Ergebnis war, daß die sich von Azusa Street ausbreitende Bewegung schnell eine Flut von Wanderpredigern,

Missionaren und Zeugen hervorbrachte, viele von ihnen ohne Verbindung zu irgendeiner Kirche. Die Bewegung breitete sich 1906 nach Indien aus, wo sie durch eine inländische Erweckung unterstützt wurde, die im Jahr zuvor in den von Pandita Ramabai (1858-1922) geleiteten Häusern der Mukti Mission in der Nähe von Poona ausgebrochen war. Sie trat in China 1908 auf, in Südafrika 1908, in Chile 1909 und in Brasilien 1910. Europa erreichte sie durch Thomas Barratt (1862-1940) aus Oslo Anfang 1907 und England später im selben Jahr durch Barratt in der anglikanischen Pfarrei von Alexander Boddy (1854-1930), nahe Sunderland gelegen.

Die schnelle Verbreitung der Pfingstströmung von Azusa Street aus wurde nicht nur durch die große Beweglichkeit von vielen der ersten Pfingstler gefördert (die frühen pfingstlerischen Zeitschriften enthalten viele Briefe von umherreisenden Zeugen über die Aufbrüche in der Welt), sondern auch durch die Erwartungen, die in den Herzen vieler Evangelikaler wachgerufen wurden durch die Waliser Erweckung von 1904-1905. Sie wurde ebenfalls durch die von dem Prediger Reuben Archer Torrey vorgenommene Anpassung der Heiligungslehre über die Geistestaufe gefördert: Er ging von der Betonung einer vollkommenen Heiligung über auf die Betonung der Bevollmächtigung für den Dienst und die Mission, wobei Torrey selbst später die pfingstlerischen Manifestationen ablehnte.

Wenige kleine Heiligungs-Denominationen (die die aussterbende Lehre der Heiligung vertraten) wurden vollständig von den Pfingstlern gewonnen, und diese formten in der Tat die ersten pfingstlerischen Denominationen. Diese schlossen ein: die Church of God in Christ (siehe unten), die Church of God (Cleveland, Tennessee), gegründet von A. J. Tomlinson (1865-1943),[20] und die Pentecostal Holiness Church, gegründet von J. H. King (1869-1946). Alle diese Heiligungsgruppierungen im frühen Pentekostalismus fügten die Taufe im Heiligen Geist, verbunden mit der Zungensprache, ihrer bisherigen zweistufigen Lehre über Bekehrung und Heiligung hinzu.

Andere unter den ersten Pfingstlern kamen jedoch von unterschiedlichen Glaubenshintergründen, oft calvinistisch und baptistisch. Viele waren von der Keswickschen Heiligungslehre beeinflußt, besonders jene der Christlichen und Missionarischen Allianz. Die Allianz war besonders betroffen durch den pfingstlerischen Ausbruch bei ihrem Sommertreffen 1907 in Nyack, New York. A. B. Simpson, der Leiter der Allianz, rang mit der Angelegenheit in seinem eigenen Herzen, obwohl er sich nicht selbst mit der Pfingstbotschaft identifizierte. Daraus folgte, daß die Politik der Allianz gegenüber der neuen Bewegung anfangs nicht so eindeutig negativ ausfiel, wie dies bei einigen anderen Heiligungs-Denominationen der Fall war, die sie vollständig ablehnten.

Die Pfingstler, die aus anderen Denominationen stammten, tendierten zur Bildung von kleinen unabhängigen Versammlungen, die sich meist in Hinterhofzimmern oder Lagerräumen zum Gottesdienst trafen. Innerhalb eines Jahrzehnts führte die Gefahr der Unabhängigkeit und fehlenden Organisation dazu, daß der Ruf nach der Gründung eines nationalen Organs laut wurde; dieses sollte einen Lehrstandard als Schutz vor Auswüchsen in der Lehre vorgeben sowie eine Prüfinstanz für die Ausübung von Ämtern und Missionsarbeit darstellen als Schutz vor Betrügerei. An diesem Punkt ging das rassenübergreifende Merkmal der Azusa-Street-Erweckung größtenteils verloren. So wurden 1915 die Assemblies of God in den Vereinigten Staaten gegründet; Kanada folgte dem Beispiel 1919, Großbritannien und Irland 1925. Die Assemblies of God vertraten eine von pfingstlichen Elementen durchdrungene reformierte Theologie und baptistische Praxis. Dies bedeutete die Annahme des „vollendeten Werks von Golgotha" (im Gegensatz zur Wesleyschen Lehre) und die Geistestaufe als zweite Erfahrung zur Bevollmächtigung für den Dienst.

Schwarzer Pentekostalismus

Die schwarze oder afroamerikanische Komponente in den pfingstlerischen Ursprüngen wird in der pfingstlerischen Geschichte oft ignoriert oder abgewertet. Diese Verdrehung wurde durch die Studien und Schriften von Professor Walter J. Hollenweger (geb. 1927)[21] zurechtgerückt. Die weitaus größte unter den afrikanisch-amerikanischen Pfingstkirchen

(5,5 Millionen Mitglieder im Jahre 1995) ist die Church of God in Christ, gegründet und über ein halbes Jahrhundert geleitet von C. H. Mason (1866-1961).

Eine Trennung, die 1914 unter Pfingstlern bezüglich der Taufe im Namen Jesu auftrat, führte zur Entstehung des „Oneness Pentecostalism" (Einheitspentekostalismus), der seither einen großen Rückhalt unter vielen schwarzen Gläubigen gefunden hat. Die Einheitspfingstler lehnen die traditionellen Formulierungen der Dreieinigkeitslehre ab und erklären, daß Jesus der richtige Name für Gott in der christlichen Welt sei.[22] In vielerlei Hinsicht kann der Einheitspentekostalismus als Protest der Armen und Minderbemittelten gegen die intellektuelle Vorherrschaft gesehen werden, die durch die Vielschichtigkeit von zahlreichen Dreieinigkeitstheologien symbolisiert wird. Seine Anziehungskraft für schwarze Gläubige scheint, eine solche Auslegung zu bestätigen. Unter den schwarzen Einheits-Denominationen befindet sich The Pentecostal Assemblies of the World, die in ihrer ersten Zeit von G. T. Haywood (1880-1931) geleitet wurde. Die schwarzen Pfingstler übten bedeutenden missionarischen Einfluß in der Karibik und von dort aus auf die schwarzen Kirchen Großbritanniens aus, sowohl unter den Einheits-Gemeinschaften, als auch in zwei schwarzen Denominationen, die mit den Nordamerikanischen Pfingstkirchen in Verbindung standen, der New Testament Church of God[23] und der Church of God of Prophecy.

Der schwarze Pentekostalismus besitzt seine eigenen charakteristischen Formen und Traditionen. Er ist nicht nur erlebnishaft in der Art, wie dies oft von weißem Pentekostalismus der Fall ist, sondern ein „von Herzen kommender" Ausdruck der tiefsten Sehnsüchte der Seele, immer lebendig und bisweilen dramatisch. Dieser äußert sich im Stil des Predigens (poetischer und sogar noch bildlicher als bei ihren weißen Kollegen), in den Formen des gesprochenen Gebets und „Unterbrechungen" aus der Versammlung, aber vor allem in den Formen der Musik.

Die schwarzen Pfingstler spiegeln auch viel stärker sowohl die gemeinschaftliche Erfahrung des Volkes Gottes als auch die Erfahrung von Leiden und Unterdrückung wider. Diese stehen beide in Beziehung mit den biblischen Beispielen des Volkes Israel (besonders in Ägypten) und des Leidens Jesu.

Pfingstler und Evangelikale

Die Pfingstler wurden generell von den Evangelikalen abgelehnt, weil sie als gefährlich subjektiv angesehen werden, ihrer Meinung nach die Erfahrung über die Lehre erheben und in vielerlei Hinsicht zu Ausschweifungen neigen. Als Mitglieder einer populären Bewegung der weniger gehobenen Gesellschaftsschicht wurden die Pfingstler als unwissend und einfältig eingestuft, und ihrem Gebrauch der Bibel angelastet, daß ihnen die ernsthaften Studien der evangelikalen Prediger fehlen. In der Tat trat die erste Generation des Pentekostalismus größtenteils parallel zum aufkommenden Fundamentalismus unter den konservativen Evangelikalen auf. Obwohl Pfingstler heute oft als Fundamentalisten angesehen werden, betrachteten die letzteren die ersten als schwerwiegende Gefahr für die Reinheit des fundamentalistischen Glaubens.

Trotz einer solchen Ablehnung wandten die meisten Pfingstler, besonders aus den weißen Kirchen, evangelikale Kategorien an, um ihre eigene Lehre zu erläutern, die oftmals die Geistestaufe und die Geistesgaben den evangelikalen Formulierungen hinzufügte. Sie übernahmen in ihren Sprachgebrauch auch die Eschatologie und die Buchstabentreue der zeitgenössischen konservativen Evangelikalen; so wurden sie Verteidiger der vor-millenniären Befreiungslehre in der Eschatologie und Befürworter strenger biblischer Unfehlbarkeit im fundamentalistischen Sinn. Die Pfingstler setzen sich jedoch weniger als die konservativen Evangelikalen für den Fundamentalismus und die Dispensationslehre ein, da diese Merkmale für ihre spezifische Identität und Eigendefinition eine geringere Rolle spielen.

Die Pfingstströmung war in ihren Ursprüngen stark auf Gleichheit ausgerichtet. Ihrer eigenen Natur entsprechend predigte sie die Verfügbarkeit der Erfahrung der Geistestaufe und der Gaben des Heiligen Geistes für alle Gläubigen. Sogar mehr als die evangelikale Bewegung im allgemeinen mit ihrem Schwerpunkt auf der von allen Gläubigen erfahrbaren persönlichen Bekehrung, unterstreicht die Pfingstströmung nicht allein die Zugänglichkeit derselben Grunderfahrung für alle, sondern auch die Ausrüstung aller Gläubigen für die Arbeit und den Dienst der Kirche. So benutzten Pfingstler oft den Ausdruck „every member ministry" (Dienst eines jeden Mitglieds), um das Ideal der örtlichen Kirche zu beschreiben, die von der Kraft des Heiligen Geistes geführt wird.

Missionarischer Einfluß

Obwohl die missionarische Arbeit ein Hauptziel der evangelikalen Strömung war, übte die Pfingstbewegung den nachdrücklichsten Einfluß auf die Dritte Welt aus. Direkt von der Azusa Street aus machten sich neugetaufte Pfingstler zur missionarischen Arbeit auf, viele mit mehr Glauben als Weisheit. Einige starben im Sumpf Westafrikas, dem Friedhof der Missionare, andere hielten nicht durch. Aber es gab viele pfingstlerischen Missionare von heldenhaftem Format, die ihren Glauben an einen wunderwirkenden Gott zu abgelegenen und bis dahin nicht erreichten Völkern brachten.

Zu diesen Helden müssen die Kanadier Chawner gezählt werden, Vater Charles und Sohn Austin (1903-1964), die nach Mozambique auszogen; die Amerikanerin Lillian Trasher (1887-1961), eine Missionarin in Ägypten, die ein Waisenhaus in Assiut gründete; der Engländer William F. P. („Willie") Burton (1886-1971), über 35 Jahre Bereichsleiter der evangelistischen Mission in Congo (heute Demokratische Republik Kongo); der Amerikaner Victor Plymire (1881-1956), der im Grenzgebiet Tibets arbeitete. Von großer Bedeutung waren auch die Wanderpredigten des ungebildeten englischen Klempners aus Bradford, Smith Wigglesworth (1865-1947), der mit seiner schroffen Persönlichkeit und seinem heroischen Glauben durch seine Predigten und die sie begleitenden Zeichen große Menschenmengen berührte.

Der evangelistische Einfluß des pfingstlerischen Glaubens wurde in Lateinamerika am offensichtlichsten, wo mindestens 75 bis 80 Prozent der wachsenden Zahl von Protestanten Pfingstler sind. Die Pfingstbewegung hat jedoch auch in Asien ein überwältigendes Wachstum erfahren, eine der größten Kirchen der Welt ist die Full Gospel Church in Seoul, Korea, gegründet von Pastor Yonggi Cho (geb. 1936). Der Einfluß der Strömung auf christliche Missionen wird im Kapitel „Die charismatische Strömung" näher untersucht.

Die Gründe für den großen pfingstlerischen Einfluß auf die Dritte Welt sind zweifellos verknüpft mit deren starken sprachlichen und körperlichen Ausdruckskraft. Während der Evangelikalismus sich gewöhnlich vor allem auf die Lehre und das Studium des Wortes Gottes konzentrierte, ist der Pentekostalismus ein Glaube, in den Gesten und Riten (im gesellschaftlichen Sinn) einverleibt werden. So legen die Pfingstler normalerweise die Hände auf im Gebet, heben die Arme im Lobpreis, tanzen, gehen und rufen umher. Während der Evangelikalismus auf gebildeten und geschulten Predigern des Wortes bestand, unterstrich der Pentekostalismus die persönliche Erfahrung des Heiligen Geistes, und oftmals in seinen Anfängen war wenig Zeit für eine ordentliche Schulung gegeben. David du Plessis erzählte regelmäßig die Geschichte, daß seine Initialen D. D. „David the donkey" (übers.: David der Esel) bedeuteten. Der stark populäre Charakter der Pfingstströmung ist deutlich ein Hauptgrund für seine schnelle Verbreitung in weniger entwickelten Ländern. Studien über den lateinamerikanischen Pentekostalismus haben erbracht, daß die Bewegung nicht unter den gebildeteren Gruppen mit stärkerer Finanzierung aus den Vereinigten Staaten, sondern unter den einheimischen Pfingstlergruppen in den ärmsten Kreisen der Bevölkerung ohne Verbindungen zur ersten Welt am schnellsten wuchs. Die einheimischen pfingstlerischen Gruppen sind gewöhnlich jene, die ökumenischen Kontakten am offensten gegenüberstehen, und eine wachsende Zahl der einheimischen Pfingstkirchen sind der CLAI (*Consejo Latino-Americano Iglesias*, übers.: Rat Lateinamerikanischer Kirchen) beigetreten.

Die Herausforderungen innerhalb des Pentekostalismus

Mehr, als dies bei den vorangegangenen Strömungen der Fall war, verwandelte sich die Pfingstbewegung bald in ein Bündel neuer Denominationen. Im Gegensatz zur evangelikalen und zur Heiligungsströmung überlebte die Pfingstbewegung ihre erste Generation nicht innerhalb der etablierten protestantischen Kirchen. Dies war nicht in ihrem Wesen begründet, wie das spätere Aufkommen der charismatischen Strömung bewies, sondern wurde dadurch verursacht, daß sie sowohl von den älteren Kirchen als auch von den existierenden evangelikalen und Heilungsströmungen energisch abgelehnt und verbannt wurde.

Die Pfingstler fanden es oft schwer, gegenseitige Verbundenheit zu fördern und beizubehalten. Durch ihre Ächtung von außen wurde es ihnen jedoch erleichtert, mit der Zeit ein starkes Gespür für ihre gemeinsame Identität als Bewegung zu entwickeln – mit der wichtigen Einschränkung einer weitverbreiteten rassistischen Absonderung in Nordamerika. Diese beiden Faktoren spielten zusammen beim Aufbau und der frühen Geschichte der World Pentecostal Fellowship (WPF), gegründet 1947 in Zürich, Schweiz, und in der darauffolgenden Pentecostal Fellowship of North America (PFNA), gegründet 1948. Die Tatsache, daß sich die Pfingstströmung in ein Bündel neuer Denominationen entwickelt hatte, gab der WPF in gewissem Maße den Charakter einer weltweiten Konfessionsfamilie. Die WPF hatte wenig Mitglieder aus den schwarzen Pfingstkirchen und die PFNA überhaupt keine. Im November 1994 fand jedoch eine bewegende Begegnung zwischen weißen Leitern des PFNA und Leitern der schwarzen Pfingstler statt, bei der die PFNA abgeschafft und eine neue, rassenübergreifende Bruderschaft ins Leben gerufen wurde mit der Bezeichnung „The Pentecostal/Charismatic Churches of North Amerika" (PCCNA, übers.: die Pfingstlerisch-Charismatischen Kirchen Nordamerikas).

Wie alle Bewegungen, die aus einer Erweckungserfahrung entstanden, mußte sich der Pentekostalismus der Herausforderung stellen, wie er sein ursprüngliches Feuer und die Kraft beibehalten konnte, während die Bewegung ihre eigenen Einrichtungen und Traditionen entwickelte. Diese Herausforderung war vielleicht größer, als sie die evangelikale und die Heiligungsströmung erfahren haben, denn der Pentekostalismus spricht stärker die Erfahrung an und seine Strömung verwandelte sich umfassender in eine Denomination mit all den Einrichtungen, die getrennte Denominationen hervorzubringen neigen. Die Herausforderung offenbarte sich in einer Reihe von neuen „Wellen" innerhalb der pfingstlerischen Welt, zum Beispiel dem Aufkommen der Heilungsprediger nach dem Zweiten Weltkrieg, der Latter-Rain-Erweckung, die sich nach 1948 von North Battleford (Saskatchewan, Kanada) ausbreitete, und der Glaubensprediger, die ein „Wohlstandssevangelium" (prosperity gospel) verteidigten. Alle drei Entwicklungen erweckten Argwohn und oft Widerstand von seiten der größeren weißen Pfingstdenominationen. Der Latter Rain-Zweig blieb größtenteils innerhalb der Pfingstbewegung, wenn auch am Rande, und beeinflußte Zentren wie die Elim Fellowship in Lima, New York, während sich die Wohlstandsprediger meist die Kennzeichnung „charismatisch" anstelle von „pfingstlerisch" zulegten, trotz ihrer gemeinsamen pfingstlerischen Wurzeln.

Die Frage der Anpassung betrifft auch das, was Pfingstler unter Reife verstehen. Was für einige Reife ist, betrachten andere als Verfall. Die vielleicht weiseste pfingstlerische Leitfigur war Donald Gee (1891-1966) aus Großbritannien, der erste Herausgeber der weltweiten Pfingstzeitschrift *Pentecost*. Gee war der erste pfingstlerische Autor, der die Schwächen des Pentekostalimus ansprach und fortwährend zu einer Reife aufrief, die nicht die Berührung mit dem geistlichen Feuer und der Erweckungskraft verlieren würde. Charakteristisch für Gees Appelle war dieser von Herzen kommende Aufruf: „Bevor wir ein so starkes Bewußtsein als Bewegung entwickelten, dachten wir öfter über die Pfingsterweckung nach als eine Gnadengabe, um den aufzurütteln, den der Herr, unser Gott, rufen möchte. Loyalitätserweisungen gegenüber einer Denomination waren zweitrangig. Laßt sie dies bleiben. Für die Bewegung ist es lebenswichtig, daß sie als Erweckung weiterwirkt und wächst. Nichts weniger verdient die Bezeichnung ‚pfingstlerisch'".[24] Dies sind die Worte des beispielhaften Leiters einer Strömung. Eine weitere Schlüsselfigur des weltweiten Pentekostalismus war Lewi Pethrus (1884-1974) aus Schweden, der ironischerweise einen großen Einfluß ausübte, während er die skandinavischen Bemühungen um die Beibehaltung einer gemeinschaftlichen Autonomie anführte und jegliche Form überregionaler Autorität bekämpfte.

In den vergangenen zwei Jahren erzielte das Memphis-Ereignis ein großes Echo und stellte die Versöhnung unter Rassen im nordamerikanischen Pentekostalimus in den Vordergrund. Wenn man die Verbindung zwischen dem Einfluß von Azusa Street und seinem rassenübergreifenden Charakter betrachtet, könnten diese Entwicklungen ein neues Aufflammen des Pfingstfeuers einleiten. Die Neubenennung des PFNA, die nun sowohl charismatische als auch pfingstlerische Kirchen einschließt, zeigt eine weitere Öffnung an, die trotz eines großen Widerstandes von seiten der Pfingstler gegenüber einer weiteren christlichen Ökumene für die künftige Vitalität der Pfingstströmung von großer Bedeutung sein könnte.

Kapitel 5

Die charismatische Strömung

In vielerlei Hinsicht besteht die engste Verwandtschaft innerhalb der vier Strömungen zwischen der charismatischen und
der pfingstlerischen. Grund dafür ist, daß sowohl die pfingstlerische als auch die charismatische Strömung von derselben
Erfahrung der Taufe im Heiligen Geist ausgeht, verbunden mit
den Geistesgaben aus 1 Korinther 12,8-10.

Die ersten Anzeichen dafür, daß eine neue, andersartige
Strömung aufkommen könnte, wurde Ende der 50er und
Anfang der 60er Jahre dieses Jahrhunderts wahrgenommen,
als die Pfingsterfahrung der Geistestaufe zum ersten Mal unter
einer bedeutenden Anzahl von Christen in den historischen
protestantischen Kirchen auftrat. Seriöse Mitglieder aner-
kannter Kirchen begannen zu bezeugen, daß sie in fremden
Sprachen beteten (Zungenrede), Worte des Herrn empfingen
und Heilung erfuhren, und daß diese neuartigen Erfahrungen
sie in eine neue Liebe zum Herrn Jesus führten, sie neu zu
Lobpreis befähigten und ihnen eine neue Freiheit schenkten,
um ihren Glauben zu bezeugen und mitzuteilen.
Obwohl die pfingstlerische Strömung anfangs vor allem in
Europa einen überkonfessionellen Charakter besaß, verwandelte sie sich in der Realität bald in eine neue Strömung
außerhalb der historischen Kirchen, von denen sie verachtet
und ignoriert wurde, und die sie ihrerseits als tot und gänzlich
unerlöst verwarf. Bis zur Mitte des Jahrhunderts war die
pfingstlerische Strömung größtenteils zu einem Bündel
pfingstlerischer Denominationen geworden mit einer Flut von
unabhängigen   pfingstlerischen   Vereinigungen   und
Wanderpredigern. Zwischen dieser Strömung und dem Rest
der christlichen Welt gab es sehr wenig Kontakt und noch
weniger Respekt. Die größte Spannung gab es in der Tat zwischen den Pfingstlern und den vorangegangenen Strömungen
(die evangelikale und die Heiligungsströmung), die den
Pentekostalismus als Abweichung ansahen, die ihre eigene
Glaubwürdigkeit bedrohte.

In diesem Zusammenhang stellte das Wiederauftreten der Geistestaufe in Verbindung mit den Geistesgaben in den historischen protestantischen Kirchen eine enorme Herausforderung für die Pfingstler dar. Der große pfingstlerische Leiter Donald Gee nannte es „Pfingsten außerhalb von Pfingsten". Viele Pfingstler nahmen an, daß diese „Neo-Pfingstler", wie sie anfangs genannt wurden, bald von ihren Konfessionen abgelehnt werden und dann die pfingstlerischen Reihen ergänzen würden. Andere mit mehr Weitblick wie Gee hofften, daß ihre Kirchen sie nicht ablehnen würden, und sahen diese neue „Welle" als Gottes Weg, um die Pfingsterweckung wieder neu zu entflammen.

Als sichtbare Strömung trat die charismatische Bewegung 1960 in den USA in Erscheinung, als der episkopale Priester Dennis Bennett (1917-1991) landesweit öffentliches Interesse erlangte, dann durch Van Nuys, Kalifornien, und bald durch St. Luke, Seattle, sowie in Großbritannien 1963 durch einen anderen anglikanischen Priester, Michael Harper (geb. 1931).[25] Weitere publizistische Faktoren waren David Wilkersons *The Cross and the Switchblade* (Das Kreuz und die Messerhelden, 1963), John Sherrills *They speak With Other Tongues* (Sie sprechen in anderen Sprachen, 1964) und McCandlish Phillips' Artikel in *The Saturday Evening Post* (Mai 1964).

Ab 1963 wurde diese neue Strömung „charismatisch" genannt, größtenteils aus dem beidseitigen Wunsch heraus, sich von den Pfingstlern abzusondern. Anders gesagt, betrachteten es die ersten Charismatiker nicht als Vorteil, wenn ihnen irgendwelche Gemeinsamkeiten mit den Pfingstlern nahegelegt wurden. In diesem Klima gegenseitigen Argwohns kam dem einzigartigen Dienst von David du Plessis (1905-1987) eine besondere Bedeutung zu. Du Plessis' fortwährende Botschaft war, daß der Herr seinen Geist über alles Fleisch ausgießen würde, und daß das, was nun in den Kirchen geschah, dasselbe sei, was zu Beginn der Pfingstbewegung in der Azusa Street vor sich ging. Es sei der Herr Jesus, der sein himmlisches Amt als Täufer im Heiligen Geist ausübe.

Die Hauptunterschiede zwischen der Pfingstströmung und der charismatischen entstammtem ihrem unterschiedlichen

Kontext. Der erste Unterschied bestand zwischen den sektenartigen, in bescheidenen sozialen Kreisen entstehenden Gruppen auf der einen, und den gebildeteren und sozial gehobeneren Gruppen, wie sie für das Milieu der historischen Kirchen charakteristisch sind, auf der anderen Seite. Zweitens gab es Unterschiede zwischen einer Strömung außerhalb der größeren Kirchentraditionen, die ihre eigenen Denominationen und Konfessionen gebildet hatte, und einer aufkommenden Strömung, die versuchte, zum Sauerteig innerhalb der existierenden Kirchen zu werden. Letztere mußte notwendigerweise ihre Erfahrung des Heiligen Geistes mit althergebrachten Formen des Gottesdienstes, überlieferter Lehre und Theologie sowie mit vererbten Leiterschaftsstrukturen der Kirche in Einklang bringen.

Die Unterschiede zwischen den Pfingstlern in ihrer pfingstlerischen Welt und den Charismatikern, die versuchten, innerhalb der bestehenden Kirchen zu überleben und zu wachsen, wurden noch deutlicher, als sich die charismatische Strömung 1967 auf die römisch-katholische Kirche mit ihrem starken Gefühl einer besonderen kirchlichen Identität ausdehnte. Dieses unerwartete Überschreiten der reformatorischen Grenzlinie war entweder sehr erfreulich oder sehr bedrohlich oder vielleicht ein Gemisch von beidem. Als die charismatischen Katholiken von ihrer Kirche anerkannt wurden, bedeutete dies, daß das Erbe einer Strömung evangelikalen Ursprungs die Mauern „Roms" durchdrungen hatte, das alle Anhänger dieser Strömung als „althergebrachten Feind" betrachtet hatten. In anderen Worten hatte der überkonfessionelle Charakter dieser modernen Strömungen nun in der charismatischen Bewegung in der Tat, beziehungsweise immer im Geist, eine bis dahin nicht dagewesene Katholizität erreicht.

Etwa zur selben Zeit, als die charismatische Strömung in der römisch-katholischen Kirche aufbrach, traten erste Anzeichen dessen in Erscheinung, was oft als Messianisches Judentum bekannt wurde. Dies stellte ein seit den ersten Jahrhunderten nicht mehr dagewesenes Phänomen in der Geschichte des Christentums dar. Es entstand nämlich ein besonderes jüdisches Christentum, das sich durch das Feiern jüdischer Feste in den Synagogen und durch das Bekenntnis von Jesus, oder wie sie sagen würden, Yeshua, als Messias äußerte. Während nicht alle Messianischen oder „vollendeten" Juden[26] eine ausgesprochen charismatische Erfahrung teilen, so ist doch deutlich, daß der charismatische Einfluß ihre Entstehung und die dynamische Kraft des Geistes auslöste, die ihre unterschiedlichen sowohl jüdischen als auch charismatischen Formen des Gebets hervorbrachte.

Ihre Verbreitung innerhalb der Großkirchen

Obwohl sich die charismatische Bewegung in den Großkirchen, zumindest in Nordamerika und Westeuropa, in den 70er Jahren schnell ausbreitete, besaß sie irgendwie nie die Sprengkraft und den missionarischen Drang, der von der Azusa Street ausging. Viele charismatischen Leiter der ersten Stunde wie Larry Christenson (geb. 1928), Michael Harper und Arnold Bittlinger (geb. 1928) waren gebildeter als die ersten Pfingstler; in ihrem Stil und ethischen Niveau unterschieden sie sich sehr von den pfingstlerischen Glaubenshelden. Sie waren engagiert, wurden aber selten als Fanatiker angesehen. Die 70er Jahre waren geprägt von Konferenzen und Tagungen, einige von ihnen kraftvoll wie die katholischen Zusammenkünfte in Nôtre Dame und Atlantic City, sowie andere wie die lutherischen Konferenzen in Minneapolis, die ebenfalls eine fünfstellige Zahl von Teilnehmern anzogen. Aber viele der Teilnehmer scheinen innerlich weniger tief berührt worden zu sein als zahlreiche aus den früheren Strömungen, obwohl sie mit großer Begeisterung in die Lieder und den Lobpreis einstimmten. Diese Vermutung wird durch die Tatsache nahegelegt, daß viele später leicht zu anderen Quellen religiöser Anziehung überwechselten.

Während der 70er Jahre erreichte die charismatische Strömung im wesentlichen all jene Länder der freien Welt, die in den 60er Jahren nicht erreicht wurden. Darunter fallen zum Beispiel die meisten afrikanischen Länder, Südostasien, die Karibik und die lateinischen Länder Südeuropas. In einigen kommunistischen Staaten Osteuropas (nicht in der DDR, Ungarn und Polen, wo die Bewegung frühere Ursprünge hat) setzte die charismatische Strömung erst in den 80er Jahren ein, wie zum Beispiel in Tschechien, oder gar nach dem Zusammenbruch des Kommunismus Ende der 80er Jahre, wie in Rumänien und Bulgarien.

In den 60er und 70er Jahren gab es von evangelikaler Seite einen erheblichen Widerstand gegenüber der charismatischen Strömung, die als gefährlich subjektiv und nicht ausreichend der Schrift untergeordnet angesehen wurde. Ihre Ausdehnung auf die römisch-katholische Kirche und andere Umfelder, die nicht für ihre evangelikale Reinheit anerkannt wurden, steigerten die Ängste, daß es sich hierbei um eine begeisterte Erfahrung ohne Lehrinhalt handelte. In den 80er Jahren wurde die evangelikale Welt jedoch zunehmend von vielen Elementen der charismatischen Strömung durchdrungen: eine Offenheit für die Gaben des Heiligen Geistes, besonders die der Heilung; eine größere Betonung auf und eine größere Freiheit im Lobpreis; eine wachsende Wahrnehmung der Rolle des Heiligen Geistes im Dienst an den Gläubigen.

In Nordamerika begann die charismatische Strömung in den Großkirchen etwa um 1980 zu erschlaffen. Einige glaubten, dies folge daraus, daß die Leiter den Prophezeiungen keine Beachtung geschenkt hätten, die während der Kansas City Conference 1977 zu radikaler Reue aufgerufen hatten, einer Konferenz, die Teilnehmer aus fast allen Orten des christlichen Spektrums zusammengeführt hatte. Kansas City bot das außerordentliche Bild von Kardinal Leo Joseph Suenens (1904-1996), dem katholischen Primas Belgiens, Dr. Thomas Zimmerman (1912-1991), dem General-Superintendent der Assemblies of God, und Dr. J. O. Patterson (geb. 1912) von der Church of God in Christ, alle Seite an Seite auf dem Podium.

In den Vereinigten Staaten war das charismatische Wachstum bzw. dessen Rückgang von Kirche zu Kirche verschieden und variierte in verschiedenen Zeitabschnitten. Die Tradition, innerhalb derer eine charismatische Erneuerung in der letzten Zeit am meisten Einfluß ausübte, war die anabaptistische Strömung (Mennoniten und Brüdergemeinden). Die episkopale (anglikanische) Erneuerung behielt ihre eigene Tradition bis in die frühen 90er Jahre, als ein fortwährender liberaler Drang in der episkopalen Kirche zu einigen charismatischen

Abtrünnigkeiten führte. Die lutherische Erneuerung scheint nachgelassen zu haben, jedoch nicht so stark wie die katholische; die presbyterianische Erneuerung scheint in jüngster Zeit nach einer größeren Krise einen neuen Aufschwung zu erleben. In Großbritannien wächst die anglikanische Erneuerung, wobei eine Reihe von herausragenden Gemeinden einen bedeutenden Einfluß ausüben; die katholische Erneuerung, die hier nie dieselben Ausmaße wie in den Vereinigten Staaten erreichte, konnte wenig Wachstum verzeichnen; während die Erneuerung in den Freikirchen, außer in einigen baptistischen Kreisen, relativ schwach ist. Im allgemeinen übte die charismatische Strömung einen ziemlich bedeutenden Einfluß auf die europäischen Baptisten aus, in den Vereinigten Staaten war dies viel weniger der Fall, wo die Southern Baptist Convention sich nicht sehr begeistert äußerte, um es milde auszudrücken.[27]

Während der letzten fünf Jahre gab es vermehrt Zeichen einer charismatischen Erweckung unter den afrikanisch-amerikanischen Kirchen, der National Baptist Convention, der African Methodist Episcopal Church und der American Methodist Episcopal Zion Church. Diese Kreise waren während der ersten zwei Jahrzehnte der charismatischen Bewegung größtenteils davon unberührt geblieben.

Unabhängige Charismatiker

Seit ihren Anfangszeiten gab es in der charismatischen Strömung Gläubige, die keiner der geschichtlichen Konfessionen angehörten oder sich mit ihnen identifizierten. Einige von ihnen waren unabhängige Evangelikale, die die Geistestaufe empfingen; andere, z. B. in Großbritannien und Neuseeland, waren ehemalige Anhänger der Plymouth-Brüder (Plymouth Brethren). Viele der letzteren, die beinahe ausnahmslos aus der Brüdergemeinde ausgestoßen wurden, als sie sich zu ihrer charismatischen Erfahrung bekannten, brachten die den Brüdern charakteristische Feindseligkeit gegenüber Konfessionen und eine Besorgnis über den Zustand der New Testament Church mit sich. Diese ehemaligen Brüder wurden die Hauptverfechter einer neuen Form der „Wiederherstellungslehre" (Restorationism), die das Ausgießen des Heiligen Geistes als Wiederherstellung der New Testament Church ansahen, bei der die Wiederherstellung praktisch den Wiederaufbau vom Punkt Null bedeutete.

Erst in den frühen 70er Jahren begannen die unabhängigen charismatischen Gruppen, wirklich zu wachsen und zu einem bedeutenden Phänomen zu werden. In den Vereinigten Staaten wurde dieses Wachstum von einer Gruppe angeführt, die als Christian Growth Ministries bekannt war, mit seinem Zentrum in Fort Lauderdale, Florida (Derek Prince (geb. 1915), Bob Mumford (geb. 1930), Charles Simpson (geb. 1937), Don Basham (1926-1989) und Ern Baxter (1914-1993)), obwohl es sich auch durch Pastoren wie Jamie Buckingham (1932-1992) verbreitete, der zuvor Südstaaten-Baptist (Southern Baptist) war, eine Konfession, die den Charismatikern im allgemeinen nicht freundlich gesonnen war.

In Großbritannien gelangten die unabhängigen Charismatiker anfangs als „Hauskirchen-Bewegung" (House Church movement) an die Öffentlichkeit, die so genannt wurden, weil viele ihrer Versammlungen zuerst in Privathäusern stattfanden. Seine schnelle Verbreitung machte diese Bezeichnung jedoch bald weniger angemessen, weil neue Versammlungen von privaten Veranstaltungsorten in größere Gebäude verlagert wurden.

Über die vergangenen 20 Jahre können die unabhängigen Charismatiker enormen Zuwachs in den meisten Teilen der Welt verzeichnen. Während es mit der charismatischen Erneuerung in den Großkirchen der Vereinigten Staaten auf- und abging, und sie in manchen Kirchen erheblich rückläufig ist,[28] wuchsen die unabhängigen Kirchen im wesentlichen überall, manchmal stetig, manchmal drastisch. In Großbritannien gibt es heute mindestens sieben größere unabhängige charismatische Verbände, die sich alle auszubreiten scheinen. In anderen westeuropäischen Staaten wachsen diese Vereinigungen, sogar in Ländern wie Frankreich und Deutschland, in denen das Wachstum unabhängiger Kirchen normalerweise sehr langsam und mühsam vor sich geht.[29]

Die bedeutendere Explosion neuer charismatischer Kirchen geschieht jedoch in Asien und Afrika. In Südostasien wurden größere unabhängige Kirchen in der Gemeindegründung auf den Philippinen, in Indonesien und Thailand tätig. Die Hope of Bangkok Church in Thailand, geleitet von Kriengsak Chareonwongsak, konnte einen noch nie dagewesenen evangelistischen Erfolg in einem stark buddhistischen Land verzeichnen.

In vielen afrikanischen Ländern entstehen zahlreiche neue charismatische Glaubensgemeinschaften wie die der Deeper Life Bible Church in Nigeria, geleitet von William Kumuyi (geb. 1941). In Südafrika blühen neue charismatische Kirchen, viele davon stehen in enger Verbindung mit neuen Kirchen in Großbritannien. Zu den einflußreichsten zählt die Rhema Bible Church in der Nähe von Johannesburg, geleitet von Ray McCauley, der eine bedeutende Rolle im Übergang zum Zeitalter der Post-Apartheid spielte.

In Lateinamerika ist es schwieriger, zwischen unabhängigen Charismatikern und unabhängigen Pfingstlern zu unterscheiden, da sich beide „evangelicos" nennen und da ein starkes Pfingstzeugnis in vielen Gegenden erst im selben zeitlichen Rahmen wie die unabhängigen Charismatiker auftrat. In Afrika gibt es auch den zweiten dieser Faktoren, nicht aber den ersten, da sich die neuen Kirchen lieber charismatisch als pfingstlerischen nennen.

Inwiefern anders als die Pfingstler?

Obwohl viele Charismatiker es anfangs so verstanden und auch erklärten, daß sich die charismatische Strömung im wesentlichen innerhalb der historischen Kirchen bewegt, erkennen sie nun an, daß die unabhängigen Charismatiker ebenfalls zu dieser Strömung gehören. Weshalb aber wird diese neue Welle der Unabhängigkeit mehr mit der charismatischen als mit der Pfingstströmung in Verbindung gebracht?

Zum einen gehörten die unabhängigen Charismatiker in ihren Ursprüngen zu der neuen Welle des Heiligen Geistes, die außerhalb der Grenzen des Pentekostalismus aufbrach. Viele ihrer ersten Leitfiguren empfingen die Geistestaufe durch Kontakte, Gruppen und Treffen, die in gewisser Hinsicht überkonfessionell waren, wie die Full Gospel Business Men's

Fellowship (Geschäftsleute des vollen Evangeliums), Camps Farthest Out, die Evangelical Divine Healing Fellowship. Zweitens hatten die neuen Charismatiker große Schwierigkeiten mit der Enge des Pentekostalismus als Konfession. Sie stimmten nicht mit seiner ganzen Lehre überein, vor allem wandten sie sich gegen den Pessimismus der vor-millenniären Dispensationslehre in der Eschatologie, die die meisten der neuen pfingstlerischen Konfessionen in der ersten Hälfte des Jahrhunderts verfochten.

Drittens hatten die unabhängigen Charismatiker ein wesentlich anderes ethisches Niveau als die Pfingstler. Sie waren allgemein gebildeter, und die neuen charismatischen Kirchen zogen viele junge Intellektuelle an. Die vorsichtige Enge vieler Pfingstkirchen sagte diesen neuen Gläubigen nicht zu. Die unabhängigen Charismatiker zeichnen sich im allgemeinen durch eine starke Überzeugung aus, daß sie die Welt für Christus gewinnen; sie stehen oft in enger Verbindung mit den Massenmedien und der Geschäfts- und Unterhaltungswelt. Ein krasser Gegensatz dazu ist das typisch pfingstlerische Auftreten. Ihr Geist tritt vielleicht am sichtbarsten im „Marsch für Jesus" hervor, einer Idee, die sich inzwischen auf die meisten Länder der Erde ausdehnte.

Viertens sind ihre Organisationsstrukturen ausgeprägt modern. Sie bestanden darauf, daß neue, keiner Konfession angehörende Verbände keine entstehenden neuen Konfessionen sind, obwohl im Grunde genommen jeder andere der Ansicht ist, daß dies nicht vermieden werden kann. Ihnen ist es größtenteils gelungen, eine derartige Entwicklung zu vermeiden, indem sie Beziehungen zwischen Leitern anstelle von institutionellen Verbindungen zwischen Glaubensgemeinschaften aufbauten. Die Organisationsmuster, in denen die Leiter ihre Verbindungen pflegen und zusammenarbeiten, zeigen deutliche Parallelen zu heutigen Formen von Geschäfts- und Handelsorganisationen, jedoch mit einem ausgeprägten Interesse an persönlichen Beziehungen, wie dies in säkularen Bereichen nicht angetroffen wird.

Wenn man die charismatische Strömung insgesamt betrachtet, so wächst der Bereich der Unabhängigen heute am schnellsten von allen; die Unabhängigen stehen in der Tat an erster

Stelle derer, die Gemeindegründung verteidigen und fördern. Von allen vier Strömungen in den letzten 250 Jahren hat sich wahrscheinlich die charismatische Strömung tatsächlich am schnellsten ausgebreitet, vielleicht durch das Wachstum bei den Unabhängigen.

Allgemeine Entwicklung

Die charismatische Strömung durchlief trotz ihrer relativ kurzen Geschichte verschiedene Phasen. Die frühen Jahre, vielleicht bis 1972, waren, zumindest in der englischsprachigen Welt, gekennzeichnet von einer Betonung der Charismen, die als unterscheidendes Merkmal der Bewegung angesehen wurden. Es herrschte großer Optimismus, wenig Organisation und noch weniger ausgiebige Überlegungen.

In der Zeit von 1972 bis 1980 wurden erste bedeutende Anstrengungen unternommen, um die charismatische Erneuerung zu organisieren, was größtenteils durch den starken Auftritt der römischen Katholiken auf der charismatischen Bühne angeregt wurde. Dies brachte eine stärkere Ausrichtung auf eine Mission für die Kirchen mit sich, während die unabhängigen Kirchen gleichzeitig von ihren Plänen der Gemeindeleitung/Jüngerschaftsschulung angezogen waren. In den 80er Jahren wurde ein größerer Schwerpunkt auf die Erneuerung der Konfessionen gelegt, was einen vorübergehenden Rückgang der ökumenischen Arbeit zur Folge hatte. Mitte der 1980er Jahre erregte die Zeichen und Wunder-Botschaft von John Wimber (1934-1997), dem Gründer der Vineyard-Kirchen, großes Aufsehen, und half mit, daß die charismatische Strömung die evangelikale Welt in viel größerem Ausmaß als in den 60er Jahren durchdringen konnte.

Ende der 80er und Anfang der 90er Jahre wurde wieder mehr Aufmerksamkeit auf die zwischenkirchlichen und ökumenischen Beziehungen gelenkt mit einer Reihe von bedeutenden Konferenzen: New Orleans (1987), Indianapolis (1990), Brighton (1991) und Orlando (1995). Der Vorschlag, daß die 90er Jahre ein Jahrzehnt der Evangelisation sein sollten, spornte viele Charismatiker an und gab der gesamten charismatischen Strömung eine mehr nach außen gerichtete

Zielsetzung. In diesen Jahren engagieren sich Charismatiker viel mehr in Kurzzeit-Missionseinsätzen, angeführt von konfessionellen Gruppen wie dem anglikanischen SOMA (Sharing of Ministries Abroad) und PRRMI (Presbyterian-Reformed Renewal Ministries International) sowie durch die überkirchliche „Jugend mit einer Mission". Die evangelistischen Vorstöße wurden auch von Gemeindegründungen begleitet, in denen die unabhängigen Charismatiker sehr aktiv geworden sind.

1994 begann der sogenannte „Torontosegen" (Toronto blessing) mit zahlreichen ungewöhnlichen Manifestationen große Aufmerksamkeit auf sich zu lenken, und zog Tausende von Besuchern zur Metro Airport Vineyard Church, wie es in diesem Ausmaß seit der Azusa Street nicht mehr geschehen war. Die Botschaft von Toronto konzentrierte sich auf die Liebe Gottes des Vaters für alle seine Kinder, der sie von allen ihren Wunden heilen und sie ausrüsten möchte, um in der Welt Zeugnis abzulegen. Dieser Aufbruch breitete sich inzwischen auf viele Teile der Welt aus und rief eine Vielzahl von Reaktionen hervor, ähnlich wie sie zu Beginn der Pfingst- und charismatischen Strömung angetroffen werden konnten. Trotz einer gewissen Umstrittenheit gab der Torontosegen der charismatischen Strömung in vielen Ländern neuen Auftrieb, vor allem in Großbritannien, aber auch in Australien, Südafrika und der Schweiz.

Eine der Kirchen, die von Toronto am meisten beeinflußt wurden, war die anglikanische Gemeinde Holy Trinity, Brompton, im eleganten South Kensington-Viertel von London gelegen und oft als HTB bekannt. Diese Entwicklung, die zu einer engen Zusammenarbeit zwischen HTB und verschiedenen unabhängigen Kirchenvorsitzenden geführt hat, brachte ihren Alpha-Kurs hervor, der eine weite Teilnehmerschaft sowohl in den verschiedenen Kirchen Großbritanniens als auch auf internationaler Ebene erreichen soll. Der Alpha-Kurs, der eine bildhafte Darstellung der grundlegenden biblischen Botschaft beinhaltet und speziell auf Nicht-Kirchgänger ausgerichtet ist, soll allein 1996 rund 250.000 Menschen erreichen.

Kapitel 6

Überkonfessionelle Organe

Das Entstehen und die Verbreitung von überkonfessionellen Strömungen führte naturgemäß zur Gründung von überkonfessionellen Organen und Einrichtungen. Ihr Entstehungsprozeß war sogar eher langsam, denn über ein Jahrhundert verging zwischen dem Aufkommen des Evangelikalismus und dem tatsächlichen Aufblühen von evangelikalen Organen in der zweiten Hälfte des 19. Jahrhunderts. Dieser langsame Prozeß bzw. diese verzögerte Reaktion spiegelte vielleicht nicht nur die Stärke althergebrachter Formen des kirchlichen Lebens wider, sondern auch das allmähliche Entstehen von demokratischeren Elementen in vorwiegend patrizischen und aristokratischen Gesellschaften.

Eine der ersten überkonfessionellen Früchte dieser Strömungen war die Deutsche Christentumsgesellschaft, gegründet von Johann August Urlsperger (1728-1806), einem Pastor in Basel, Schweiz. Ende der 1770er Jahre begann Urlsperger, Christen zu versammeln, die eine Reinheit des Evangeliums und eine wahre Heiligung des Lebens anstrebten. Die Gesellschaft verbreitete sich ziemlich rasch, besonders in Deutschland, und unter ihren Mitgliedern befanden sich Lutheraner, Reformierte, Mähren, Mennoniten, Anglikaner und sogar einige Katholiken. Daraus entstanden verschiedene gemeinsame Werke: das Basler Missionshaus, die Basler Missionsgesellschaft (1815) sowie Bibel- und Traktatengesellschaften.

In diesen Basler Initiativen können wir die ersten Zeichen eines für Evangelikale charakteristischen Unternehmungsgeistes sehen, die Gründung von Missionsgesellschaften und missionarischen Schulungseinrichtungen zur Förderung dessen, was immer ein evangelikaler Schwerpunkt war, nämlich missionarische Arbeit, um das Evangelium den Unerlösten zu verkünden. In Großbritannien wurde 1796 die Londoner Missionsgesellschaft gegründet, die Kongregationalisten, Anglikaner, Methodisten und Presbyterianer umfaßte, obwohl sie dann verstärkt kongregationalistisch wurde, da die anderen Kirchen ihre eigenen missionarischen Organe gründeten. In Frankreich wurde 1819 die überkonfessionelle Pariser Missionsgesellschaft gegründet.

Ein überkonfessionelles Organ, das einen bleibenden Einfluß erzielen sollte, war die Britische und Ausländische Bibelgesellschaft (British and Foreign Bible Society, BFBS), gegründet 1804. Von seiner Organisation her bestand die BFBS ausschließlich aus Laien und war überkonfessionell mit einem 36köpfigen Vorstand, der sich aus 15 Anglikanern, 15 Angehörigen anderer britischer Konfessionen und 6 ausländischen Mitgliedern zusammensetzte. Dies war eine weitere Initiative, die dem Herzen jedes Evangelikalen nahelag: die Bereitstellung von Bibeln in so vielen Sprachen wie möglich, um die Evangelisation und die grundlegende geistliche Versorgung der Bekehrten zu unterstützen. Über die beinahe zwei Jahrhunderte seines Bestehens hinweg hat die BFBS die Bibel in fast jede wichtige Sprache der Welt übersetzt. In Nordamerika wurde die Bibelverbreitung zunächst von verschiedenen örtlichen Gesellschaften gefördert, bis 1816 die Amerikanische Bibelgesellschaft gegründet wurde.

Das Entstehen von Glaubensmissionen

Eine entscheidend neue Phase in der Entwicklung von überkonfessionellen Missionen begann 1865 mit der Gründung der China Inland Mission (CIM) durch James Hudson Taylor (1832-1905). Taylor, ein Freier Methodist aus Yorkshire mit großen Sympathien für die Heiligungsbewegung, bemerkte nach einer gewissen anfänglichen Missionserfahrung in China, daß eine neue Art von Missionsstruktur vonnöten war. Die CIM[30] war überkonfessionell[31] und sie unterstand somit nicht der Kontrolle irgendeiner Kirchenautorität in Europa (oder Nordamerika). Zwar gab es eine evangelikale Glaubenserklärung, diese stellte jedoch keine Forderungen bezüglich einer Kirchenordnung; die Missionare waren Mitglieder der Mission, nicht ihre Angestellten; sowohl Geistliche als auch Laien, Männer und Frauen, konnten Mitglieder werden (unter den frühen CIM-Missionaren gab es keine Geistlichen); die Evangelisation hatte den Vorrang vor allen anderen Diensten; Mitglieder erhielten keine Bezahlung, sondern lebten aus dem Glauben; die Mission wurde vor Ort geleitet und nicht von einer entfernten Zentrale aus kontrolliert.[32] Aufgrund des Glaubensprinzips, was die finanzielle Unterstützung betraf, wurde diese Form überkonfessioneller Mission als „Glaubensmission" bekannt.

Während der nächsten Generation wurden viele Glaubensmissionen gegründet. Ein Ehepaar, Grattan und Fanny Guinness,[33] die stark von Taylor beeinflußt waren, spielten in der Entwicklung überkonfessioneller Werke eine entscheidende Rolle, wie beispielsweise bei der Livingstone Inland Mission, der North Africa Mission, der Sudan United Mission und der Congo Balolo Mission. Grattan und Fanny Guinness wurden von Hudson Taylor auch dazu ermutigt, ein Institut für die Schulung von Missionaren zu gründen, die dann in den Glaubensmissionen tätig sein würden. 1873 gründeten sie das East London Training Institute, und bewegten später A. J. Gordon (1836-1895) zur Errichtung des Boston Missionary Training Institute (1889) sowie Emma Dryer zur Organisation des Moody Bible Institute in Chicago. Diese Einrichtungen waren die Pioniere der überkonfessionellen oder konfessionsfreien Bibelschulen, die heute im Christentum weitverbreitet sind und die später von den Pfingstlern übernommen wurden, als diese ihren anfänglichen Argwohn gegenüber formeller Bildung überwanden.

Hudson Taylors Vision war „überkonfessionell", nicht ökumenisch. Er hatte nichts gegen Konfessionen, im Gegensatz zu anderen, die sich später „konfessionsfrei" nannten, und er drängte CIM-Mitglieder nicht, ihre Ursprungskirche zu verlassen. Er hatte aber auch keine hohe Meinung von Konfessionen, und war sich vielleicht mehr ihrer Einschränkungen bewußt als ihrer positiven Fähigkeit, ihr Glaubenserbe an künftige Generationen weiterzureichen. Hudson Taylor ging nach einem anderen Muster vor, als ein Norwegen-Besuch den Wunsch wachrief, eine mit CIM verbundene Mission zu gründen. Er befürwortete es nicht, der CIM als Zweig angegliedert zu werden, wie dies in den USA geschehen war, sondern schlug die Gründung einer assoziierten Mission vor; dieser Mission, der Kinamisjonsforbund, wurde dann ihr eigenes Gebiet in China innerhalb der CIM-Strukturen zugeteilt.

Ein Versuch, in den USA überkonfessionelle Verbände zu gründen, führte ziemlich rasch zur Gründung einer neuen Konfession, der Christian and Missionary Alliance (CMA). Zu Anfang, 1887, schuf der Gründer, A. J. Simpson (1843-1919) zwei unterschiedliche Organisationen, die „Christian Alliance" und die „Evangelical Missionary Alliance". 1897 wurden diese beiden in Form der CMA zusammengelegt, die allmählich die Gestalt einer neuen Konfession annahm.

Zur Zeit der Gründung der missionarischen Schulungsinstitute entwickelte sich die Heiligungsströmung zu einer tragenden Kraft. Sie brachte rasch ihre eigenen Einrichtungen hervor, besonders das jährliche Keswick-Treffen im Lake District in England jeden Juli, zusammen mit ihrer Zeitschrift *The Life of Faith*, und die National Holiness Association in den Vereinigten Staaten. Andere evangelikale Institute vertraten eine unterschiedlich gefärbte Heiligungslehre, wie zum Beispiel das Moody Bible Institute in Chicago und das Nyack Missionary Institute in Nyack, New York, das mit der CMA verbunden ist.

Über die Jahre hinweg nahmen jene christlichen Bildungsinstitute, die mehr strömungs- als konfessionsorientiert waren, an Zahl und Einfluß zu. Einige waren ursprünglich an eine Kirche angegliedert, lösten sich aber später, wie z.B. das Wheaton College in Wheaton, Illinois. Seit 1860 entwickelte sich das Wheaton College zum Hauptzentrum des amerikanischen Evangelikalismus und beherbergt heute das Billy Graham Zentrum sowie das Institute for the Study of American Evangelicals. Im Gegensatz dazu stellt das 1947 gegründete Fuller Theological Seminary in Pasadena, Kalifornien, eine evangelikale Institution dar, die ohne direkten konfessionellen Bezug errichtet wurde.

Jugendevangelisation und Mitgliederanwerbung

Die modernen christlichen Strömungen räumten seit jeher neben ihrer missionarischen Tätigkeit und der Verbreitung von Bibeln der Jugend- und Studentenarbeit einen besonderen Stellenwert ein. Diese Interessen fanden erstmals

Ausdruck in der YMCA (Young Men's Christian Association), gegründet 1844 in London von George Williams (1821-1905). YMCA war in erster Linie eine überkonfessionelle Laienbewegung. Ihr Ziel war es, junge Männer und Burschen für Jesus Christus zu gewinnen, indem sie sich zu gemeinschaftlichen Aktivitäten zusammenfanden, bei denen sie ihre körperlichen, geistigen und seelischen Kräfte entwickelten und somit für ein Leben im Dienst an Gott und dem Nächsten ausgerüstet wurden. Eine parallele Vereinigung für junge Frauen und Mädchen, die YWCA, wurde 1855 geschaffen.

In den Vereinigten Staaten half ein junger Student in Princeton, Luther Wishard (1854-1925), innerhalb des YMCA eine College-übergreifende Bewegung ins Leben zu rufen (1877), und wurde ihr erster hauptamtlicher Mitarbeiter. Wishard hatte den Wunsch, unter College-Studenten die Berufungen für den missionarischen Dienst im Ausland zu fördern und überredete den berühmten Prediger, Dwight L. Moody, im Sommer 1886 eine Studentenkonferenz in Mount Hermon bei Northfield, Massachusetts, abzuhalten.

Ein Teilnehmer dieser Konferenz war der junge Student aus Cornell, John R. Mott (1865-1955), der in einem Brief schrieb, daß dort 225 Studenten anwesend waren, die alle „mit dem YMCA-Wesensmerkmal, der Arbeit für die Seelen, erfüllt waren". Die Flamme für das missionarische Ideal wurde auf Mount Hermon entzündet, und genau einhundert Studenten verpflichteten sich für den Dienst als Auslandsmissionare. So verwirklichte sich Wishards Vision einer weltweiten Studentenbewegung für Christus und nahm zwei Jahre später eine organisierte Form als Student Volunteer Movement for Foreign Missions (SVM) an; Mott wurde über 32 Jahre lang deren Präsident.

Ausbreitung im 20. Jahrhundert

Im allgemeinen hatten die überkonfessionellen Organe und Einrichtungen in ihrem ersten Jahrhundert einen regionalen Charakter. Die meisten waren missionsbezogen und hatten entweder die Form von missionarischen Gesellschaften, die auf ein besonderes Zielgebiet hin ausgerichtet waren, oft auf ein Land oder einen Stamm, oder von Schulungsinstituten und Colleges in dem Land, von dem sie ausgesandt wurden. Obwohl einige Missionsgesellschaften Mitglieder auch immer mehr von außerhalb ihres Ursprungslandes anwarben (z. B. die CIM), stammten viele weiterhin aus einem einzelnen Land (z. B. die skandinavischen Glaubensmissionen).

Im 20. Jahrhundert pflanzten sich die nicht-kirchengebundenen Glaubensmissionen weiter fort. 1917 gründeten die Glaubensmissionen nordamerikanischen Ursprungs die IFMA, die Inter-denominational Foreign Mission Association of North America, die 1991 105 Mitgliedsmissionen zählte. Seit dem Ende des politischen Kolonialismus bildeten die örtlichen Kirchen, die von diesen Missionen gegründet worden waren, neue evangelikale Konfessionen. Was als unabhängige Missionen mit verschiedenen Nebenstationen begann, schuf als nächsten Schritt eine örtliche Missionarenkonferenz. Sobald Aussichten auf politische Unabhängigkeit in Erscheinung traten, wurden einheimische Bekehrte zur Mitwirkung eingeladen. Durch eine Folge weiterer Schritte, durch die die einheimischen Christen eine größere Verantwortung erhielten, verwandelten sich die örtlichen Kirchen in einen Teil einer neuen örtlichen Konfession, die von außen unterstützt wurde, anstatt in eine missionarische Organisation.[34]

Im 20. Jahrhundert, besonders in seiner zweiten Hälfte, können enorme, vielleicht sogar spektakuläre Entwicklungen im Wachstum von christlichen nicht-kirchlichen oder -konfessionellen Einrichtungen verzeichnet werden. Diese betreffen viele Bereiche christlichen Lebens: Bildung, Evangelisation, Jugendarbeit und -schulung, Bibelübersetzung, Radio und Fernsehen, christliche Nächstenliebe und Dienst. Überkonfessionelle missionarische Organe mit evangelikaler Ausrichtung pflanzen sich weiterhin fort, zu ihnen kommen auch erste pfingstlerische Einrichtungen dazu. Bemerkenswert unter den evangelikalen Initiativen ist die Worldwide Evangelization Crusade (WEC), 1913 gegründet von C. T. Studd (1860-1931); Opfer, Glaube, Heiligung und Gemeinschaft wurden als die vier Pfeiler der WEC beschrieben.[35]

Im Bildungsbereich waren die Vereinigten Staaten tonangebend mit ihren höheren Kirchenbesucherzahlen, ihrem größeren Reichtum und Raum für christliche Initiativen. Fast alle Colleges, die vor über einem Jahrhundert mit einer starken konfessionellen Bindung geschaffen wurden, verloren diese Bindung entweder vor langem, oder sie blieb nur noch im Namen haften und übt keinen bedeutenden Einfluß mehr auf die gegenwärtige Einrichtung aus. So sind die meisten Colleges des protestantischen Bereichs mit einer klar christlichen Identität entweder überkonfessionell (Wheaton, Gordon-Conwell, Fuller) oder gehören einer neuen, strömungsbezogenen Konfession an (der Heiligungs- oder meistens der Pfingstströmung).

Auf globaler Ebene wurden die nichtkirchlichen Strömungen zu einer immer größeren Kraft im Weltchristentum; ein Hauptelement dafür war das Aufkommen und die rasche Verbreitung der pfingstlerischen und charismatischen Strömung des 20. Jahrhunderts, verbunden mit dem fortbestehenden Einsatz der Evangelikalen und Heiligungsanhänger, die für sie auch den Weg geebnet hatten. Das Tempo ihrer Ausbreitung wurde natürlich durch die modernen Transport- und Kommunikationsmittel wesentlich unterstützt. Durch die Informationsexplosion konnten globale Strategien entwickelt und die Verbreitung von Gemeindewachstumstheorien gefördert werden.

Multinationale moderne Organe

In der zweiten Hälfte des 20. Jahrhunderts entstanden große Organisationen, die nicht mit bestimmten Kirchentraditionen in Bezug standen und oft als para-kirchliche Gruppen oder Bewegungen angesehen wurden. Die größten widmeten sich meist der Evangelisation und Jüngerschaftsschulung, wie zum Beispiel Jugend für Christus, die Navigatoren, Campus für Christus, Jugend mit einer Mission, Operation Mobilisation. Andere internationale und überkonfessionelle bedeutende Organe mit anderen Zielen schließen die Wycliff-Bibelübersetzer und World Vision mit ein.

Alle diese parakirchlichen Organe spiegeln eine Strömungs-Inspiration wider und stellen ein Kanalisieren von Strömungsenergie für einen großangelegten praktischen Dienst dar. Dr. James Packer, ein berühmter evangelikaler

Gelehrter, sprach davon, daß diese Gruppen sich aufmachten, um „kirchliche Aufgaben anzupacken, für die es den organisierten Kirchen an Fachwissen, Hilfsmitteln und manchmal gezielter Motivation fehle".[36]

Motivation spiegelt das Leben und den Drang der Strömungen wider, den brennenden Wunsch in den Herzen derer, die vom Heiligen Geist angerührt wurden. Während diese Organe speziell mit dem Ziel gegründet wurden, die für die Strömungen kennzeichnenden Interessen zu fördern – Evangelisation, Buße, Bekehrung, Verbreitung der Bibel – wurden diese Anliegen in den protestantischen Kirchen von zentralen Abteilungen für Mission, Bildung oder Jugendarbeit behandelt, denen es im allgemeinen an der Dynamik und Zielsetzung fehlte, die die Strömungen hervorbrachten. Die neuen parakirchlichen Organe trugen ihrerseits bedeutend zu einer anhaltenden Dynamik in den Strömungen bei.

Alle diese Organe sind in ihrem Stil und ihren Methoden charakteristisch modern und stellen ein typisches Beispiel für die Nachkriegszeit dar.[37] Sie alle haben ihren Ursprung in den Vereinigten Staaten und bezeugen den Einfluß der amerikanischen unternehmerischen Fähigkeiten und Energie im Bereich der christlichen Mission. Sie unterscheiden sich von früheren Missionsorganisationen durch ihre globale Vision und ihre vielfache Ausrichtung auf Jugend, Jüngerschaft und Kurzzeitmissionen.

Die Geschichten dieser bedeutendsten oben erwähnten neuen Organe weisen viele wichtige Parallelen auf. **Jugend für Christus** war eher untypisch für die Art von Werk. Erstens sind seine Ursprünge unklar; obwohl es 1945 als internationale Einrichtung gegründet wurde, vereinte diese Organisation ein ganzes Netz von evangelistischen Jugendtreffen, die sich in den Vereinigten Staaten seit Anfang der 30er Jahre entwickelt hatten. Im ersten Jahr seines offiziellen Bestehens diente der junge Billy Graham als Wanderprediger. Jugend für Christus breitete sich in vielen Ländern aus, in denen vollzeitliche Leiter tätig sind. Ab den 50er Jahren konzentrierte sich Jugend für Christus auf Hochschul-Bibelgruppen als einer Art von Evangelisation.

Die Wurzeln der **Navigatoren** gehen ebenfalls in die 30er Jahre zurück. Dawson Trotman (1906-1956) steckte andere junge evangelikale Bekehrte mit seiner Begeisterung für das Bibelstudium, das Auswendiglernen der Heiligen Schrift, Bibelmeditation und Evangelisation an. Vielleicht haben zwei praktische Überzeugungen Trotmans den Dienst der Navigatoren am entscheidendsten geprägt. Die eine war die elementare Bedeutung einer weiterführenden Jünger- schaftsschulung nach einer anfänglichen Bekehrung. Trotmans Vision war, daß diese geschulten Bekehrten ihrer- seits zu „Multiplikatoren" werden könnten. Die andere war die Notwendigkeit eines „eins-zu-eins"-Dienstes, damit Lebenswege entscheidend geformt werden können, zuerst in einer persönlichen Evangelisation und später in einer Jüngerschaftsschulung.

Trotman hatte eine enge Verbindung mit Billy Graham in des- sen Einstiegsjahr in seinen evangelistischen Dienst und wurde eingeladen, mit Graham in der Weiterverfolgung seiner Einsätze zusammenzuarbeiten. Diese Zusammenarbeit ver- einte Billy Grahams Begabung für Massenevangelisation mit Dawson Trotmans Fähigkeiten in persönlicher Schulung. Die Arbeit der Navigatoren, die sich anfangs im US-Militär während des Zweiten Weltkrieges ausbreitete, dehnte sich nun in viele andere Länder aus.

Trotman hatte nie eine längere Verbindung zu irgendeiner Konfession, seine Arbeit nahm aber auch keine antikonfes- sionellen Formen an. Sie war immer sehr amerikanisch hin- sichtlich ihrer Praxisnähe und der ernsthaften Zielstrebigkeit seines Gründers. Trotman arbeitete gerne mit anderen evan- gelikalen Werken zusammen wie den Wycliff- Bibelübersetzern, Jugend für Christus und Campus für Christus (dessen Gründer, Bill Bright, stark von Trotman beeinflußt wurde). Die Navigatoren stellen immer noch eine einflußreiche Kraft für die evangelikale Evangelisation dar, mit 3.376 Missionaren in mindestens 52 Ländern;[38] 1986 arbeiteten sie in 63 Ländern und zählten 2.700 vollzeitliche Mitarbeiter.

Wie die Navigatoren, wurde **Campus für Christus** (Campus Crusade for Christ, CCC) in Kalifornien gegründet, jedoch nach dem Krieg. Sein Gründer war William R. („Bill") Bright (geb. 1921), in jungen Jahren ein erfolgreicher Geschäftsmann, der nach seiner Bekehrung 1945 einige Jahre lang hin- und hergerissen war zwischen der Evangelisation, einem Studium und seinem Unternehmen. 1951 verkaufte Bright sein Unternehmen, verließ das College ohne Abschluß und errichtete Campus für Christus. Wie der Name nahelegt, liegt der Schwerpunkt des Campus-Dienstes auf der Evangelisation von College-Studenten in ihrem Umfeld. Bright nahm den von John Mott geprägten Slogan bezüglich „der Erfüllung des großen Auftrags in unserer Generation" bewußt neu auf.

Mitte der 50er Jahre formulierte Bright die Vier Geistlichen Gesetze als evangelistische Werkzeuge, um junge Menschen für Christus zu gewinnen; diese verbanden zentrale evangelikale Lehrsätze mit dem Kennenlernen und Erfahren von Gottes Liebe und Gottes Plan für das Leben jedes einzelnen.[39] Bright und seine Mitarbeiter brachten später (1968) eine Studie über „weiterführende Evangelisation" heraus, eine Anleitung, die Neubekehrten helfen sollte, in ihrem Glauben zu wachsen: *Die Zehn grundlegenden Schritte zu einer christlichen Reife* und dann ein *Lehrhandbuch*, das mit den Zehn Schritten verwendet werden soll.

Campus macht sich ausdrücklicher als die Navigatoren auf den Weg, Diener der Kirche zu sein; sie machen Menschen mit Jesus bekannt und helfen, neue Prediger zu schulen. So betont Campus eine Hingabe an Jesus als Herrn und Retter und erwartet von den Bekehrten, einer Kirche beizutreten, in der sie in die gesamte biblische Lehre eingewiesen werden.

Campus war eines der ersten parakirchlichen evangelistischen Werke, die die Medien und modernen Kommunikationsmittel zu Hilfe nahmen, um das Evangelium zu verkünden. Sie organisierten einige herausragende evangelistische Veranstaltungen, wie zum Beispiel Explo 72 (Dallas, Texas: 65.000); Explo 74 (Seoul, Korea: 1,3 Millionen); Explo 85 (600.000 in 100 verschiedenen Veranstaltungsorten, die durch Satellit verbunden waren). Gegenwärtig hat Campus einen Mitarbeiterstab von 16.000 und Volontäre, die in etwa 150 Ländern tätig sind.[40]

Jugend mit einer Mission (JmeM) stellt eine weitere wichtige überkonfessionelle Bemühung dar, um junge Menschen zu erreichen und zu schulen.[41] JmeM hat einen mehr pfingstlerisch-charismatischen Einschlag als Jugend für Christus oder Campus, der von seinem Gründer, Loren Cunningham (geb. 1935) herrührt; dieser war ursprünglich Pastor der Assemblies of God. Cunningham hatte von Jugend auf die Vision, junge Menschen auf der ganzen Welt mit dem Evangelium zu erreichen. JmeM wurde 1960 in den USA gegründet und erwarb seine ersten Mitglieder außerhalb der Vereinigten Staaten in Neuseeland, einem Land, das seither viele Leiter von JmeM hervorbrachte. Über die Jahre hinweg entwickelte JmeM seine eigenen Programme, besonders die Jüngerschaftsschulung, ein viermonatiger Kurs der Schulung und praktischen Evangelisation. Es entwickelte eine umfassende Strategie von Kurzzeitmissionen und sendet Teams für drei- bis vierwöchige evangelistische Einsätze in die ganze Welt aus. Gegenwärtig verfügen sie über etwa 9.000 Vollzeitmitarbeiter weltweit.

Wie viele dieser modernen parakirchlichen Bewegungen, spiegelt JmeM ein hohes Maß an Flexibilität und Anpassungsvermögen an sich ändernde Situationen wider. Über die fünfunddreißig Jahre ihrer Erfahrung hinweg wurde JmeM viel wachsamer gegenüber der Notwendigkeit, Neuevangelisierte in lebendige kirchliche Umgebungen zu integrieren, und in den 90er Jahren wurden sie im Bereich der Gemeindegründung tätig. Da sich JmeM der Notwendigkeit bewußt war, selbst ein überkonfessionelles Dienstorgan zu bleiben, achteten sie darauf, neugegründete Gemeinden nicht an sich selbst anzugliedern, sondern an bestehende Konfessionen oder Netzverbände von Ortskirchen.

Operation Mobilisation (OM) ist wie JmeM auf Jugendevangelisation und kurzzeitlichen missionarischen Einsatz ausgerichtet.[42] Der Gründer von OM, George Verwer (geb. 1938), der sich bei einer Billy Graham Evangelisation in New York bekehrte, investierte sein gesamtes Vermögen in den Druck von Johannesevangelien, um sie nach Mexiko mitzunehmen. Aus dieser Erfahrung heraus wurde OM 1961 gegründet mit dem Ziel, Christen für die Weltevangelisation zu motivieren, auszubilden und auszurüsten. OM ist nüchterner in seinen Anforderungen als die meisten parakirchlichen Organisationen und zielt besonders auf Regionen ab, die sich bislang gegen ein evangelikales Eindringen verschlossen hatten, wie z. B. die früheren kommunistischen Länder und die islamische Welt.

OM arbeitet mit bestehenden Kirchen, widmet sich aber nun auch der Gemeindegründung; ihre Teams sind gewöhnlich etwas größer als die von JmeM, und es wird bewußt versucht, ihre reguläre Organisation zur Durchführung der jährlichen Missionseinsätze, mit 2.500 festen Mitarbeitern in über 70 Nationen, auf einem Minimum zu halten.

World Vision (WV) wurde ebenfalls direkt nach dem Zweiten Weltkrieg gegründet. Robert („Bob") Pierce (1915-1978), ein junger baptistischer Pastor, der mit Jugend für Christus arbeitete und ein Herz für die Evangelisation hatte, erfuhr die schreckliche Bedürftigkeit der Notleidenden während zweier Besuche in Asien 1948 und 1950. In Korea drehte Pierce einen Film, der ihn so stark ergriff, daß er daraufhin 1950 WV gründete zur Förderung einer evangelistischen Mission, verbunden mit der Fürsorge für die Armen und Ausgestoßenen. Während der 50er Jahre verbreitete sich die Arbeit von WV in ganz Ostasien. Anfang der 60er Jahre griff es auf andere Kontinente über, besonders auf Afrika und Lateinamerika. Während dieser Zeit waren WVs grundlegende Ziele: die missionarische Herausforderung anzunehmen, evangelistische Einsätze, christliche Leiterschaftsschulung, soziale Wohlfahrtsdienste und Hilfe in Notsituationen.

WV erwies die Flexibilität und Fähigkeit, sich ändernden Situationen und Anforderungen anzupassen, wie es für moderne Geschäftsunternehmen kennzeichnend ist. Es bemerkte, daß seine Bemühungen um soziale Wohlfahrt nicht die Wurzeln der Armut in Angriff nahmen, und begann, seine Energien umzulenken auf die örtliche Gemeindeentwicklung. Dieses Engagement führte zu neuen Formen der Zusammenarbeit mit anderen Organen wie der UNICEF und der Weltgesundheitsorganisation. Sie gingen über zu einem „ganzheitlicheren" Konzept christlichen Dienstes, das als „vollständiger Dienst für die körperlichen, seelischen, geistigen, wirtschaftlichen und sozialen Bedürfnisse der ganzen

Person im Kontext der Gemeinschaft, mit dem Ziel einer möglichen Unabhängigkeit" definiert wurde.

1967 zog sich Pierce aus Gesundheitsgründen vom Posten des Präsidenten zurück und wurde von W. Stanley Mooneyham abgelöst, dem früheren Vizepräsidenten der Billy Graham Evangelistic Association, einer weiteren überkonfessionellen Vereinigung.[43] 1992 hatte WV mehr als 6.400 Projekte in über 90 Ländern.[44] Ein Konflikt (1977-1978) mit römisch-katholischen Autoritäten auf den Philippinen, die WV der Proselytenmacherei beschuldigten, führte zu einer ernsthaften Studie über die Beziehungen von WV mit den Kirchen und zur Formulierung von vereinbarten Grundsätzen. WV bestätigte seine evangelikale Identität und sagte, „wir finden in der Bibel keine Anweisung, uns von irgendjemandem auszuschließen, der Christus den Herrn nennt".[45]

Die **Wycliff-Bibelübersetzer** (Wycliffe Bibel Translators, WBT) stellen ein überkonfessionelles Organ mit einem eingeschränkteren aber wichtigen Ziel dar, der Bereitstellung von Bibelübersetzungen in Stammessprachen. WBT wurde von W. Cameron Townsend (1896-1982) gegründet, einem Missionar in Guatemala, der hart für die Evangelisation von nicht spanischsprechenden Stammesangehörigen gearbeitet und selbst das Neue Testament in Cakchiquel, eine indianische Sprache, übersetzt hatte. Neben WBT errichtete Townsend das Sommerinstitut für Linguistik, eine Bildungseinrichtung, die mit Regierungen zusammenarbeitete in der Unterrichtung von Sprachforschung für Lehrer und der Förderung des Lesens und Schreibens unter der Stammesbevölkerung. WBT hat mehr als 5.000 vollzeitliche Mitarbeiter weltweit, von denen etwa 80 Prozent Nordamerikaner sind, eine viel höhere Prozentzahl als in anderen parakirchlichen Organisationen, die von US-Bürgern gegründet wurden. Ihre Zusammenarbeit mit Regierungen, vor allem in Lateinamerika, stieß auf einige Kritik, jedoch haben über 300 Stämme das Neue Testament nun durch die Arbeit von WBT in ihrer Sprache verfügbar.

Individuelle Dienste eingetragener Vereine

In der jüngsten Generation entsteht eine wachsende Anzahl von evangelistischen Verbänden, die zur Unterstützung des

Dienstes eines einzelnen Predigers oder manchmal eines Ehepaares gegründet werden. Solche Verbände sind fast automatisch überkonfessionell oder nichtkonfessionell, sowohl unter ihren Förderern als auch in ihrer Ausrichtung, selbst wenn der betroffene Prediger von einer bestimmten Kirche in seinem Dienst betätigt wird. Die Billy Graham Ministerial Association war eine der wegweisenden Organisationen in diesem Bereich.

Die Heilungsprediger, die normalerweise aus der Pfingstströmung kamen, bildeten rasch solche Verbände, z. B. die „Oral Roberts Evangelistic Association" von Oral Roberts (geb. 1918); die „Osborn Foundation" von T. L. Osborn (geb. 1923); „Voice of Healing Inc.", später (ab 1967) „Christ for the Nations Inc.", gegründet von Gordon Lindsay (1906-1973).

Die anhaltende Energie der pfingstlerischen Strömung und das Emporkommen der Charismatiker führte zu einer Lawine von neuen Dienstorganen: Einige konzentrierten sich auf Heilung, andere auf die Evangelisation, wieder andere auf beides. Unter den bekanntesten sind die „International World Ministries" von Aril Edvardsen (geb. 1938) aus Norwegen, „Christus für alle Nationen" von Reinhard Bonnke (geb. 1940) aus Deutschland; „World Evangelism" von Morris Cerullo (geb. 1931) aus den USA; Alberto Mottesi aus Argentinien. Einige riefen ein Netz von Diensten ins Leben wie Pat Robertson (geb. 1930) mit der Regent University und Christian Television Network in Virginia Beach, Virginia.[46] Ältere Dienste evangelikaler Richtung schließen die „Luis Palau Evangelistic Association" mit ein.

Kapitel 7

Die Merkmale der Strömungen

Die großen modernen christlichen Strömungen (evangelikal, Heiligung, pfingstlerisch und charismatisch) stellen ein entscheidend neues Phänomen in der christlichen Geschichte dar. Diese Neuheit liegt im Emporkommen von bedeutenden Strömungen neuen Lebens, die nicht auf irgendeine kirchliche Tradition oder konfessionelle Gemeinschaft beschränkt oder eng mit ihr verbunden sind. Diese Strömungen fließen über Kirchengrenzen hinweg und haben einen überkonfessionellen Charakter. Sie entwickelten sich im wesentlichen innerhalb der historischen Kirchentraditionen (für die protestantische trifft dies nur bezüglich der evangelikalen, der Heiligungs- und Pfingstströmung zu), aber auch außerhalb von ihnen in neugegründeten Gemeinschaften, Verbänden und Diensten.

Strömungen neuen geistlichen Lebens

Alle vier Strömungen (die evangelikale, die Heiligungs-, die pfingstlerische und charismatische Strömung) sind in ihrem Ursprung und Wesen Ströme neuen geistlichen Lebens. Sie sind Bewegungen des Heiligen Geistes mit einer klaren Botschaft, der Verkündigung von Jesus Christus als Retter und Herrn, Menschen werden zur Bekehrung, zur Heiligung und zum vollmächtigen Zeugnis geführt. Jesus sagt: „Ich bin gekommen, damit sie das Leben haben und es in Fülle haben" (Joh 10,10). Diese Worte könnten das Motto dieser Strömungen neuen Lebens in der christlichen Welt bilden.

Alle vier Strömungen haben eine unterschiedliche Ausrichtung in ihrer Botschaft, die sich in ihren Schwerpunkten zeigt. Die Evangelikalen predigten normalerweise das Kreuz Jesu und die ineinandergreifenden Lehren von der stellvertretenden Wiedergutmachung und der Gerechtigkeit durch den Glauben. Heiligungslehrer fügten dem evangelikalen Glaubensbekenntnis das Streben nach christlicher Vollkommenheit hinzu, wobei sie die Kraft des Blutes und Kreuzes Jesu betonten, um das Herz des

Bekehrten zu reinigen. Pfingstler und Charismatiker hoben die Kraft des Heiligen Geistes hervor, um den Christen für wirksame Evangelisation und Dienst auszurüsten.

Alle vier Strömungen sind stark christus-zentriert. Für sie alle ist Jesus Christus der Gott-Mensch, das fleischgewordene ewige Wort. Jesus ist persönlicher Retter und Herr, der Herr, der in der Menschwerdung kam und der wiederkommen wird in Herrlichkeit. Für Gläubige der Heiligungs- und Pfingstströmung ist Jesus auch der Täufer im Heiligen Geist; für viele Heiligungsanhänger zum Zwecke der Heiligung, für die Pfingstler zur Bevollmächtigung. Es ist daher falsch anzunehmen, daß die zentrale Bedeutung des Heiligen Geistes für Pfingstler automatisch die Aufmerksamkeit vom Sohn ablenkt. Donald Gee sprach im Namen der Pfingstler als er sagte: „Es gibt ein Feuer der reinen Liebe und Hingabe an die Person des Herrn Jesus Christus, dieses ist das Wesen der pfingstlerischen Erweckung".[47]

Diese Strömungen äußern ihr zentrales Anliegen eines neuen Lebens im allgemeinen dadurch, daß sie die Evangelisation und missionarische Tätigkeit an die erste Stelle setzen. Der tiefe Wunsch all jener, die von Gott durch diese Strömungen berührt wurden, ist es, Seelen für Jesus zu gewinnen: die Erlösungsbotschaft zu verkünden, so daß die Verlorenen ihre Sünden bereuen und zum Retter umkehren, der sein Blut für ihre Erlösung vergossen hat. Der Wunsch, Seelen zu retten, stand jeweils seit Beginn bei der evangelikalen, Heiligungs- und Pfingstbewegung im Vordergrund. Er war in den frühen Jahren der charismatischen Bewegung weniger ausgeprägt, trat aber seit den 80er Jahren zunehmend in den Vordergrund, vor allem in den neuen unabhängigen charismatischen Gruppierungen.

Erfahrungsorientiert

Alle Strömungen mit ihrer lebensspendenden Ausrichtung hatten einen stark erfahrungsorientierten Charakter. Für die Evangelikalen war es wesentlich, daß alle eine persönliche Bekehrung zu Jesus Christus erfahren sollten; für Heiligungsanhänger, daß sie die Heiligung und Befreiung von sündhaften Gewohnheiten erleben sollten; für Pfingstler und

Charismatiker, daß sie die Kraft des Heiligen Geistes sowohl in sich selbst als auch am sichtbar wirksamem Dienst an anderen erfahren sollten. Der grundlegend erlebnishafte Charakter des Evangelikalismus wurde von Zeit zu Zeit überschattet von Tendenzen, die das, was als Erweckung begann, zu einer lehrhaften Rechtsgläubigkeit verwandeln wollten. So glaubt man oft von Evangelikalen, daß sie es im Gegensatz zu den Pfingstlern und Charismatikern ablehnen, sich auf Erfahrung zu verlassen. In diesem Sinn würden sich Evangelikale immer auf die Objektivität der Bibel verlassen, während Pfingstler und Charismatiker geneigt sind, diese Objektivität für die Subjektivität einer persönlichen Erfahrung aufzugeben. Es würde meiner Meinung nach der Wahrheit näherkommen zu sagen, daß alle diese Strömungen, zumindest in ihren Ursprüngen und auch in ihrem grundlegenden Wesen, stark erfahrungsorientiert und entschieden biblisch sind, zumindest in ihrem Anliegen. Wir müssen die Erlösung, die Heiligung, die Kraft erleben, von denen das Neue Testament spricht.

Im Hinblick darauf führt der Fundamentalismus des 20. Jahrhunderts mit seinem Schwerpunkt auf buchstabengetreuer Rechtgläubigkeit eine Unausgeglichenheit ein, die in den klassischen evangelikalen Überzeugungen nicht gegeben war; diese unterstrichen sowohl die biblische Lehre als auch die Erfahrung der Erlösung. In anderen Worten führen rein konservative Tendenzen, die eine vererbte Rechtgläubigkeit in fertige Formeln drängen möchten, schließlich zum Verlust der Lebendigkeit des Geistes, die sie anfangs verspürten und die solche Strömungen zu echten radikalen Kanälen neuen geistlichen Lebens machte.

Eine wachsende Wiederherstellung?

Die Mitglieder der Strömungen versuchten regelmäßig, das sich entfaltende Ziel Gottes in ihrer eigenen Geschichte zu entziffern. Vor allem Pfingstler sehen eine Art von Verlauf im Entstehen dieser geistlichen Strömungen. In den Schwerpunkten der vier Strömungen kann eine eigene innere Ordnung und Logik wahrgenommen werden. So konzentrierte sich der Evangelikalismus als erste Strömung auf die grundlegenden Erfordernisse für eine Wiedergeburt zu neuem Leben in Christus, sowohl in der Lehre als auch seelsorgerisch. Die Heiligungsströmung, die aus dem Evangelikalismus erwuchs, ging diesen Schritt weiter: Nach der Bekehrung und geistlichen Wiedergeburt mußte das Leben vollständig geheiligt, beziehungsweise das erreicht werden, was in sehr gebräuchlichen Ausdrücken der Heiligungsbewegung vollständige Heiligung, überwindendes Leben, christliche Vollkommenheit genannt wurde. Für die Pfingstströmung, besonders in ihrer ersten Generation, und weniger ausgeprägt für die charismatische Strömung, war Bekehrung und Heiligung die Grundlage für eine Bevollmächtigung des Geistes für die Mission und den Dienst der Kirche.[48]

Jede Strömung baut in gewisser Weise auf ihren Vorgängern auf. Dies wurde von vielen Pfingstlern in Form eines vierstufigen Plans der göttlichen Wiederherstellung ausgedrückt: die Gerechtigkeit durch den Glauben, die von Luther wieder zum Bewußtsein gebracht wurde; die Heiligung durch Wesley; in manchen Plänen die Wiederherstellung der göttlichen Heilung durch die Blumhardts,[49] Charles Cullis (1833-1892) und andere; und die pfingstliche Kraft des Geistes durch die Pfingstler. Hier liegt ein Verlauf vor, der etwas von der göttlichen Absicht widerspiegelt.

Dieser Verlauf bedeutet jedoch nicht einfach eine Entwicklung vom Einfachen zum Vielschichtigen oder vom Niedrigsten zum Höchsten. Wie im gesamten christlichen Leben bleibt das Grundlegendste das Wichtigste, nicht nur für Anfänger, sondern für alle. Die späteren Strömungen sind dazu berufen, auf die vorangegangenen aufzubauen; dies wurde von den ersten Pfingstlern aus den Heiligungskreisen sehr wohl verstanden; sie bekräftigten, daß die pfingstlerische Taufe im Heiligen Geist auf die Bekehrung und vollkommene Heiligung folgen und aufbauen müsse.[50]

Wenn die späteren Strömungen sich von den Grundlagen der früheren Strömungen entfernen, kommen sie schnell in Bedrängnis. Wenn also Pfingstler oder Charismatiker eine Bevollmächtigung durch den Heiligen Geist fördern, ohne die Notwendigkeit einer grundlegenden Bekehrung und Heiligkeit des Herzens angemessen zu unterstreichen, kann dies eine bedrohliche Oberflächlichkeit des christlichen Lebens und die Gefahr von ernsthafter Enttäuschung zur Folge haben. Der theologische Kernpunkt ist hier die Beziehung zwischen dem Geist und dem Kreuz, zwischen Pfingsten und Golgotha, wie Tom Smail (geb. 1928) oft betonte.[51] Die Frage ist weniger, ob Charismatiker den Geist auf Kosten von Jesus in den Mittelpunkt stellen, eine Anschuldigung, die nicht viel Bestätigung findet, sondern ob sie glauben, sie können vom Heiligen Geist erfüllt sein, ohne in die Fußstapfen von Jesus zu treten, der „all das erleiden mußte, um so in seine Herrlichkeit zu gelangen" (Lk 24,26).

Gemeinsame Merkmale der Strömungen

Ich möchte hier einige herausragende Merkmale dieser vier geistlichen Strömungen hervorheben und nacheinander untersuchen: Bibel; Laien (bzw. jedes Mitglied); überkonfessionell, modern.

1. Bibel

Alle vier Strömungen betonen stark die zentrale Rolle der Bibel für ein fruchtbares christliches Leben. Sie erklären alle die Bibel zur Grundlage ihrer Botschaft. Sie bekräftigen alle, daß die Bibel nicht nur Prüfstein für die Richtigkeit der Lehre ist, sondern für alle Gläubigen geistliche Nahrung bietet. Somit fördern alle vier Strömungen mit großem Eifer das Lesen und Studieren der Bibel unter allen ihren Mitgliedern. Es stimmt, daß die Bibel in den verschiedenen Strömungen auf sehr unterschiedliche Art angewandt wird, besonders im Vergleich zwischen Evangelikalen und Pfingstlern. Während die Evangelikalen normalerweise Bibelabschnitte mit Unterweisungen (z. B. die Paulinischen Briefe) als Predigtgrundlage vorziehen, haben die Pfingstler oft eine Vorliebe für erzählende Abschnitte (die Evangelien, Apostelgeschichte, Bücher Samuels, Könige und Chronik). Dies zeigt den eher mündlich-nachliterarischen Charakter des Pentekostalismus, der vor allem die Bevölkerungsschichten mit weniger formeller Bildung anspricht; der Gegensatz soll aber auch die Entwicklungen innerhalb des Evangelikalismus widerspiegeln, die seinen intellektuelleren Charakter noch mehr verstärkten und weiter von seiner ursprünglichen Form zur Zeit der Erweckung entfernten. Die Feststellung, daß Pfingstler und Charismatiker der Heiligen Schrift diese Bedeutung beimessen, schließt dennoch nicht aus, daß es in pfingstlerischen und charismatischen Kreisen eine nachlässige Bibelauslegung geben kann, manchmal begünstigt durch eine Ablehnung von Intellektualismus, und daß dem Subjektiven eine zu große Bedeutung beigemessen werden kann, womit eine Eisegese, ein Hineinlegen von Deutungen in die Schrift, ermutigt wird anstelle einer Exegese, die den wirklichen Inhalt aus dem Wort herausholt. Trotz dieser Mängel bleibt es wahr, daß die Bibel für diese Strömungen sehr wertvoll ist. Dies äußert sich darin, daß sogar manche seltsamen Lehren, die in einigen pfingstlerischen und charismatischen Gruppen auftauchen, der Bibel entnommen sind, sowie die Art und Weise, wie solche Abweichungen von anderen energisch angegriffen werden, wiederum auf biblischen Grundlagen.

2. Laien

Alle vier Strömungen waren in ihren Anfängen stark auf Gleichheit ausgerichtet. Jede verkündete eine klare Botschaft und daß die Erfahrung der Wahrheit dieser Botschaft für alle Zuhörer zugänglich ist. Während diese Bewegungen manchmal beschuldigt wurden, sich Außenstehenden gegenüber elitär zu verhalten, zeigten sie eine gegenteilige Haltung ihren eigenen Mitgliedern gegenüber. Alle konnten Bekehrung erfahren, alle konnte geheilt werden, alle konnten mit dem Heiligen Geist erfüllt werden.

Es überraschte nicht, daß diese Strömungen mit ihrem Anliegen dieses radikalen Gleichheitsprinzips bald neben den geweihten Geistlichen Laienprediger hervorbrachten, wie dies in Wesleys methodistischer Bewegung der Fall war, lange bevor sie sich von ihren anglikanischen Wurzeln trennte. In den ersten Stadien dieser Bewegungen gab es auch die Tendenz, Frauen im Dienst immer mehr Platz einzuräumen, vor allem in der Heiligungs- und Pfingstbewegung. Diese Offenheit nahm oftmals später ab, besonders, als neue Strömungen neue Konfessionen hervorbrachten.

Die pfingstlerische und die charismatische Bewegung steigerten die Tendenz einer allgemeinen Gleichstellung noch weiter. Denn diese neuesten Strömungen predigen nicht nur die Verfügbarkeit der Gnade für alle Teilnehmer, sondern auch die Verfügbarkeit von Charismen, besonderer Gaben des Heiligen Geistes, für alle Gläubigen. „Jedem aber wird die Offenbarung des Geistes geschenkt, damit sie anderen nützt" (1 Kor 12,7). Gaben des Geistes wie die der Prophezeiung und Gaben der Heilung sind nicht mehr außerordentlichen Menschen nach Jahren asketischer Vorbereitung vorbehalten, was in der katholischen und orthodoxen Tradition oft der Fall zu sein schien – sie waren im allgemeinen nicht einmal in der Hauptströmung des Protestantismus vertreten –, sondern stehen nun prinzipiell jedem Gläubigen offen, der vom Heiligen Geist erfüllt ist.

3. Überkonfessionell

Alle vier Strömungen waren ursprünglich überkonfessionell und gehörten weder einer einzelnen Tradition an noch gingen sie als Frucht aus einer hervor. Manche, wie die evangelikale Strömung behielten diesen überkonfessionellen Charakter größtenteils bei; andere, besonders die Pfingstbewegung, verloren ihn weitgehend, da sich die neue Strömung fast vollkommen in ein Bündel neuer Konfessionen, oder eine Konfessionsfamilie, wie es oft genannt wird, verwandelte.

So finden wir innerhalb der Strömungen:
- jene, die den historischen Kirchen angehören und die eine strömungsartige Bewegung innerhalb ihrer Kirche bilden;
- neue Konfessionen, die ein besonderer Ausdruck einer Strömung sind (z. B. Heiligungs- und Pfingstkonfessionen);
- unabhängige Glaubensgemeinschaften und Verbände, die Ausdruck einer Strömung sind, aber dazu entschlossen, keine neuen Konfessionen zu werden (z. B. die Fellowship of Independent Evangelical Churches in Großbritannien und die vielen neuen Verbände unabhängiger charismatischer Kirchen).

Dadurch, daß die Gesamtströmungen nicht der kirchlichen Kontrolle unterstehen, konnten viele strömungsorientierte

Einrichtungen (geistliche, erzieherische, missionarische, journalistische) geschaffen werden, die eine viel größere Flexibilität und Freiheit besitzen als ihre konfessionsgebundenen Gegenstücke. In der Tat, dadurch, daß ältere Kirchen den Wunsch haben und bemüht sind, neue Initiativen aus den Strömungen zu kontrollieren, kann das Entstehen von „konfessionsfreien" Strukturen außerhalb ihres Kontrollbereichs ermutigt werden (die Geschichte der schwierigen Beziehung zwischen der Full Gospel Business Men's Fellowship und den Assemblies of God in den USA veranschaulicht diesen Punkt).

4. Modern

Alle vier Strömungen weisen in ihrer Aufmachung ein spezifisch modernes Element auf, ihre Modernität zeigt sich jedoch am deutlichsten in der Zeit ihrer Anfänge und nachfolgenden Veränderungen. Wie David Bebbington darlegte, spiegelt der Evangelikalismus in seinen Ursprüngen die Welt und Mentalität des 18. Jahrhunderts wider, besonders seinen Hang zur Wissenschaft und seinen Geist der Vernunft. Die Evangelikalen wandten dieselbe Mentalität, die für die großen Denker der Aufklärung kennzeichnend war, auf den christlichen Glauben an: Logik, Vernunft, gesunder Menschenverstand. Sie benutzten diese Waffen ihres Zeitalters im Kampf gegen die verweltlichenden und agnostischen Tendenzen der Aufklärung. So enthielt die evangelikale Strömung ursprünglich etwas, das gleichzeitig sowohl modern als auch anti-modern war, und diese Kombination wurde in den Ursprüngen späterer Strömungen wiederholt.

Das moderne Element liegt in erster Linie im innovativen Wesen jeder neuen Strömung, das die Kreativität des Heiligen Geistes in einer speziellen Epoche zum Ausdruck bringt. Neue Verbreitungsformen und neue Organisationsmuster wurden geschaffen, die beide die Anpassung zeitgenössischer Modelle auf das christliche Leben und seine Mission widerspiegelten. Gleichzeitig verpflichten sich die Strömungen zu einer grundlegenden christlichen Rechtsgläubigkeit in ihrer Lehre; dies kann leicht zu einer stark konservativen Einstellung in theologischen und moralischen Fragen führen, besonders, wenn sie sich als Gottes Antwort auf den zeitgenössischen Unglauben unter Akademikern und in Kirchenkreisen ansehen.

Die Modernität der Pfingstströmung spiegelt sich in seinem sprachlich populären Stil wider, der einfache und direkte Formen der Kommunikation, sowohl vertikal mit Gott, als auch horizontal mit anderen Menschen bevorzugt. Dies ermöglichte ihnen, rasch von den modernen Massenmedien zu profitieren, speziell von Bildmedien wie Fernsehen und Video. Verschiedene Forscher bemerkten, daß Pfingstler in sich eine „altmodische" Lehre mit einer Begabung für die Anwendung moderner Technologie, zeitgenössischen Formen der Musik, etc. vereinigen.

Der jüngste Ausdruck dieses modernen Elements der Strömungen kann im Stil und Ethos der unabhängigen charismatischen Verbände gesehen werden, die in den letzten 20 Jahren emporkamen. Sie sprechen eine gebildetere Schicht an, was ihnen erlaubt, die Methoden und das Know-how der modernen Geschäftswelt und der Wissenschaft der Unternehmensführung im christlichen Bereich anzuwenden. Dies äußert sich besonders im gesamten Konzept der Verbandsarbeit, das der Welt der Faxe und E-Mails angehört, der Datenautobahn, des Kombinierens von maximalem Einsatz mit maximaler Flexibilität der Struktur. Ein vor kurzem erschienener Artikel gibt einen zutreffenden Eindruck von dieser Welt, die die neuen Kirchen beeinflußt hat, obwohl ihre Verbände normalerweise engere persönliche Bindungen aufweisen als der Autor schildert.[52]

Der moderne Charakter der Strömungen stellt sowohl einen Vorteil als auch eine Gefahr dar. Von Vorteil ist ihre größere Fähigkeit, mit der Welt von heute in Kommunikation zu stehen und ihre Botschaft wirksamer zu verbreiten. Gefährlich dabei ist, daß Modernität in ein Modedenken umschlagen kann, so daß die zeitgenössischen Wesenszüge in sich zum Ziel werden, anstatt ein Kommunikationsmittel zu sein für das, was ewig ist. Modernität in der Kirche läuft immer Gefahr, vom Zeitgeist angesteckt zu werden.

So haben Religionssoziologen bemerkt, daß die charismatische Bewegung das mittelständische Ideal vom eigenen

Emporkommen ansprach, um nach oben mobile Christen hervorzubringen. Das ist nicht einfach eine negative Aussage, sondern weist auf das doppelschneidige Wesen der Modernität hin. Der Wunsch, im Reich Gottes nach oben hin mobil zu sein, kann als Verchristlichung eines kulturellen Faktors angesehen werden; es kann aber auch die Umkehrung des Evangeliums darstellen dadurch, daß man heute den Schwerpunkt auf das „selbst" legt, was die christlichen Auffassungen von der Selbsthingabe und der Kirche als Leib Christi schwächt.

Allgemeine Formen

Zwischen den vier Strömungen gibt es gewisse Ähnlichkeiten, aber mit bedeutenden Variationen. Die evangelikale, die Heiligungs- und charismatische Strömung haben bestimmte gemeinsame Wesensmerkmale.

Erstens begannen sie alle in den historischen Kirchen. In den evangelikalen Ursprüngen gab es Wesley und Whitefield, die beide Anglikaner waren, und Jonathan Edwards, ein Kongregationalist. Die Heiligungsströmung begann innerhalb der Methodistenkirche in den USA mit einem Strom unter den Presbyterianern. Dies war weniger der Fall bei den Pfingstlern, die größtenteils aus der Heiligungsströmung stammten, obwohl es wichtige Leitfiguren wie Alexander Boddy, Jonathan Paul (1853-1931) und Thomas Barratt gab, die aus historischen Kirchen kamen.

Zweitens erzielten diese drei Strömungen von Anfang an eine überkonfessionelle Wirkung. Sie gehörten nicht in erster Linie einer speziellen Kirchentradition an und verzweigten sich dann aus diesen begrenzteren Anfängen heraus. Drittens entwickelten alle darauf eine große Anhängerschaft außerhalb der historischen Kirchenkonfessionen. Der unabhängige Teil der charismatischen Strömung nahm jedoch an diesem Punkt eher die Form von unabhängigen Glaubensgemeinschaften und Verbänden als von neuen Konfessionen an. Viertens bildete die charismatische Strömung, wie die evangelikale und die Heiligungsströmung, schließlich nicht eine vollständig getrennte Strömung außerhalb der älteren christlichen Traditionen in der Art und Weise wie die Pfingstler.

Da die charismatische Strömung in vielerlei Hinsicht dasselbe geistliche Phänomen wie die pfingstlerische darstellt, jedoch in einem anderen Zusammenhang und mit einem unterschiedlichen Ethos, könnte man sagen, daß – aufgrund ihrer Ähnlichkeit mit der evangelikalen und Heiligungsströmung im Gegensatz zur pfingstlerischen – mit der charismatischen Strömung die pfingstlerische Spiritualität/Gnade in herkömmlicher Form zurückgekehrt ist, das heißt als von Natur aus überkonfessionelle Bewegung, die sowohl innerhalb als auch außerhalb der historischen Kirchen einen bedeutenden Ausdruck findet.

Fünftens erzielte die Pfingstströmung ihren größten Einfluß unter den ärmeren Bevölkerungsschichten, zumindest in ihren ersten zwei Generationen. Obwohl eine Zahl evangelikaler Prediger wie Wesley und Spurgeon ebenfalls die Arbeiterklasse beeinflußten, sprach die evangelikale Strömung mit ihrer Betonung auf das Verständnis des gepredigten Wortes mehr die Mittelschicht an (in Großbritannien ist diese gespalten zwischen den wohlhabenderen Anglikanern und den an ihrem unteren Ende angesiedelten Freien Kirchen). Die charismatische Strömung stellt hauptsächlich ein Durchdringen der Mittelschicht mit dem Pfingstsegen dar. In der charismatischen Strömung scheint das Engagement geringer zu sein als unter Pfingstlern, vielleicht, weil sie teils den mittelständischen Eklektizismus (bloße Vereinigung zusammengetragener Gedanken, Anm. d. Red.) widerspiegeln, teils die vielschichtigen Verpflichtungen von konfessionsgebundenen Charismatikern, die die Gnade der Geistestaufe annehmen und gleichzeitig an ihrer Kirchenmitgliedschaft und ihrem Engagement in ihr festhalten. Die charismatische Strömung spiegelt ihre größtenteils mittelständische Zusammensetzung auch auf andere Weisen wider, z. B. durch ihre Betonung der inneren Heilung, während der Pfingstler körperliche Heilung anstrebt.

Alle diese Strömungen setzen schließlich ihr Wachstum fort, zumindest auf weltweiter Ebene. Die explosionsartigsten Wachstumsraten scheint es in der pfingstlerischen und charismatischen Strömung zu geben, obwohl auch die Heiligungsströmung eine beeindruckende missionarische

Leistung aufrechterhielt. Die evangelikale Strömung als älteste der vier hatte mehr Höhen und Tiefen zu verzeichnen, aber war in den letzten drei Jahrzehnten in den westlichen Staaten im Aufschwung begriffen. Diese anhaltende Vitalität und wachsende Verbreitung bestärkt ihre Bedeutung und die Notwendigkeit für die Kirchen, sich mit der von ihnen gestellten Herausforderung auseinanderzusetzen. Diese Herausforderung wird in späteren Kapiteln untersucht.

Kapitel 8

Erneuerungsströme in den protestantischen und orthodoxen Kirchen

Obwohl dieses Buch sich in erster Linie mit dem sich ergänzenden Wirken des Heiligen Geistes in den Strömungen neuen geistlichen Lebens der vergangenen 250 Jahre und in der römisch- katholischen Kirche auseinandersetzt, ist es notwendig, andere Erneuerungsströmungen in den protestantischen und den orthodoxen Kirchen während dieser Zeit zu erwähnen. Wie in den Kapiteln über die wichtigsten Strömungen erläutert, kamen diese sowohl innerhalb als auch außerhalb der großen protestantischen Kirchen empor. Die evangelikale, Heiligungs- und charismatische Strömung waren jedoch nicht die einzige Quelle neuen Lebens in diesen Kirchen, und dieses Kapitel behandelt deshalb kurz einige dieser anderen Erneuerungsströmungen. Die ausgewählten Beispiele konzentrieren sich auf die Formen der Erneuerung mit einem gezielteren geistlichen Schwerpunkt und erheben nicht den Anspruch auf Vollständigkeit.

Das Wiederaufkommen von katholischeren Tendenzen

Das deutlichste Beispiel für eine katholischere Tendenz, das in den aus der protestantischen Reformation hervorgegangenen Kirchen auftrat, ist die Oxford-Bewegung (Oxford Movement) in der Anglikanischen Gemeinschaft. Evangelikale betrachteten dieses Emporkommen eines anglokatholischen Flügels in der anglikanischen Gemeinschaft durch die Oxford-Bewegung allgemein als Eingriff Roms, was als Synonym für ein dem Evangelium nicht entsprechendes System steht; eine solche Auslegung macht es praktisch unmöglich, darin irgendein echtes Wirken des Heiligen

Geistes zu sehen. Es ist zwar richtig, daß die Anhänger der Oxford-Bewegung, oder die Traktarianer, wie sie oft genannt wurden, Kirchenkämpfe auslösten dadurch, daß sie den katholischen Charakter der anglikanischen Kirche fördern und katholische – nicht notwendigerweise römisch-katholische – Praktiken wiedereinführen wollten; es ist aber auch der Fall, daß starke religiöse und fromme Anstöße die Bewegung vorantrieben.

Interessant ist die Feststellung, daß die drei großen Gestalten der anfänglichen Oxford-Bewegung – John Keble (1792-1866), John Henry Newman (1801-1890) und Edward Bouverie Pusey (1800-1882) – alle in der Oxford-Bewegung die Vollendung der früheren evangelikalen Erweckung sahen, von der jeder von ihnen berührt worden war. Sie waren überzeugt davon, daß die evangelikale Frömmigkeit mit einer gesunden katholischen Lehre und einer erneuerten Auffassung der katholischen Kirche vereint werden muß, um sich in eine Erneuerung des Geistes der Heiligkeit zu entwickeln. So waren die Predigten der großen Traktarianer nicht einfach Abhandlungen über eine Kirchenordnung oder Anschuldigungen gegen eine Kontrolle des Staates durch die Kirche (beide Punkte beschäftigten sie), sondern sie spiegelten eine tiefe Hingabe an den Erlöser wider, eine große Liebe für das Wort Gottes und ein von ganzem Herzen kommendes Streben nach Heiligkeit. Erst später sorgten sich einige Anglokatholiken zunehmend um Riten, eine Tendenz, die Pusey angriff, als er sagte: „Wir hatten ... eine besondere Angst im Hinblick auf Rituale; und privat rieten wir davon ab, denn die ganze Bewegung würde oberflächlich werden ... Wir fühlten, daß es einfacher wäre, ein Kleid zu wechseln als das Herz, und daß Äußerlichkeiten erworben werden auf Kosten der Lehrinhalte an sich."[53]

Die Liebe der Traktarianer für die Heilige Schrift wurde begleitet von einer großen Liebe für die biblischen Auslegungen der Kirchenväter. Während die Evangelikalen sich vor allem auf die Paulinischen Briefe und deren Lehre über das Wirken Christi konzentrierten, wandten die Traktarianer den Evangelien, die uns die Persönlichkeit und das Leben des menschgewordenen Sohnes Gottes übermitteln, eine wachsende Aufmerksamkeit zu. Wie Dean Church (nicht ganz zutreffend) schrieb: „Der große Name stand nicht mehr nur für ein abstraktes Lehrsymbol, sondern für einen lebendigen Meister, der sowohl lehren als auch retten konnte. Im Gedenken daran, wohin Er gegangen war und was Er war, suchten die Leser der Schrift Ihn nun eifrig in diesen heiligen Dokumenten, in denen wir Sein Umherwandeln unter den Menschen beinahe sehen und hören können."[54]

Religiöse Gemeinschaften

Eine Frucht der Oxford-Bewegung war die Wiedereinführung von Formen religiösen und klösterlichen Lebens in der anglikanischen Gemeinschaft. Dieser Wunsch bestand seit einem frühen Stadium der Bewegung, und wurde vor allem durch Pusey gepflegt und gefördert. Die erste religiöse Gemeinschaft von anglikanischen Frauen wurde 1845 gegründet, und vierzehn andere neue Gemeinschaften bildeten sich bis 1860. Bis 1900 folgten weitere fünfundzwanzig. Obwohl die ersten anglikanischen Schwesterngemeinschaften sich Werken des Dienstes und der Nächstenliebe widmeten, wurden sie stark von dem Wunsch nach einer Heiligung ihres Lebens und einem tiefen Gebetsleben bewegt.

Das erste religiöse Männerhaus wurde in den Vereinigten Staaten gegründet, als drei Diakone sich dem Zölibat und einer gemeinsamen Regel verpflichteten und so 1841 die Community of Nashotah am Westufer des Michigansees schufen. Der erste der großen religiösen anglikanischen Männerorden entstand 1866 mit der Gründung der Society of St. John the Evangelist in Cowley, Oxford, durch Richard Meux Benson (1824-1915). Die Cowley-Väter errichteten 1870 eine Niederlassung in den Vereinigten Staaten. Andere bedeutende Männergemeinschaften folgten: die Community of the Resurrection in Mirfield, Yorkshire, 1892 und die Society of the Sacred Mission in Kelham, Nottinghamshire, im Jahre 1894.

Zur gleichen Zeit, als die Oxford-Bewegung in Großbritannien entsprang, gab es in den evangelikalen (lutherischen) Kirchen Deutschlands und in den reformierten Kirchen Frankreichs und der Schweiz eine parallele

Wiederentdeckung des geweihten zölibatären Lebens. Die geweihten Frauen dieser neuen Gemeinschaften wurden allgemein „Diakonissen" genannt, ein Titel, der ihre Berufung zu Formen des Dienstes in der Kirche unterstrich und gleichzeitig den Eindruck einer bloßen Nachahmung der katholischen religiösen Orden vermied. Die erste Gemeinschaft von Diakonissen wurde in Deutschland in Kaiserswerth von Pastor Theodor Fliedner (1800-1864) im Jahre 1836 gegründet; sie entsprang Fliedners Wunsch als Gefängniskaplan, entlassenen weiblichen Gefangenen eine Zuflucht zu bieten. Seine Vision war jedoch nicht rein karitativ, da er versuchte, die alte Einrichtung von Diakonissen als eine wahre Dienstgemeinschaft wiederherzustellen, indem er sie zu Krankenschwestern ausbildete. Eine weitere Gemeinschaft, die Bethel-Sarepta-Diakonissen, durch Friedrich von Bodelschwingh (1831-1910) inspiriert, wurde in Bielefeld gegründet. In beiden dieser Einrichtungen wuchs eine Verpflichtung für ein zölibatäres, gemeinschaftlich gelebtes Ideal aus einer Hingabe an die Armen und Kranken heraus. J. H. Wichern (1808-1881) begründete nicht nur eine Arbeit für straffällige Jugendliche in Hamburg, sondern spielte auch eine tragende Rolle in der Gründung der Inneren Mission, deren Aufgabe er definiert als „die Erlösung einer Nation predigen, der sie fehlt". Die Gemeinschaft von Neuendettelsau, gegründet von Wilhelm Löhe (1808-1872), einem Pionier der lutherisch liturgischen Erneuerung, führte die häufige Feier der Eucharistie und die Praxis der Beichte wieder ein.

In Frankreich und in der Schweiz waren die Ursprünge der protestantischen Diakonissen mit der evangelikalen Erweckung des frühen 19. Jahrhunderts in der Schweiz verbunden, die später die französische reformierte Kirche beeinflußten. Am 6. Februar 1841 schrieb ein französischer reformierter Pastor, Antoine Vermeil (1799-1864), der von dieser Erweckung berührt wurde, einem ehemaligen Pfarreimitglied, Caroline Malvesin (1806-1889):

„Was uns Protestanten fehlt in unserer armen Kirche – neben dem Glauben natürlich, der alles umfaßt -, ist der Geist der Selbsthingabe. Ohne diesen Geist kann es keine Disziplin und kein gemeinsames Ziel geben, kein gemeinsames Arbeiten und keine anhaltenden Dienste der Nächstenliebe ... Wir werden nie irgendwelche Schulen oder Krankenhäuser oder Obdachlosenheime oder Armenhäuser haben, solange es bei uns nicht eine Art von Gemeinschaft wie die der Schwestern der Nächstenliebe gibt, die in der römisch-katholischen Kirche so viel Gutes wirken."[55]

Am selben Tag noch schrieb Malvesin an Vermeil und teilte ihm mit, daß sie sich danach sehne, ihr ganzes Leben Gott zu übergeben, und daß sie bereit wäre, die demütigste Arbeit anzunehmen, so lange sie damit wirklich Gott dienen könne.

Vier Tage später, in ihrer Antwort an Vermeil, schrieb Malvesin: „Was mich betrifft, so fühle ich meine Berufung darin, mit Gottes Hilfe das Anbrechen der glücklichen Zeit zu beschleunigen, in der es nur eine Herde geben wird, von einem Hirten geführt ... Oh, wann wird diese glückliche Zeit anbrechen, in der sich niemand mehr an die Worte Protestant und Katholik erinnern wird, außer um dem Herrn Dank zu sagen für ihr Verschwinden, und in der die große Christenfamilie ihren Durst am Brunnen des lebendigen Wassers stillen wird, das zum ewigen Leben führt?"[56]

Aus diesem Austausch entstanden die Diakonissen von Reuilly. Die erste Schweizer Diakonissen-Gemeinschaft, jene von Saint-Loup, wurden 1842 von Louis Germond gegründet, einem weiteren Pastor, dessen Glaube durch die evangelikale Erweckung erwachte. Die Schwestern von Bern in der Schweiz begannen 1844, als eine junge adlige Frau, Sophie von Württemberg (1809-1878), ihre Familie verließ und ein kleines Haus mietete, in dem sie Kranke aufnahm und Helfer schulte. Andere Diakonissen-Gemeinschaften entstanden in Holland (1844), Schweden (1851) und Dänemark (1863). Obwohl der anfängliche Schwerpunkt dieser protestantischen Gemeinschaften auf der Fürsorge für die Bedürftigen lag, gab es auch eine Vision einer tieferen Weihe: wie Pastor Vermeil schrieb: „Es muß Seelen geben, die vollkommen ihrem Herrn geweiht sind, abgelöst von ihrem eigenen Willen, und verfügbar; Seelen deren einziges Ziel es ist, das Evangelium ganz zu leben und in die Tat umzusetzen; und die mehr durch ihr Beispiel und ihr Tun predigen als durch ihre Worte."[57]

Das 20. Jahrhundert wurde Zeuge eines weiteren Auflebens von Gemeinschaftsbildungen in der protestantischen Welt, darunter auch eine Reihe von Gemeinschaften in mehr klösterlichem und kontemplativem Stil. Diese schließen die weitbekannte Gemeinschaft von Taizé in Frankreich mit ein, gegründet von Roger Schutz, und die Sisters of Grandchamp in der Schweiz sowie von Pomeyrol in Frankreich. Im lutherischen Deutschland entstanden ebenfalls verschiedene neue Gemeinschaften, zum Beispiel der Casteller Ring im Schloß Schwanberg bei Würzburg (nur für Frauen), mit einem stark liturgischen Schwerpunkt und durchdrungen vom benediktinischen Geist, sowie die Christus Bruderschaft in Selbitz, Bayern (für Frauen und Männer), mit einem Schwerpunkt auf Anbetung, Evangelisation und Dienst. Eine jüngste deutsche Gemeinschaft, die Verbindungen zur charismatischen Bewegung entwickelte, ist die Evangelische Marienschwesternschaft in Darmstadt, mit prophetischem Eifer geleitet von Mutter Basilea Schlink (geb. 1904).

Ein wichtiges Zentrum für die christliche Erneuerung in Schottland ist die Iona Community, gegründet von George MacLeod (1895-1991) im Jahre 1938. Die Vision für die Wiederherstellung des in Ruinen liegenden Klosters auf der Iona-Insel vor der Westküste Schottlands erreichte George MacLeod, als er mit der Herausforderung rang, die die wirtschaftliche Depression der späten 30er Jahre an die Kirche stellte; in seiner Pfarrei hatten die Werften keine Arbeit mehr und 80 Prozent der Männer waren arbeitslos. Die Iona-Gemeinschaft stellt das dar, was man heute eine ganzheitliche Vision nennen würde: den Wunsch, das Persönliche und das Gesellschaftliche zusammenzubringen, den Wunsch, die Kluft zwischen der Kirche und der Welt von heute zu überbrücken; den Wunsch einer Evangelisation, die aus einem gemeinsamen Gebet heraus auf den Marktplatz und in die Fabriken fließen würde. Im Gegensatz zu den anderen erwähnten Gemeinschaften ist Iona eine verstreute Gemeinschaft, ein kleiner Mitarbeiterstab lebt auf der Insel in den Gebäuden der Abtei, und seine vollen und assoziierten Mitglieder verteilen sich auf die Gemeinden, Kaplanstellen und Bildungseinrichtungen in den Commonwealth-Staaten, vor allem aber in Schottland. Enge Verbindungen werden aufrechterhalten durch Einkehrtage, Konferenzen und regionale Tagungen sowie durch einen regelmäßigen Rundbrief.

Erweckungs- und Erneuerungsbewegungen in der orthodoxen Kirche

Von den Bewegungen des Geistes Gottes in den orthodoxen Kirchen des Ostens ist in den westlichen Ländern wenig bekannt. Wenn wir die Beziehungen zwischen den Strömungen neuen geistlichen Lebens und dem erneuernden Wirken des Heiligen Geistes in den alten Kirchen untersuchen, ist es jedoch wichtig, daß wir weder die orthodoxen Kirchen im allgemeinen noch die erkennbaren Strömungen neuen Lebens in ihnen unberücksichtigt lassen. Die Ostkirche hat immer das Ideal einer radikalen Heiligung des Lebens, verbunden vor allem mit der klösterlichen Tradition, aufrechterhalten. Wir erhalten einen gewissen Eindruck von der spirituellen Tiefe, die von der russisch-orthodoxen Kirche vermittelt wird, durch ihre modernen Heiligen wie Seraphim von Sarov (1759-1833), der sagte: „Das Ziel des christlichen Lebens besteht im Erwerb des Heiligen Geistes", und Johannes von Kronstadt (1829-1909), der schrieb: „In der Heiligen Schrift sehen wir Gott von Angesicht zu Angesicht und uns selbst so, wie wir sind", mit dem Drängen, daß die Bibel ins Russische übersetzt werden solle: „Wie vielen Millionen werden sonst ihre Reichtümer vorenthalten, weil sie in der alten slawischen Sprache geschrieben ist, die nicht von vielen verstanden wird."[58]

Ströme, in denen westliche Christen eine klare evangelikale Komponente anerkennen würden, was den Schwerpunkt auf Bekehrung, persönlicher Beziehung zu Christus und der Bedeutung einer ausdrücklichen Glaubensverkündigung betrifft, kann innerhalb der orthodoxen Welt sowohl unter jenen angetroffen werden, die am Konzil von Chalkedon (451) festhalten, oft Ost-Orthodoxe genannt, sowie jenen, die dieses Konzil ablehnen, oft orientale Orthodoxe genannt. Zu den letzteren gehört die Koptische Kirche von Ägypten, die in jüngsten Jahrzehnten eine bedeutende Erweckung erfahren hat, die sich auf die Klöster konzentriert. Das Ausbrechen von geistlicher Erneuerung ließ eine eifrige Sonntagsschulen-Bewegung aufkommen, die heute allein in Kairo 30.000 Lehrer hat. Diese Bewegung wurde von Msgr. Shenouda geleitet, bevor er Patriarch von Alexandrien wurde; er zieht weiterhin große Menschenmengen zu wöchentlichen Bibellesungen in seine Kathedrale an.

In Griechenland gibt es die 1911 gegründete Zoe-Bewegung, eine vorwiegend aus Laientheologen bestehende Bewegung, die sich dem Lehren des Evangeliums Christi in der orthodoxen Kirche von Griechenland widmet. Eine ihrer Prioritäten ist die Veröffentlichung der Heiligen Schrift in preisgünstigen Ausgaben, und sie betreiben Sonntagsschulen sowie eine Schule, um Lehrer von Sonntagsschulen auszubilden. Die Mitglieder von Zoe leben in einer klösterlichen Gemeinschaft, aber ohne klösterliche Gelübde. Ihre Mitglieder kamen darin überein, keine hohen Ämter in der Kirche anzunehmen, und halten einen Geist des anonymen Dienstes aufrecht, der jede Ausrichtung auf außergewöhnliche Persönlichkeiten ablehnt.

Es gab auch eine Zahl von evangelikalen Initiativen, unter anderem Bemühungen, orthodoxe Griechen in einem lebendigen Glauben an Christus innerhalb ihrer Kirche zu unterstützen, obwohl eine solche Hilfe von außen den Kirchenautoritäten oft suspekt ist.[59]

In Rumänien ist Oastea Domnului (die „Armee des Herrn") eine Bewegung mit bemerkenswertem Einfluß, aber nicht ohne Kontroversen hervorzurufen. Die „Armee des Herrn" wurde von Iosef Trifa (- 1938) gegründet, einem rumänischen orthodoxen Priester, und predigt klar den gekreuzigten Christus. Pater Trifa schrieb: „Die Armee des Herrn bemüht sich, Sünder zur Quelle der Rechtschaffenheit und der Macht zu führen ... zu Jesus, dem Retter." Sie legen eine starke Betonung auf eine moralische Verwandlung durch das Kreuz, und setzten sich von Anfang an für die Förderung von gemäßigtem Alkoholkonsum ein: „Wir predigen eine Erneuerung der Seele, wir predigen eine Änderung der Lebensgrundlagen, wir predigen ein neues Leben." Sie ist eine Laienbewegung, die die Verantwortung von Laien in der

Predigt, Evangelisation und Leitung von örtlichen Gemeinschaften unterstreicht. Schließlich ist die Armee des Herrn vollkommen der Heiligen Schrift verpflichtet: „Ein Soldat des Herrn ohne Bibel ist wie ein Soldat ohne Gewehr", schrieb P. Trifa. Er definierte die Armee des Herrn als auf der Bibel begründete Basiskraft, um die römisch-orthodoxe Kirche neu zu beleben. Diese Bewegung umfaßt Hunderttausende von Gläubigen. Kurz vor seinem Tod wurde P. Trifa exkommuniziert – die Bischöfe waren der Ansicht, er würde der Liturgie, der Kirche und der Rolle von Ikonen nicht genügend Beachtung schenken – und die Bewegung spaltete sich, ein Teil folgte einem Bischof, ein anderer P. Trifa. Unter der kommunistischen Verfolgung nach dem Zweiten Weltkrieg starb der dem Bischof unterstehende Teil aus, und der den Prinzipien des Gründers treugebliebene blühte auf. Seit dem Fall Ceaucescus 1989 hat die Hierarchie der Orthodoxen den Ruf P. Trifas wiederhergestellt und der Armee des Herrn offizielle Anerkennung zugesprochen. Aber viele Spannungen bleiben erhalten, da die Bewegung entschlossen ist, eine gewisse Selbstbestimmung in der Kirchenleitung bei-zubehalten, während sie fest in der orthodoxen Tradition ver-wurzelt bleibt.

In Rußland gibt es eine lange Tradition von prophetischen Strömungen trotz (oder vielleicht aufgrund) der Verquickung der Kirche mit dem Staat. Während der Jahre schwerer kom-munistischer Unterdrückung gab es unzählige und größtenteils unbekannte Glaubenshelden, die in den Gulags und Gefängnissen der Sowjetunion litten und starben. Ein im Westen bekanntes Beispiel ist das Zeugnis des Priesters und Wissenschaftlers P. Pavel Florensky (1885-1937); in den frühen Jahren der Verfolgung wurde Florensky aufgrund sei-nes wissenschaftlichen Bedeutung verschont und verbrachte dann die letzten vier Jahre seines Lebens vor seiner Hinrichtung in Gefangenenlagern, zuerst in Sibirien, dann in Nordwest-Rußland in der Nähe von Archangelsk. Florensky lehnte die Möglichkeit einer Emigration ab, indem er sich die Worte des Heiligen Paulus zu eigen machte: „Denn ich habe gelernt, mich in jeder Lage zurechtzufinden: Ich weiß Entbehrungen zu ertragen, ich kann im Überfluß leben. In jedes und alles bin ich eingeweiht: in Sattsein und Hungern, Überfluß und Entbehrung. Alles vermag ich durch ihn, der mir Kraft gibt" (Phil 4,11-13).

Initiativen für die Erneuerung des Glaubens unter den Orthodoxen Rußlands spielten sich oft auf Ortsebene ab. Ein bemerkenswertes Beispiel war der pastorale Dienst von Aleksandr Men (1935-1990), einem Pfarreipriester der Kirche der Beschneidung in Novaya Derevnya, einem kleinen Dorf nördlich von Moskau. Men stammte aus einer jüdischen Familie, die kurz vor seiner Geburt das Christentum angenommen hatte. Als er im Alter von sieben Monaten heimlich in einer Katakombenkirche getauft wurde, sagte der Priester, ein Starze mit geistlichen Gaben, eine bedeutende Zukunft für das Baby voraus. Als begieriger Leser verschlang der junge Aleksandr die Heilige Schrift, die Werke der Kirchenväter und der russischen religiösen Philosophen. Als Jugendlicher konnte er fließend Hebräisch, Griechisch und Latein lesen sowie viele moderne europäische Sprachen. Im Alter von 25 Jahren wurde Men zum Priester geweiht und schrieb ein Buch über Christus, *Der Menschensohn*, eine Reihe über die Weltreligionen und ein neunbändiges Bibellexikon. Menschen kamen von weither angereist, um seinen Rat zu suchen, besonders gebildete Menschen, die seine Begabung schätzten, das Christentum auf intellektuell überzeugende Weise darzustellen. Der berühmte Schriftsteller Alexander Solschenizyn wurde von Men getauft. Sogar während der Unterdrückung der frühen 80er Jahre organisierte er weiter Gruppen für das Bibelstudium, für Gebet und Katechese. Seit er im September 1990 auf geheimnisvolle Weise umgebracht wurde, blieb seine Pfarrei ein Zentrum für die Erneuerung des lebendigen christlichen Glaubens.

Obwohl westliche Erneuerungsbewegungen im allgemeinen in Rußland wenig Wellen schlugen, gab es in manchen russisch-orthodoxen Kreisen einige Anzeichen von liturgischer Erneuerung. Eine war die Pfarrei von Unserer Lieben Frau von Vladimir in Moskau, wo Pfr. Georgi Kochetkov die moderne russische Sprache in die Liturgie einführte und sich bemühte, eine größere Mitwirkung des Volkes in der Liturgie zu fördern, in Anlehnung an die Leitlinien des Zweiten

Vatikanischen Konzils in der katholischen Kirche. Georgi hatte ebenfalls, sogar in den kommunistischen Jahren, ein katechetisches Zentrum und ein theologisches Kolleg gegründet und pflegte unter seinen Leuten einen evangelistischen missionarischen Geist. Wie Men, bezog auch Georgi Kochetkov einen stark ökumenischen Standpunkt, der ihm viel Haß von der fanatischeren nationalistischen Geistlichkeit und Bevölkerung einbrachte. Als Ergebnis wurde er Anfang 1994 von seiner Pfarrei abgezogen und in eine kleine, schlecht ausgestattete Pfarrei versetzt. In seiner neuen Kirche sagte Georgi den Menschen: „Die einzige heilige Sprache ist die Sprache der Kirche, und die Sprache der Kirche ist die Sprache der Liebe, die Sprache der Barmherzigkeit, die Sprache der Reue. Es gibt und es wird keine andere heilige Sprache geben."

Dutzende von orthodoxen Brüder- und Schwesterngemeinschaften sprossen in Rußland seit der Perestroika und dem Ende der kommunistischen Verfolgung des Christentums aus dem Boden. Viele haben in erster Linie karitative Ziele, andere wie die Orthodoxe Karitative Bruderschaft in der Pfarrei von St. Tikhon in der Region Klin bei Moskau haben eine weitergefaßte Zielsetzung; sie wurde 1991 für missionarische, katechetische und karitative Arbeit gegründet und ist getragen von dem Wunsch, ein orthodoxes Zeugnis für Christus abzulegen in einer Kultur, in der wenige Menschen auch nur eine vage Vorstellung des christlichen Glaubens haben.[60]

In Armenien kam mit dem Ende des Kommunismus eine alte Bewegung innerhalb der Orthodoxen Kirche wieder auf, die als „Bruderschaft" bekannt ist. Die Bruderschaft ist in allen größeren Städten Armeniens vertreten und versammelt bis zu 700 Menschen wöchentlich zu Gebet und Predigt. Ihre Schwerpunkte sind mehr evangelikal, aber ihr Rahmen ist orthodox. Ein karitativer Zweig veröffentlicht auch christliche Literatur und wird von einigen protestantischen Organen unterstützt als wirksamem Weg, um das Evangelium in einem Land mit einer streng orthodoxen Tradition zu verbreiten.

Kapitel 9

Vorbereitungen
für die katholische Erneuerung

Ich beabsichtige nicht, auch nur eine Kompaktversion der Erweckungs- und Erneuerungsströmungen in der Geschichte der römisch-katholischen Kirche in Angriff zu nehmen. Ich will mich darauf beschränken, das erneuernde Wirken des Geistes Gottes unter Katholiken während derselben Zeitspanne zu untersuchen, in der Erweckungsströmungen in der protestantischen Welt emporkamen.

In der katholischen Kirche gab es immer Ströme von Erneuerung und Reform. Diese Ströme wurden deutlich in den Leben jener Männer und Frauen offenbar, die später heiliggesprochen wurden, sowie in den Orden, Kongregationen und Werken, die diese oft gegründet haben. Einige Jahrhunderte haben natürlich stärkere Kräfte der Erneuerung und Reform hervorgebracht als andere, z. B. bildete das 13. Jahrhundert einen Höhepunkt mit der gesamten Franziskanischen Bewegung und der Gründung des Dominikanerordens; auch im späten 16. und frühen 17. Jahrhundert, im kleineren Kreis des post-reformatorischen katholischen Europa, gab es bedeutende geistliche Bewegungen mit der karmelitischen Reform des hl. Johannes vom Kreuz und der hl. Teresa von Avila, mit den französischen geistlichen Schulen von Cardinal de Berulle (1575-1629), Monsieur Olier (1608-1657), und dem Beginn des weitreichenden Apostolats des hl. Vinzent von Paul (1580-1660).

Welche Bewegungen des Heiligen Geistes gab es unter den katholischen Zeitgenossen von George Whitefield und Jonathan Edwards? Die frappierendste Parallele findet sich in der Entstehung von zwei Predigtorden oder -kongregationen, deren Botschaft sich auf das Leiden Jesu und die von Jesus auf Golgotha erworbene Erlösung konzentrierte, wie ihre Namen schon besagen:

(1) die Leidenskongregation, bekannt als Passionisten, gegründet vom hl. Paul vom Kreuz (1694-1775); und (2) die

Kongregation des Heiligsten Erlösers, bekannt als Redemptoristen und gegründet von Alfons Liguori (1696-1787).

Obwohl die von diesen neuen Orden italienischen Ursprungs durchgeführten Pfarreimissionen sich in ihrem Zusammenhang und ihrer Kultur sehr vom Ethos der evangelikalen Erweckungen unterschieden, ist es doch bemerkenswert, daß diese Orden schwerpunktmäßig die Rettung der Sünder durch die Verkündigung des gekreuzigten Retters predigten. Jay Dolan verweist in seiner Geschichte des katholischen Amerika im 19. Jahrhundert auf eine Parallele zwischen den Erweckungspredigten von Männern wie Charles Finney in der protestantischen Welt und den katholischen Pfarreimissionen, die vor allem von den Passionisten, den Redemptoristen und der neuen amerikanischen Kongregation der Paulisten durchgeführt wurden. Durch diese Missionen wurde ein kennzeichnender Gehalt in die katholische Predigt eingeführt, der sich auf Kreuz, Erlösung, Reue und Sündenbekenntnis konzentrierte. Bis diese Art von Predigt nach dem Zweiten Vatikanischen Konzil in eine gewisse Mißgunst geriet, wurde in der katholischen Praxis allgemein ein deutlicher Gegensatz beibehalten zwischen einer regulären Sonntagspredigt in den Pfarreien, die mehr Vorschriften und Moralanweisungen enthielt, und den Missionspredigten mit ihrem „evangelikaleren" und auf Bekehrung ausgerichteten Stil.

Im Katholizismus der Post-Reformation entstanden erneuernde und reformierende Strömungen meist innerhalb eines defensiven Rahmengebildes, das bemüht war, eine weitere Ausbreitung des Protestantismus zu verhindern, die hervorstechendsten Mißbräuche zu korrigieren, die einen solchen Protest hervorgerufen hatten, und die Gläubigen vor einer „Ansteckung" aus nichtkatholischen Quellen zu bewahren. Der post-reformatorische Katholizismus, oft post-tridentinisch genannt aufgrund des entscheidenden Einflusses des Konzils von Trient (1545-1563), bekräftigte mit Nachdruck die römisch-katholischen Unterscheidungsmerkmale in Lehre und Frömmigkeit und betonte die Bedeutung von Autorität und die Tugend des Gehorsams. Während dieser Zeit sonderten sich fromme Lebensformen immer mehr ab von einer unbeweglichen Liturgie und einer polemischen sowie auch streng in Formeln gefaßten Theologie. Die Kirche trat auch zunehmend mit ihrer katholischen Lehre in den Vordergrund, wie es seit dem Mittelalter in dieser Weise nicht mehr geschehen war, wobei sie jedoch stets stark die Kirche als hierarchische Einrichtung mit ihrer gottgegebenen Vollmacht und unveräußerlichen Rechten hervorhob.

Im 17. und 18. Jahrhundert traten verschiedene andere heiligmäßige Gestalten in der katholischen Welt in Erscheinung, die mithalfen, die Frömmigkeit zu vertiefen und die moralische Reform zu fördern, ohne den Gesamtrahmen herauszufordern. Ein anderer italienischer Heiliger jener Zeit, dessen Predigten weiten Einfluß erzielten, war der hl. Leonhard von Porto Maurizio (1676-1751); ihm wurde zugeschrieben, was charismatische Christen heute Worte der Erkenntnis nennen würden. Einmal unterbrach der hl. Leonhard seine Predigt mit den Worten: „Mein Herz sagt mir, daß hier ein hartnäckiger Sünder anwesend ist. Wenn er sich nicht sofort bekehrt, ist er verdammt. Schon in dieser Nacht wird die Strafe Gottes über ihn kommen."[61] In jener Zeit entwickelte sich eine große Volksfrömmigkeit, vor allem eine Verehrung des Heiligen Herzens Jesu, der eucharistischen Gegenwart des Herrn Jesus und Marias, der Mutter des Herrn. In dieser in sich verschlossenen katholischen Welt war alles verdächtig, was einen Beigeschmack von Protestantismus (oder Säkularisierung und Antiklerikalismus) hatte; womit Laieninitiativen und das Bibelstudium in keiner Weise hoch angesehen waren.[62]

Im frühen 19. Jahrhundert gab es jedoch aus katholischen Kreisen erste Anzeichen für den Wunsch, zu einem seelsorgerlichen und theologischen Leben zurückzukehren, das in der Heiligen Schrift und in den Kirchenvätern verwurzelt war. Bedeutende Gestalten hierin waren zwei deutsche Gelehrte, Johann Michael Sailer (1751-1832), späterer Bischof von Regensburg, und Johann Adam Möhler (1796-1838). Sowohl Sailer als auch Möhler hatten ein tiefes Gespür für die Kirche, das über die zeitgenössischen institutionellen Schwerpunkte hinweg zu den Reichtümern der Lehre der Kirchenväter reichte. Durch beide von ihnen wurde ein lebendiger Traditionsbegriff wiedererlangt im Gegensatz zu einem rein konservativen Festklammern an jüngst erstellten Schriften. Zur selben Zeit bemühte sich ein römischer Priester, der später heiliggesprochene Vinzenz Pallotti (1795-1850), aus allen Kräften, katholische Laien zu begeistern und mobil zu machen, eine weitere Tendenz, die den katholischen Entwicklungen im 20. Jahrhundert vorausging. Pallotti gründete die Gesellschaft des katholischen Apostolats, oft als Pallottinerorden bekannt. Ähnliche Ziele, wenn auch in gebildeteren Kreisen, verfolgte Antonio Rosmini (1797-1855), Gründer des Instituts der Nächstenliebe und Autor der hervorragenden Reformschrift mit dem Titel *Die fünf Wunden der Heiligen Kirche*. Als Rosmini anscheinend kurz vor der Kardinalsernennung stand, fiel er mit diesem Buch in Ungnade, es wurde von Rom in den Index verbotener Schriften aufgenommen, seine neue Kongregation war jedoch nicht bedroht. In dieser kühnen und prophetischen Botschaft vergleicht Rosmini den Zustand der Kirche mit dem verwundeten Leib Christi am Kreuz; er kennzeichnet die fünf Wunden der Kirche als: die Trennung zwischen Volk und Geistlichkeit im öffentlichen Gottesdienst, die unzureichende Ausbildung von Geistlichen, die Entzweiung unter den Bischöfen, die Ernennung von Bischöfen durch zivile Regierungen, und Beschränkungen des freien Gebrauchs der kircheneigenen weltlichen Güter durch dieselbe Kirche.

Rosminis Diagnose der Krankheiten der katholischen Kirche war in vielerlei Hinsicht bemerkenswert. Er wies auf die Geißel des Klerikalismus hin und nahm den Aufruf des Zweiten Vatikanischen Konzils zu einer aktiven Teilnahme aller am gottesdienstlichen Gebet der Kirche vorweg: „Er (Gott) kann es nicht zulassen, daß die Menschen, die vom Wort erleuchtet wurden und die für den Lobpreis des Wortes wiedergeboren wurden, bei den festlichen Vollzügen des Lobpreises gegenwärtig sind, als wären sie Statuen oder Säulen im Tempel des Herren."[63]

Seine Ausführungen über die erbärmliche Seminarausbildung im 19. Jahrhundert[64] offenbaren die dringliche Notwendigkeit einer katholischen Rückkehr zu den Quellen, deren Herz die

Heilige Schrift bildet. Rosmini schrieb einen wunderbaren Abschnitt über die Bibel:

„In ihr spricht die ewige Wahrheit in jeder der menschlichen Sprache bekannten Weise. Die Wahrheit erzählt, lehrt, richtet, singt. Die Erinnerung wird von der Geschichte genährt; die Vorstellung durch Poesie angezogen; der Intellekt mit Weisheit erleuchtet; das Gefühl in allen diesen Weisen zusammen bewegt. Die Lehre ist so einfach, daß die Ungebildeten glauben, sie sei für sie geschrieben; so vergeistigt, daß die Gelehrten verzweifeln, wenn sie sie erfassen wollen. Der Text ist menschlich in seiner Form, aber Träger von Gottes eigenem Wort."[65]

So sucht Rosmini nach einer Bildung, die im Wort Gottes verwurzelt ist, die die ganze Person nährt, Vorstellung und Erinnerung, Vernunft und Empfinden. Diese Ideale prägte er dem Institut der Nächstenliebe ein, oft bekannt als Rosminier, und den von ihnen geführten Bildungsinstituten.

Die vielleicht herausragendste Figur dieser Vor-Renaissance war John Henry Newman (1801-1890), der die Anliegen der katholischen Erneuerung des 20. Jahrhunderts am umfassendsten vorwegnahm. Zuerst war Newman eine führende Gestalt der Oxford-Bewegung innerhalb der Kirche von England und verteidigte nicht nur die katholische Kirchenordnung, sondern wies auch die staatlichen Übergriffe auf christlichen Grund und Boden energisch zurück und setzte sich für eine praktische Heiligung, verwurzelt in der Heiligen Schrift und den Kirchenvätern, ein. Newman war sowohl ein tiefer Denker als auch ein begeisterter Seelsorger und Prediger. Beide dieser Wesensmerkmale führten ihn 1845 in die römisch-katholische Kirche. Vieles aus seiner Lehrtätigkeit zu Glaubensfragen ist in den Predigtensammlungen enthalten,und sein gedanklicher Gesamtrahmen in *The Idea of the University* und *The Grammar of Assent*.

Newmans Größe bestand unter anderem darin, daß er den Geist des anbrechenden Zeitalters tief im Gefühl hatte und das ihm innewohnende Böse erkannte, den Glauben an den unausweichlichen Fortschritt und das damit einhergehende Selbstvertrauen in menschliche Erkenntnis und Begabung. Er war deshalb ein entschiedener Kritiker von liberalem Argwohn gegenüber der Autorität der göttlichen Offenbarung. Gleichzeitig war Newmans Denken jedoch stark historisch geprägt, und er war kein Verteidiger von zeitlosen Schemen, die oft von konservativen Kirchenanhängern befürwortet wurden. Diese Seite seiner Theologie kommt vor allem in seinem *Essay on the Development of Christian Doctrine* (1845) zum Vorschein. Somit lag ein Teil von Newmans Größe und Bedeutung in seiner Weigerung, sich in die stereotypen Formen konservativ-liberaler Opposition einzupassen.

Da er von einem ganz anderen kirchlichen und theologischen Hintergrund kam als die post-tridentinische katholische Theologie, führte Newman wieder eine mehr auf die Bibel und die Väter begründete Methode als Alternative zur vorherrschenden Scholastik ein. Er bestand auch auf der Bedeutung von aktiven und geschulten Laien, was er mehr aus philosophischer Sicht in *The Idea of the University* (1852) und mehr historisch und vielleicht polemisch in seiner kleinen Schrift *On Consulting the Faithful in Matters of Doctrine* (1859) ausführte. Newman untersuchte hier die Rolle des sensus fidelium (dem Gespür der Gläubigen) in der Bekundung und Übermittlung des katholischen Glaubens, und legte so die Grundlage für einen neuen katholischen Respekt gegenüber den Laien als Bestandteil der Kirche. Dieses Werk endet mit einem bekannten Abschnitt:

„Ich glaube gewiß, daß die Ecclesia docens (lehrende Kirche) glücklicher ist, wenn sie so begeisterte Anhänger um sich hat wie hier gegenwärtig sind, als wenn sie die Gläubigen vom Studium ihrer göttlichen Lehren und dem Mitgefühl für ihre göttlichen Betrachtungen ausschließt, und von ihnen einen fides implicita (unbedingten Glauben) an ihr Wort fordert, was in gebildeteren Klassen in Gleichmütigkeit, und in den ärmeren in Aberglaube enden wird."[66]

Ein größerer Schwerpunkt auf der Heiligen Schrift und eine höhere Wertschätzung der katholischen Laien wurden zu einem grundlegenden Element der Erneuerungsströme des nächsten Jahrhunderts. Ein weiterer wichtiger Punkt, der beide dieser Anliegen verband, war der Wunsch nach einer liturgischen Erneuerung, die den öffentlichen Gottesdienst der Kirche in einen lebendigen Ausdruck und eine nahrhafte Quelle für das christliche Leben der Gläubigen verwandeln würde. Ein bedeutender Pionier auf diesem Gebiet war der französische Benediktinerabt Prosper Guéranger de Solesmes (1805-1875). Abt Guérangers mehrbändiges Werk, *L'Annee Liturgique*, das in viele Sprachen übersetzt wurde, spielte noch lange nach seinem Tod eine wichtige Rolle in der Vorbereitung der belesenen katholischen Bevölkerung für die liturgische Erneuerung des 20. Jahrhunderts.

Bis zum letzten Viertel des 19. Jahrhunderts erhielten diese ersten Erneuerungssamen von Rom aus nicht viel Ermutigung. Diese Situation änderte sich entscheidend mit dem Pontifikat von Leo XIII. (1878-1903). Als Nachfolger des längsten und zunehmend konservativen Primats Pius' IX. (1846-1878), unternahm Papst Leo, bei seiner Wahl schon 68 Jahre alt, verschiedene Schritte, die der katholischen Erneuerung die Türen öffneten. Neben der Ernennung von Newman zum Kardinal im Jahre 1879, die bemerkenswert war nach Newmans Stellung als „Nicht-Angepaßter" zur Zeit des Ersten Vatikanischen Konzils (1869-1870), führte Leo XIII. eine offizielle katholische Soziallehre ein, vor allem mit seiner Enzyklika *Rerum Novarum* (1891). Er war auch der Papst, der der Erneuerung des Bibelstudiums in der katholischen Kirche die Türen öffnete mit seiner Enzyklika über die Heilige Schrift im Jahre 1893; 1897 hob er die Beschränkungen auf, daß Katholiken nur approbierte Bibelübersetzungen kaufen und lesen durften. Leo XIII. ergriff auch Maßnahmen, um das Studium der Werke von Thomas von Aquin zu fördern; er leitete das Überbordwerfen einer verfälschten Scholastik ein, nach der Thomas von Aquin wohl mit den Lippen bekundet werden kann, es aber an seiner prüfenden Vernunft und theologischen Kreativität fehlt.

Für unseren Zusammenhang ist Papst Leo XIII. Betonung des Heiligen Geistes besonders wichtig. Diese ging in großem Maß auf die Vision und den Mut einer bemerkenswerten Frau des Glaubens, Elena Guerra (1835-1914) aus Lucca in Italien zurück.[67] 1882, dem Gründungsjahr ihres neuen

Schwesternordens, hatte Guerra ihre erste Eingebung von ihrer Berufung, die katholische Kirche wieder an die Rolle des Heiligen Geistes zu erinnern. 1893 teilte eine Küchenarbeiterin im Kloster Mutter Elena mit, der Herr möchte, daß sie an den Papst schreibe mit der dringenden Bitte, ein regelmäßiges Gebet zum Heiligen Geist einzuführen; Elena brauchte über ein Jahr, um diesem Wort Folge zu leisten, und schrieb dem Papst, daß alle Christen sich dem Heiligen Geist zuwenden sollten, wie der Heilige Geist sich ihnen zuwendet. Papst Leo antwortete innerhalb von drei Wochen durch die Einführung einer feierlichen Zeit des Gebets zum Heiligen Geist für die ganze katholische Kirche, und zwar zwischen den Festen von Christi Himmelfahrt und Pfingsten. Mutter Elena schrieb dem Papst weiterhin über den Heiligen Geist, und 1897 brachte er eine Enzyklika mit diesem Thema, *Divinum Illud Munus*, heraus. Bei Herannahen des neuen Jahrhunderts bat sie den Papst, zu Beginn des ersten Tages des Jahrhunderts im Namen der gesamten Kirche den Hymnus *Veni, Sancte Spiritus* (Komm, Heiliger Geist) zu singen, was er tat.

Im letzten Jahrzehnt des 19. Jahrhunderts ereignete sich etwas bedeutend Neues, das den Boden für eine veränderte katholische Haltung gegenüber anderen Christen und ihren Kirchen bereiten sollte. Und zwar die Freundschaft zwischen dem französischen katholischen Priester, Fernand Portal (1855-1926) und dem Anglikaner, ja, streng anglo-katholischen Laien, Lord Halifax (1839-1934). Sie lernten sich Ende 1889 auf der Insel Madeira kennen, wo Portal seine Krankheit auskurierte und die Familie Halifax ein bekömmlicheres Klima für die Gesundheit eines kränklichen Sohnes suchte. Obwohl ihre Bemühungen um eine Annäherung und um die römische Anerkennung der anglikanischen Ordnung abgewiesen wurden, was ihre augenblicklichen Hoffnungen zerschlug, sollte diese Freundschaft von Dauer sein und einen Samen säen, der viel später im darauffolgenden Jahrhundert Früchte tragen sollte.

Kapitel 10

Anfänge der katholischen Erneuerung

Die tatsächlichen Anfänge einer durchgreifenden Erneuerung in der römisch-katholischen Kirche liegen im 20. Jahrhundert. Die im vergangenen Kapitel erwähnten Heiligen, Theologen und Kirchenführer des 18. und 19. Jahrhunderts waren im Grunde genommen eher die Vorboten als die Urheber der Erneuerung.

Seit Beginn des 20. Jahrhunderts setzte die Entstehung von erkennbaren Erneuerungsbewegungen mit ihren eigenen Veröffentlichungen und Zentren ein, so daß sich ein zunehmender Vorstoß in Richtung kirchlicher Erneuerung entwickelte, wie es ihn zuvor nicht gab. Parallel zum Emporkommen kohärenter Erneuerungsströme fand ein Austausch mit den Kirchenautoritäten statt, was dazu führte, daß die Erneuerungstendenzen zunehmend von offizieller Seite Bestätigung fanden, wenn auch nicht immer ohne Spannungen.

Der Vorstoß in Richtung kirchlicher Erneuerung drückte sich sowohl in Bildungsfragen als auch auf pastoraler Ebene aus. Dieses Kapitel betrachtet vor allem die Entwicklungen im Bildungsbereich. Im allgemeinen waren Erneuerungsströme stark pastoral motiviert und versuchten, das Gemeindeleben durch ein tieferes Verständnis des Evangeliums und der Kirche zu beleben. Das Erneuerungsdenken erzielte jedoch seine größte praktische Auswirkung in den organisierten Bewegungen für geistliche und pastorale Erneuerung, die sich seit den 20er Jahren unter den katholischen Gläubigen vermehrten. Diese Bewegungen werden jedoch Thema des nachfolgenden Kapitels, sowohl aufgrund der großen Anzahl und Vielfalt solcher Bewegungen als auch aufgrund ihrer Bedeutung für die katholische Erneuerung.

Liturgische Erneuerung

Der erste der katholischen Erneuerungsströme, der eine klare Form annahm, war die liturgische Bewegung. Rückwirkend können wir eine Fügung darin sehen, daß die liturgische

Erneuerung an erster Stelle stand, und zwar aufgrund der Art und Weise, wie sie die biblische und patristische Erneuerung mit einem Interesse an den christlichen Ostkirchen verband und somit indirekt mit dem Ökumenismus.

Die Wechselwirkung zwischen der Bildungsarbeit und der seelsorgerlichen Tätigkeit in der Bewegung für die liturgische Erneuerung konnte deutlich am Leben des Priesters gesehen werden, dem allgemein deren Gründung zugeschrieben wird, Dom Lambert Beauduin von Belgien (1878 - 1960). Beauduin war zuerst für kurze Zeit Diözesanpriester und dann Benediktinermönch. Er wurde zu einem Referenten der großen belgischen katholischen Konferenz im Jahre 1909 gewählt, wo er über das Thema „La vrai prière de l'Eglise" (das wahre Gebet der Kirche) sprach. Seine Einsichten wurden in den Dienst der pastoralen Erneuerung gestellt. Er rief dazu auf, daß der offizielle Gottesdienst der Kirche – die Stundengebete und die sakramentalen Riten, vor allem die Eucharistie – wahrhaft das Gebet des ganzen Leibes Christi werden sollte, der Geistlichen und der Laien. Diese Ansprache wird als Einsetzung der liturgischen Bewegung angesehen, denn sie war Auslöser für eine Reihe von Initiativen für die Erneuerung des katholischen Gottesdienstes, die in der ganzen Welt wie Pilze aus dem Boden schossen, bis hin zur vollen offiziellen Anerkennung dieser Vision im Dekret über die Liturgie des Zweiten Vatikanischen Konzils (1963).

Für viele Katholiken heute ist es nicht einfach (und wahrscheinlich noch weniger für Protestanten), sich vorzustellen, wie der Gottesdienst und die Frömmigkeit in der katholischen Kirche um 1900 aussahen. Es ist sehr schwer, in dieser Beschreibung objektiv und gerecht zu bleiben, denn viele konservative Katholiken schauen auf die vorkonziliare Liturgie als goldenes Zeitalter zurück, das durch liturgische Reformen und „modernistische" Theologie ruiniert wurde, während erneuerungsbestrebte Katholiken die unverfälschte Frömmigkeit und Hingabe der vorkonziliaren Katholiken zu leicht abwerten.

Beauduin sah, daß die Liturgie nicht wirklich das Gebet der Menschen war. Sie waren bei der Liturgie anwesend, aber ihr

Gebet war oft vom liturgischen Akt gelöst. Sie hatten keine aktive Rolle darin, sie sangen nicht, sie antworteten nicht, sie waren schweigsame Zuschauer dessen, was der Priester am Alter vollzog. Eine Folge der Distanz des Volkes zur Liturgie war, daß ihr Herzensgebet auf andere Weise zum Ausdruck kam, vor allem in den zahlreichen Formen der Volksfrömmigkeit, die die sakramentale Gegenwart des Herrn umgaben und die Gesegnete Jungfrau Maria sowie andere Heilige anriefen. In diesen Ausübungen von Frömmigkeit, die meist abends stattfanden (Abendmessen wurden erst ab 1954 gestattet), benutzten die Menschen ihre eigene Sprache, sangen Hymnen und antworteten mit lauter Stimme.

Die liturgische Bewegung erzielte hauptsächlich in Frankreich, Deutschland und den Niederlanden Fortschritte und war eng verbunden mit der Erneuerung der biblischen und die Kirchenväter betreffenden (patristischen) Studien in der katholischen Kirche. Die Gründe für diese Verbindung sind leicht ersichtlich. Während der Väterzeit, besonders in den ersten fünf Jahrhunderten des christlichen Zeitalters, entstanden die großen Liturgien in Ost und West, kam das Mönchtum auf und entwickelte sich eine theologische Denkweise, die den Gedankenmustern und der Vorstellungskraft der Heiligen Schrift viel mehr entsprach als die theologischen Formen des zweiten Jahrtausends. Diese drei Elemente standen in enger Beziehung zueinander. Die meisten der großen Lehrväter waren Bischöfe, womit ihre Lehre immer einen stark seelsorgerlichen Charakter bewahrte. Diese bischöflichen Lehrer waren Mönche, und Klöster waren die Orte, in denen biblische Manuskripte kopiert, studiert und meditiert wurden.

So war das wachsende Studium der Kirchenväter eng verbunden mit dem Studium der liturgischen Ursprünge. Dabei kam immer mehr zu Bewußtsein, wie stark jüdische Formen des Synagogengebets das Gebet der frühen Christen beeinflußten. Die Bedeutung des Wortes Gottes in der christlichen Liturgie, wie auch in der jüdischen Synagoge, wurde klar anerkannt und es wurde festgestellt, daß jede liturgische Feier eigentlich mit einer Liturgie des Wortes beginnt, die weder eine Einleitung der „wirklichen Sache" noch eine bloße Unterweisung vor dem Gottesdienst darstellt. Es ist das lebendige Wort, das sich inmitten von Gottes Volk neu verwirklicht.

Eine offensichtliche Frucht des Studiums der liturgischen Ursprünge betraf die Einrichtung des Katechumenats in der frühen Kirche zur Vorbereitung von Taufanwärtern. Dabei wurde bemerkt, daß der katholische Taufritus, wie er bis in unser Jahrhundert überliefert wurde, in einer Feier, im allgemeinen für Kinder, zusammengefaßt hat, was sich für Erwachsene über Wochen und Monate hinstreckte. Die verschiedenen Teile der Taufliturgie waren ursprünglich wesentliche Elemente in einem Prozeß geistlicher und pastoraler Schulung, die die ganze Gemeinschaft der Gläubigen miteinbezog. Diese Studien führten zur offiziellen Wiedereinführung des Katechumenats in Form des sogenannten Ritus für die Eingliederung Erwachsener in den Christlichen Glauben.

Die engen Verbindungen zwischen biblischer, patristischer und liturgischer Erneuerung werden in einem Buch von Jean Daniélou, *Die Bibel und die Liturgie*[68] durch Beispiele belegt. Daniélou (1905-1974) behandelt darin den Übergang von den großen jüdischen Festen zum christlichen liturgischen Jahr und der biblischen Typologie, die im Alten Testament das Urbild der Symbole des Neuen Testaments wiederfindet,[69] und legt eine tiefe gelehrte Erkenntnis auf relativ einfache Weise dar.

Theologische Erneuerung

Die Erneuerung der katholischen Theologiestudien war stark historisch geprägt und schloß eine detaillierte Untersuchung der gesamten Tradition mit ein und wie sich diese entwickelte. Die Jerusalem-Bibel und die Reihe über die Kirchenväter, *Sources Chrétiennes*, waren unter den vielen Früchten dieser Renaissance. Ein Mitbegründer der *Sources Chrétiennes* mit P. Daniélou war ein Jesuitenkollege, Henri de Lubac (1896-1991). De Lubac war Autor einer wichtigen Abhandlung über die Art und Weise, wie die Bibel im Mittelalter ausgelegt und angewandt wurde.[70]

Die Erneuerung der katholischen Theologie durch eine Rückkehr zu den Quellen und der Anwendung von modernen Mitteln konzentrierte sich besonders auf das Geheimnis der

Kirche. Der Weg, den Möhler und Newman aufzeigten, führte weg von einer apologetischen Theologie, die die Rechtmäßigkeit der Kircheninstitution verteidigte, das Vermächtnis der post-reformatorischen Polemik, und hin zu einer organischeren Vision der Kirche als ein sichtbarer Leib von Gläubigen, der durch das Wirken des Heiligen Geistes in Wort und Sakrament geformt wird. Aus dieser Entwicklung kamen bedeutende Werke hervor wie *The Whole Christ*[71] (Der ganze Christus) von Emil Mersch (1890-1940), eine Studie der Lehre der Kirche als Leib Christi über die Jahrhunderte hinweg, und *The Spirit of Catholicism*[72] (Der Geist des Katholizismus) von Karl Adam (1876-1966). De Lubacs wichige Bücher über die Kirche, *Catholicism* und *The Splendour of the Church* (Der Glanz der Kirche), die in Englisch erst einige Jahre nach ihren französischen Originalen erschienen (1950 und 1956), trugen viel zur Verbreitung dieser mehr biblischen und patristischen Vision der Kirche bei. Diese Entwicklungen wurden auch ermutigt durch die Enzyklika *Mystici Corporis Christi* (1947) von Pius XII (1939-1958), was zusammen den Boden bereitete für das Schlüsseldokument des Zweiten Vatikanischen Konzils, die Dogmatische Konstitution über die Kirche (*Lumen Gentium*) von 1964.

Andere Elemente spielten in der Erneuerung der katholischen Ekklesiologie ebenfalls eine wichtige Rolle. Diese schlossen den Ökumenismus und eine neue Ausrichtung auf die Laien ein.

Ökumenismus

Wie bei der Liturgie und Ekklesiologie gab es bereits im 19. Jahrhundert ein paar Vorboten des katholischen Ökumenismus, aber eine sichtbare Bewegung kam erst im 20. Jahrhundert auf. Unter den katholischen Pionieren war Fernand Portal einer, der viel litt und zu seiner eigenen Lebenszeit wenig Früchte sah, obwohl seine Freundschaft mit Lord Halifax die anglikanisch-katholischen Gespräche von Malines (1921-1925) unter der mächtigen Schirmherrschaft des belgischen Primats, Kardinal Mercier (1851-1926), ermöglichte. Mercier war eine Gestalt von großem moralischen Format, was durch seine Rolle während des Ersten

Weltkrieges noch bestärkt wurde, und er war es auch, der zuvor Beauduins liturgische Initiativen ermutigt hatte. In der Zwischenzeit war Beauduin in ein Projekt miteinbezogen worden, das vom neugewählten Papst Pius XI. (1922-1939) unterstützt wurde und einige Benediktinerklöster damit betraute, sich intensiv mit den Beziehungen zwischen dem katholischen Westen und dem orthodoxen Osten auseinanderzusetzen. Beauduin wurde dadurch schließlich zum Gründer eines Benediktinerklosters, das zum Zweck der Arbeit für die christliche Einheit errichtet wurde, zuerst in Amay und dann in Chevetogne, beides in Belgien. 1925 lud Mercier Beauduin ein, eine anonyme Arbeit für die Malines-Gespräche zu unterbreiten mit dem Titel „Die anglikanische Kirche, vereint, nicht einverleibt". Als Mercier 1926 starb, auch das Todesjahr von Portal, gewannen die katholischen Gegner jeglichen Dialogs mit den Anglikanern die Oberhand und Beauduin wurde aus seinem neugegründeten Kloster für mehr als 20 Jahre verbannt.

Der ausgesäte Same brachte Frucht hervor, trotz des eisigen Klimas nach der negativen Enzyklika über den Ökumenismus von Pius XI. im Jahr 1928 (*Mortalium Animos*). Anfang der 30er Jahre besuchte ein französischer Priester aus Lyon das Einheitskloster in Amay; durch seine Arbeit mit orthodoxen Flüchtlingen aus der Sowjetrevolution von 1917 litt er sehr unter der Tragödie der Spaltung unter Christen. Abbé Paul Couturier (1881-1953) spürte einen tiefen inneren Ruf zum Gebet für die christliche Einheit. Er war nicht mit der katholischen Form des Gebets für Einheit zufrieden, bekannt als Einheitsoktav der Kirche, die 1909 in den Vereinigten Staaten entstand und ausdrücklich für die Rückkehr der getrennten Kirchen unter die römische Obrigkeit betete. Couturier war davon überzeugt, daß alle Christen dasselbe Gebet um Einheit beten sollten und daß es einen Weg geben müsse, dies gemeinsam zu tun. Er gelangte zu der Antwort, die sicher die Weisheit des Heiligen Geistes war: daß alle gemäß dem Gebet Jesu in Johannes 17 für die Einheit beten könnten und sollten. Für den Rest seines Lebens förderte Couturier dieses Gebet, daß alle eins sein sollen, wie der Vater und der Sohn eins sind, so, wie der Herr es möchte.

Das Geniale an Couturier war seine Erkenntnis, daß christliche Spaltung vor allem eine geistliche Angelegenheit ist, auf die es keine andere Antwort als die Reue gibt. Ab Mitte der 30er Jahre verfaßte er Bußlitaneien und förderte eine öffentliche wie auch private Fürbitte und Buße für die christliche Einheit. Diese gering scheinende Entwicklung war von unermeßlicher Bedeutung, denn mit ihr entfernte man sich von der Vorstellung, daß es für die römische Kirche unmöglich wäre, Fehler zu begehen, und das Verhalten der Kirche als sündhaft anzuerkennen.

In der Zwischenzeit kam in der deutschsprachigen Welt ein weiterer Strom einer katholisch-protestantischen Annäherung auf. Ein deutscher Priester, Max Josef Metzger (1887-1944), wurde während des Ersten Weltkriegs zur Arbeit für den Frieden und gegen allen Krieg inspiriert. Er sah eine Ungereimtheit darin, daß eine gespaltene Kirche mit jahrhundertelanger Polemik den Krieg an sich bekämpfen wollte. So setzte sich Metzger zunehmend für die christliche Einheit ein und gründete 1938 eine Vereinigung, *Una Sancta*, zur Förderung des Gebets für die Einheit. Es überrascht nicht, daß ein Priester und starker Kriegsgegner den Nazis zuwider war; Metzger wurde zuerst 1939, dann endgültig 1943 gefangengenommen, bis er im April 1944 wegen Hochverrats hingerichtet wurde.

Während seiner ersten Verbannung im Gefängnis, schrieb Metzger einen bemerkenswerten Brief an den neuen Papst Pius XII.[73] Ich gebe einige Auszüge aus diesem bewegenden Aufruf wieder, um etwas vom Geist dieses modernen Märtyrers zu vermitteln:

„Heiliger Vater! Die Not der Stunde – und durch sie spricht Gott zu uns – fordert uns nachdrücklich zu größtmöglichen Bemühungen auf, um die Zerstückelung der christlichen Kirche zu heilen, um Christi Reich des Friedens in der Welt wirksam zu machen ... Ich hoffe, Eure Heiligkeit wird es mir nachsehen, wenn ich – in aller Demut aber in wahrer Aufrichtigkeit – darlege, was meiner Ansicht nach bislang die Wiedervereinigung des Christentums verhinderte und was geschehen muß, um den letzten Wunsch unseres Herrn seiner

Verwirklichung näherzubringen ... Die Meinung der wohlwollendsten unter nichtkatholischen Christen ist, daß eine gewisse stolze Selbstrechtfertigung unsererseits uns daran hindert, die Fehler und Versäumnisse in unserer eigenen Kirche anzuerkennen, die Sünden und Fehler, durch die wir an der Schuld dieser Spaltungen teilhaben; sie hindert uns an dieser Bußfertigkeit, die wir, sagen sie, immer von anderen verlangen. ... Natürlich stimme ich diesen Kritikpunkten nicht zu ... und dennoch scheint es mir, aufgrund meiner reichen Erfahrung, daß diese Weigerung nicht auf Feindschaft beruht, sondern auf einem tiefen inneren Mißtrauen. Dieses kann nur überwunden werden, wenn Kirchenführer sich, in aller Demut, selbst prüfen, um zu sehen, ob in der Praxis und Verteidigung der Rechte von Kirchenautoritäten vielleicht manchmal eine gewisse Selbstbehauptung mitschwingt, die rein aus dem „natürlichen Menschen" entspringt ..."

Jeder, der mit der inneren Entwicklung der von uns getrennten Kirchen vertraut ist, wird die Wahrheit folgender Aussage eingestehen: daß dogmatische Unterschiede – wie ernsthaft und wichtig sie auch seien – nicht das hauptsächliche Hindernis für eine Wiedervereinigung sind. Viel wichtiger ist die geistliche Haltung auf beiden Seiten. Diese kann nicht bereinigt werden, indem man einfach von „Wahrheit" auf der einen und „Irrtum" auf der anderen Seite spricht, denn sie hat oft mit Spannungen zu tun, die nur in der Universalität der einen Kirche gelöst werden können, wie: Gott oder Mensch? Christus oder die Kirche? Geschriebenes Wort oder Tradition? Gnade oder Werke? Gesetz oder Freiheit? Gerechtigkeit oder Liebe? Buchstabe oder Geist? Gesetz oder Evangelium? Ein Sakrament oder eine spirituelle Religion? Populäre Frömmigkeit oder höhere Mystik? Eine nationale Kirche oder eine Weltkirche?[74]

Der erste große Aufruf von seiten eines katholischen Theologen zu einer ökumenischen Haltung kam von einem jungen französischen Dominikaner, Yves Congar (1904-1995), der im letzten Jahr seines langen Lebens von Papst Johannes Paul II. zum Kardinal ernannt wurde. Congar wuchs in Sedan nahe der belgischen Grenze auf, wo die Protestanten stark vertreten und sein engster Freund der Sohn eines reformierten Pastors war. Diese Samen sollten in seinem langen Leben Früchte tragen. Congars erstes Buch, *Chrétiens Desunis* (Entzweite Christen, 1937) lieferte einen theologischen Hintergrund für das pastorale und geistliche Apostolat Couturiers. Die Positionen von Metzger und Congar in den 30er und 40er Jahren mögen für postkonziliare Katholiken nicht sehr radikal erscheinen, aber in der posttridentinischen Kirche schlugen sie einen neuen Ton an. Am meisten entfernten sie sich von den überlieferten Haltungen, indem sie der Meinung widersprachen, daß der einzige Weg nach vorn in individuellen „Bekehrungen" liege, sowie durch ihren Aufruf zu Maßnahmen für eine Versöhnung der getrennten Kirchen. Zum ersten Mal seit der Reformation behandelten katholische Theologen die protestantischen Kirchengemeinschaften als christliche Einheiten, die – wenn auch in unvollkommener Weise – das Leben der Gnade weitergeben. In einem anderen bedeutenden Buch, *Vraie et Fausse Réforme dans l'Eglise* (Echte und falsche Reform in der Kirche, 1950),[75] spricht Congar das heikle Thema des vorkonziliaren Katholizismus und die konstante Notwendigkeit einer Reform der katholischen Kirche an.

Das Laienapostolat

In den Jahrzehnten vor dem Zweiten Vatikanischen Konzil war es auch wichtig, daß den Laien in der katholischen Kirche eine wachsende Bedeutung beigemessen wurde. Diese Entwicklung erhielt einen Antrieb durch Pius XI., der oft Papst der katholischen Aktion genannt wude, denn er sah in der Mobilmachung der Laien einen wesentlichen Gegenzug zur voranschreitenden Säkularisierung. In dieser Zeit Pius XI. kamen Bewegungen wie die Legion Mariens und die Jungen Christlichen Arbeiter auf. Pius XI. war es auch, der die hl. Thérèse von Lisieux (1873-1897) heiligsprach und ihren „kleinen Weg" vollkommener Liebe als Modell für ein heiliges Leben aller Katholiken hervorhob. Der Einfluß der hl. Thérèse auf das katholische Leben fand sowohl in einer Form von populärer Spiritualität, die alle Ebenen der katholischen

Laien berührte, wie auch in einer auf die Liebe Jesu zentrierten Frömmigkeit Ausdruck.

Die vierzig Jahre seit Beginn des Pontifikats von Pius XI. im Jahre 1922 bis zur Eröffnung des Zweiten Vatikanischen Konzils waren die Jahre des „Laienapostolats". Darunter wurde die Gewinnung von Laien verstanden, um den Dienst der Hierarchie zu unterstützen. P. Congar trug auch bedeutend zur Förderung der Laien durch sein großes Werk, *Lay People in the Church* (Laien in der Kirche, 1957)[76] bei. Ein wichtiger Gesichtspunkt von Congars Arbeit war, daß sie die Rolle der geistlichen Hierarchie in eine Beziehung zu Christus als den Weg (und das Mittel) stellte, und die Rolle aller Mitglieder des Leibes in eine Beziehung zu Christus als das Leben, wobei die Mittel im Dienst des Lebens stehen. Dies war ein Schritt, der wegführte von einer pyramidenförmigen Vorstellung der Kirche und der das christliche Amt stärker unter dem Gesichtspunkt des Dienstes sah.

Während des Pontifikats von Pius XII. (1939-1958) gab es wichtige Fortschritte, was die offizielle Anerkennung dieser Erneuerungsströme durch die Kirche betraf. Verschiedene Enzykliken von großem Gewicht und Reichtum bestätigten und förderten dieses erneuernde Werk des Herrn: *Mystici Corporis Christi* (1943) handelte von der Kirche, *Divino Afflante Spiritu* (1943) setzte sich mit der Heiligen Schrift auseinander und *Mediator Dei* (1947) widmete sich der Liturgie als Gebet der Kirche. Alle drei Schriften waren eine bedeutende Vorbereitung auf die Lehren und Reformen des Zweiten Vatikanischen Konzils.

Auf anderen Gebieten authorisierte Pius XII. geringere Fortschritte, die nichtsdestotrotz zu einem langfristigen Wachstum von erneuernden Gruppierungen beitrugen: Zum Beispiel öffnete die Römische Unterweisung von 1950 über die ökumenische Bewegung zwar nicht direkt die Türen für eine umfassende katholische Teilnahme, aber sie erkannte die ökumenische Bewegung doch als eine Antwort auf ein Wehen des Geistes Gottes an. In gleicher Weise versuchte die Ansprache des Papstes an dem 1957 stattgefundenen Kongreß über das Laienapostolat, eine größere Miteinbeziehung der Laien in die Mission der Kirche zu fördern, aber seine

Perspektive blieb die eines Laienvolkes, dem gestattet war, das Apostolat der Hierarchie zu unterstützen; es galt als für die Laien angemessene Aufgabe, die Gesellschaft zu verwandeln und zu heiligen. Ein theologischeres Verständnis der Laien in der Kirche wartete auf die Arbeit des Zweiten Vatikanischen Konzils. In den 50er Jahren führte Pius XII. auch die weltweite Reform der lateinischen Liturgie ein: indem er die Feier der alten Ostervigil in der Karwoche wieder einführte; indem er das eucharistische Fasten einschränkte und die Meßfeier an Abenden gestattete. Dies waren ebenfalls Vorboten dessen, was sich noch ereignen sollte.

Kapitel 11

Das Zweite Vatikanische Konzil und die Folgezeit

Papst Johannes XXIII. und das Konzil

Nur drei Monate nach seiner Wahl kündigte der 77jährige Papst Johannes XXIII. (1958-1963) die Einberufung einer Generalversammlung aller Bischöfe der katholischen Kirche an. Vom Papst wurde dieses Ereignis als „plötzliche Inspiration" beschrieben, das erste Konzil nach fast einem Jahrhundert, und erst das zweite seit der Reformation. Die durch das Konzil hervorgerufenen Erwartungen waren stark von der Persönlichkeit und dem persönlichen Einfluß von Papst Johannes geprägt. Er zeigte ein offenes Herz für alle und alles; er sprach wohlwollend von anderen Christen; er hatte offensichtlich keine Angst vor Veränderungen. Er machte deutlich, daß das Konzil ein pastorales Ziel verfolgte und eine Erneuerung der Kirche anstrebte, die ihren Einfluß auf die Welt vergrößern würde. Es sollte ein Konzil der Erneuerung sein. Der Papst selbst bereitete ein Gebet vor, das die Katholiken für das Konzil beten sollten und das mit den Worten begann, „Erneuere, oh Herr, Deine Wunder in unseren Tagen wie zu einem neuen Pfingsten".

Während das Verfassen von Dokumenten, so gut und inspirierend sie auch sein mögen, keine Garantie für veränderte Herzen und Leben darstellt, kann die Bedeutung der Arbeit des Zweiten Vatikanischen Konzils für eine katholische Erneuerung kaum überbewertet werden. Erstens war der vier Jahre lange Prozeß für die Bischöfe selbst eine Arbeit der Umschulung und Erneuerung. Er öffnete buchstäblich die Augen vieler, besonders aus der englischsprachigen Welt, die nicht so sehr in die vorbereitenden Ströme miteinbezogen waren wie die Bewohner des europäischen Festlands. Zweitens hatten die erarbeiteten Dokumente eine offizielle Autorität für die gesamte katholische Kirche, und würden somit für viele kommende Jahrzehnte als praktische Richtlinien dienen.

Das Schlüsseldokument, das beinahe alle anderen Dokumente einordnet (es gab insgesamt 17), ist die dogmatische Konstitution über die Kirche, die wie alle Enzykliken nach ihren ersten lateinischen Worten benannt ist, *Lumen Gentium*. Die Bischöfe wiesen einen ersten Entwurf dieses Dokuments zurück, der einfach die Hierarchie vor die Laien setzte, und fügten ein einleitendes Kapitel über das Volk Gottes hinzu, das sowohl den Klerus als auch die Laien einschloß, bevor dann nacheinander die Hierarchie, die Laien, die Berufung aller zur Heiligkeit und die Stellung der Ordensleute behandelt wird. Andere praktischere Dekrete über das Leben von Bischöfen, Priestern, Laien und Ordensleuten hatten ihre Lehrgrundlage in *Lumen Gentium*. Hierin findet sich ebenfalls die Anerkennung wieder, daß christliche Gläubige anderer Kirchen einen Teil, wenn auch einen nicht vollkommenen Teil, des einen Geheimnisses der Kirche darstellen.

Dies wurde im Dekret über den Ökumenismus, *Unitatis Redintegratio*, weiterentwickelt, in dem die katholische Kirche zum ersten Mal die Rolle anderer Kirchen in der Erlösung ihrer Mitglieder anerkannte.[77] Dieses Dekret verpflichtete die katholische Kirche in Gemeinschaft mit Rom ausdrücklich zur ökumenischen Bewegung. Von diesem Augenblick an wurde der Ökumenismus zum festen Bestandteil des katholischen Glaubens, obwohl die volle Reichweite dieses revolutionären Umschwungs erst viele Jahre später zum Tragen kam.

Ein weiteres Element in *Lumen Gentium*, das für eine katholisch-protestantische Annäherung von großer Bedeutung war, war die katholische Lehre über die Ortskirche. Über viele Jahrhunderte hinweg war die katholische Lehre über die Kirche fast ausschließlich auf die universelle, allumfassende oder katholische Kirche beschränkt, wobei die Tatsache vernachlässigt wurde, daß *ekklesia* im Neuen Testament sich auch auf den örtlichen Leib von Gläubigen bezieht. Das Zweite Vatikanische Konzil half dabei, wieder ein Gleichgewicht zwischen der universellen Kirche und der Ortskirche herzustellen und die Ortskirche (Diözese) nicht als Zweig einer universellen Organisation, sondern als örtliche

Manifestation der einen Kirche Christi zu sehen, die allumfassend und kosmisch ist.

Das Konzil bemühte sich, die Heilige Schrift wieder zum Mittelpunkt des katholischen Lebens zu machen. Die Rolle der Bibel wurde in der Konstitution über die Göttliche Offenbarung, *Dei Verbum*, dargelegt, die von der weitverbreiteten Formulierung Abstand nahm, daß die Heilige Schrift und die Tradition zwei (getrennte) Quellen der göttlichen Offenbarung wären, zugunsten einer viel differenzierteren Anschauung, die die Heilige Schrift und Tradition als untrennbar miteinander verwoben betrachtet. In diesem konziliaren Sinn bedeutet Tradition das gesamte Leben der Kirche, begründet auf dem Wort Gottes. Alle Konzilsdokumente begannen mit einer biblischen Grundlage; *Dei Verbum* rief zu einer Theologie auf, die vom Wort genährt wird: „Deshalb sei das Studium des heiligen Buches gleichsam die Seele der heiligen Theologie" (Abs. 24). Und weiter, „der Zugang zur Heiligen Schrift muß für die an Christus glaubenden weit offenstehen" (Abs. 22). Besonders hier öffnet das Konzil Kanäle für eine geistliche Erneuerung, eine Initiative, die die Praxis von unzähligen Katholiken auf der ganzen Welt verwandelte und einen neuen Hunger nach dem Wort Gottes wachrief.

Das Konzil konzentrierte sich lehrinhaltlich auf das Thema der Kirche als trinitarische Gemeinschaft, und mit der Liturgie war eine Eingangstür und das erste Gebiet einer praktischen Anwendung gegeben. In einer Reform der Liturgie[78] wirkte sich die konziliare Kirche praktisch aus: Sie öffnete sich für die Landessprachen, so daß die Liturgie von allen verstanden werden konnte; sie überarbeitete das Lektionar, um in den Lesungen auf eine weitere Auswahl von Schrifttexten zurückzugreifen;[79] sie revidierte Gebete und Handlungen, damit sie einfach werden und keine langen Erklärungen benötigen;[80] sie förderte die aktive Teilnahme des Volkes durch die Einführung von unterschiedlichen liturgischen Diensten, damit nicht mehr alles vom Priester vollzogen werde; sie ermutigte zu gemeinsamen Feiern anstelle von persönlicher Frömmigkeit.

Die pastorale Konstitution (eine neue Bezeichnung) über die Kirche in der Welt von heute, *Gaudium et Spes*, griff die Vorstellung der Kirche als pilgerndes Volk in der Geschichte auf ihrem Weg zur Stadt Gottes wieder auf und bemühte sich um ein Verständnis der Welt von heute, seinen Gesellschaften, Kulturen und Einrichtungen im Licht des christlichen Glaubens. „Zur Erfüllung ... ihres Auftrags obliegt der Kirche allzeit die Pflicht, nach den Zeichen der Zeit zu forschen und sie im Licht des Evangeliums zu deuten" (Abs. 4). Diese Einschärfung sollte viele Katholiken der unmittelbar folgenden postkonziliaren Generation dazu inspirieren, dem Einsatz für Gerechtigkeit und Frieden in der Welt eine christliche Motivation und einen christlichen Rahmen zu verleihen.

Ein weiterer wichtiger Bestandteil der konziliaren Erneuerung äußerte sich in der Erklärung über die Religionsfreiheit, die ein vorwiegend amerikanischer Beitrag zum Konzil war. P. John Courtney Murray (1904-1967) war der Theologe, der diese Entwicklung ermöglicht hatte. Dieses Dokument beseitigte die letzten Grundlagen für das alte katholische Argument zugunsten einer staatlichen Unterdrückung von ketzerischen Gruppen; die Ansicht, daß „Fehler keine Rechte besitzen", wurde ersetzt durch die Lehre, daß jede Person Rechte besitzt, auch das Recht, ihren religiösen Glauben zu wählen und auszuüben.

Die Zeit nach dem Konzil

Die dreißig Jahre seit Ende des Zweiten Vatikanischen Konzils stellten sich als turbulenter heraus, als irgend jemand erwartet hätte. Viele Faktoren haben zu dieser Turbulenz beigetragen: die wachsenden Unsicherheiten der modernen Welt; der Schock vieler Katholiken über so radikalen Veränderungen nach jahrhundertelanger scheinbarer Stabilität; die berauschende Begeisterung über eine neue Freiheit in der katholischen Kirche und der Eifer für ein sorgfältiges Überdenken und Neueinschätzen der gesamten katholischen Tradition.

Viele haben den Eindruck, daß die errungenen fortschrittlichen Siege des Konzils von Rom zurückgeschraubt wurden. Andere sehen im Pontifikat von Johannes Paul II. eine

Rückkehr zur Vernunft nach einer Zeit von gesetzlosem Mangel an Disziplin und von Experimenten. In der Tat gab es in diesen dreißig Jahren kreative Wandlungsprozesse sowie auch Turbulenzen. Neben den neuen Bewegungen in der katholischen Kirche (die im nächsten Kapitel beschrieben werden), stieg das Bewußtsein der Laien merklich an. Eine beachtliche Explosion von theologischer Laienausbildung trägt seinen Teil dazu bei, besonders in den Vereinigten Staaten. Damit verbunden ist ebenfalls das Entstehen vieler Laiendienste, sowohl innerhalb der Liturgie als auch außerhalb in der Katechese und sozialen Initiativen.

Die in *Gaudium et Spes* bestätigte Notwendigkeit, die „Zeichen der Zeit" zu erforschen, ermutigte Katholiken dazu, sich mit bedeutenden Trends in der weltlichen Gesellschaft auseinanderzusetzen und ihnen mit christlichen Überzeugungen und Werten zu begegnen. Eine der wichtigsten dieser Entwicklungen ist die Befreiungstheologie, der erste Beitrag der lateinamerikanischen einheimischen Bevölkerung zur christlichen Lehre und Praxis. Eine weitere ist die Frauenbewegung, die vor allem in Nordamerika stark vertreten ist und verschiedene Formen des Feminismus annimmt, ihre Stimme erhebt und sich für die Rechte der Frauen in einer weitgehend von Männern geprägten Welt einsetzt. Beide dieser Ströme innerhalb der Kirche sind katholische Antworten auf weltliche Bewegungen und bemühen sich, einen christlichen und katholischen Ausdruck der Vision und des Ideals der jeweiligen Bewegung zu entwickeln. Sie werden von der Kirche deutlich anders unterstützt und aufgenommen als Ströme, die ausschließlich auf eine christliche Inspiration und Vision gründen.

In beiden Fällen reagieren die Kirchenautoritäten mit gewissem Argwohn und Vorsicht. Während sie anerkennen, daß in der Heiligen Schrift wie auch in der Kirchentradition eine Grundlage für eine soziale Befreiung und die Bestätigung der Würde der Frau gegeben ist, besteht doch die Sorge, daß diese Ströme tief von Ideen durchdrungen sind, die nicht mit dem Evangelium in Einklang gebracht werden können: im Falle der Befreiungstheologie die marxistische Anschauung des Klassenkonflikts, die zu einer gewaltsamen Revolution ermutigt, und eine materialistische Philosophie mit einer gänzlich diesseitigen „Eschatologie"; im Falle des Feminismus die Bekräftigung der Rechte der Frauen nicht nur gegenüber Männern sondern auch in einer Autonomie von Gott, was die Frucht ihres eigenen Leibes betrifft. Nichtsdestotrotz sind dies wichtige Ströme in der Kirche von heute, die in einer Betrachtung der Erneuerung nicht ausgeschlossen werden können, denn die Kirche kann sich nicht rechtmäßig weigern, die Wahrheit in diesen Strömen anzuerkennen.[81]

Die Verehrung der Jungfrau Maria, die lange ein entscheidendes Merkmal der katholischen Frömmigkeit war, nahm unmittelbar nach dem Konzil ein geringeres Ausmaß an. Mit knapper Mehrheit stimmten die Bischöfe dafür, Maria in die Konstitution über die Kirche miteinzuschließen, anstatt ihr ein eigenes Dokument zu widmen. Der während des Konzils erzielte ökumenische und liturgische Fortschritt implizierte die Notwendigkeit, eine Reform der marianischen Frömmigkeit einzuleiten, die sie nicht abschaffen würde (*Lumen Gentium* rief dazu auf, sie biblischer werden zu lassen); es war deutlich, daß zwischen einer Welt intensiver marianischer Verehrung und jener von liturgischer und biblischer Erneuerung eine große Kluft bestand. Während des Pontifikats von Johannes Paul II., das sehr stark die katholischen Wesensmerkmale und Identität betonte, kam es zu einem spürbaren Wiederaufleben marianischer Frömmigkeit; diese Entwicklung wurde auch sehr von den Ereignissen in Medjugorje in Bosnien gefördert, wo die Heilige Jungfrau nach Aussagen seit 1981 regelmäßig erscheint. Marianische Erscheinungen wurden auch aus verschiedenen anderen Ländern berichtet, wie der Ukraine, Ruanda, Ecuador und den Vereinigten Staaten. Diese Kreise weisen sowohl Elemente geistlicher Erneuerung auf (die mit diesen Erscheinungen verbundenen Botschaften rufen im allgemeinen stark zur Buße auf), als auch Frömmigkeitsmuster, die oft noch eine biblische Erneuerung benötigen.

Die dreißig Jahre nach dem Zweiten Vatikanischen Konzil machen deutlich, daß eine echte Erneuerung mehr als theologische Diskussionen und die Herausgabe eines Dekrets erfordert. Die zunehmend diskutierte Frage der „Rezeption"

(Aufnahme) muß mehr bedeuten, als Ideen anzunehmen, und mehr, als einem Dekret äußerlich Gehorsam zu leisten. Die Erneuerung schließt eine totale innerliche Aufnahme des Wortes Gottes mit ein, eine persönliche Auslieferung an den Heiligen Geist, der uns zu einem heiligen Leben und einer tieferen Gemeinschaft miteinander innerhalb des Leibes Christi beruft.

Was in den 90er Jahren ersichtlicher wurde ist, daß (1) ein Großteil der katholischen Kirche eine Epoche bedeutender Veränderungen erfuhr, aber noch keine tiefschürfende Erneuerung (dies ist genau bei jenen Katholiken der Fall, die die althergebrachten Formen der Verehrung gänzlich abwerten); und (2) dennoch viele Ströme geistlichen Lebens und geistlicher Energie in der katholischen Kirche durch Konzilsreformen freigesetzt wurden. In anderen Worten besteht ein wirklicher Grund zu großer Hoffnung, jedoch keiner für Selbstzufriedenheit und Eigenlob.

Welche Zeichen gibt es für diese Freisetzung neuer geistlicher Energie und Vitalität in der katholischen Welt? Erstens wird der Heiligen Schrift in der katholischen Kirche mehr Raum gegeben – durch liturgische Lesungen der Heiligen Schrift in den Landessprachen, durch die Ermutigung von Bibellesungen und -übersetzungen, durch die allmähliche Abschaffung der weitverbreiteten Haltung, daß eine Liebe zur Bibel irgendwie protestantisch sei. Die Folge war, daß eine Vielzahl von Katholiken einen neuen Durst nach der Heiligen Schrift verspürte, und dementsprechend neues Leben in der Kirche entstand.

Zweitens gibt es trotz Elementen einer Trivialisierung und Banalisierung in liturgischen Anpassungen immer mehr Orte, in denen eine lebendige Liturgie die Kluft überwindet, die Rosmini und Beauduin zwischen dem offiziellen Gottesdienst und echter Frömmigkeit beklagten. Interessanterweise kann beobachtet werden, daß diesem Prozeß liturgischer Erneuerung von seiten des Protestantismus und der Strömungen durch ein wachsendes Gespür für die Notwendigkeit eines gemeinschaftlichen, verkörperten und zeichenvollen Gebets entsprochen wird, das hinausgeht über den sogenannten „Lieder-Sandwich" und hinausgeht über die Formen, nach denen der Höhepunkt des Gottesdienstes die Predigt darstelle.

Drittens hat sich, obwohl eine gewisse wachsende Zentralisierung im Pontifikat Papst Johannes Pauls II. (seit 1978) nicht bestritten werden kann, der Stil und die Methodologie offizieller katholischer Lehre sichtlich erneuert. Johannes Paul II. gab viele Enzykliken heraus, die alle von seinem eigenen Denken geprägt sind, der Kombination einer christlichen personalistischen Philosophie und eines tief meditativen, mehr biblisch-theologischen Geistes. Man muß zum Beispiel nur die Enzykliken über den Heiligen Geist von Leo XIII. (*Divinum Illud*, 1897) und Johannes Paul II. (*Dominum et Vivificantem*, 1986) oder die Dokumente über die Laien von Pius XII. (1957) und Johannes Paul II. (*Christifideles Laici*, 1988) miteinander vergleichen, um die Veränderung und Vertiefung wahrzunehmen, die in der katholischen Lehre durch dieses Jahrhundert der Erneuerung stattgefunden haben.

Wie Johannes Paul II. anerkannte, war die außerordentliche Explosion neuer Bewegungen und neuer Glaubensgemeinschaften in der katholischen Welt von besonderer Bedeutung. Diese Entwicklung, die in der Zeit vor dem Konzil einsetzte, aber einen großen Auftrieb von ihm erhielt, ist für unser Thema sehr bedeutsam und wird im nächsten Kapitel behandelt.

Kapitel 12

Neue Bewegungen in der katholischen Kirche

Die Entschlossenheit Pius' XI. (1922-1939) zur Mobilisierung von katholischen Laien, um den wachsenden Unglauben und Atheismus der säkularen Gesellschaft, besonders der europäischen, zu bekämpfen, führte zu neuen katholischen Bemühungen in der Schulung und Ausbildung von Laien für das sogenannte „Laienapostolat". Die Laien sollten für das mobilisiert werden, was katholische Staaten traditionell die „Katholische Aktion" nannten. Die Katholische Aktion wurde stets von Priestern unter enger Aufsicht der Bischöfe organisiert.

Nichtsdestoweniger setzte zwischen den beiden Weltkriegen die Entstehung bedeutender neuer Bewegungen ein, die eine Vorahnung für spätere authentische Laienbewegungen gaben. Die vor dem Zweiten Weltkrieg entstandenen Bewegungen gehörten im allgemeinen, zumindest in ihren Ursprüngen, einer etablierten katholischen Welt an, die keine Notwendigkeit für eine tiefschürfende Erneuerung der katholischen Kirche sah. In ihnen wurden vielmehr Begabungen und Energien für die Verteidigung und Verbreitung der Kirche und ihrer Werte nutzbar gemacht. Dies war der Fall mit der **Legion Mariens**, 1921 gegründet von dem Iren Frank Duff (1889-1980), der gewöhnliche katholische Laien zu Werken der Barmherzigkeit und der Zurückgewinnung der Verlorenen anspornte. Die Legion Mariens wurde von einem Handbuch angeleitet, das jedes Detail der wöchentlichen Treffen vorschrieb und in erster Linie die Ungebildeteren ansprach, für die sie ein anerkanntes und wirksames Werkzeug für einen aktiven Dienst in der Kirche bot.

Opus Dei wurde in Spanien um 1928 von einem Priester, Josémaria Escriva (1902-1975) gegründet und ist, neben einer Sektion für Priester, sehr stark auf Laien ausgerichtet; es ist vor allem unter größtenteils gebildeten Katholiken vertreten, die bestrebt sind, ein Leben der Heiligkeit in der Welt zu führen. Die Vision von Opus Dei ist es, die Welt, vor allem die Berufe, mit einer geistlichen Botschaft und Motivation zu durchdringen, wobei sein Geist ziemlich hierarchisch geprägt ist und eine gewisse geheimnisvolle Sphäre gepflegt wird.

Aus der Zeit vor dem Zweiten Weltkrieg stammt auch die **Schönstatt-Bewegung**, die 1914 von einem deutschen Priester, P. Josef Kentenich (1885-1968) gegründet wurde; sie ist stark marianisch geprägt und setzt sich intensiv mit der Existenz von großem Leid auseinander (Kentenich übte einen beachtlichen Dienst im Konzentrationslager von Dachau aus und wurde später in hohem Alter von Kirchenautoritäten dreizehn Jahre lang in die Vereinigten Staaten ins Exil geschickt).

Eine der ersten katholischen Bewegungen mit einem deutlich moderneren Gesicht war die der **Christlichen-Arbeiter-Jugend** (CAJ bzw. YCW/Young Christian Workers), die „Jocistes", gegründet von einem belgischen Priester, Joseph Cardijn, späterer Kardinal (1882-1967). Cardijn war aus seinen Seminarzeiten tief betroffen von der Notwendigkeit, die Kluft zwischen der katholischen Kirche und der Arbeiterklasse zu überbrücken. Die Bewegung entfaltete sich in den Nachwirkungen des Ersten Weltkrieges. Cardijn bestand darauf, daß die Religion nicht vom Leben getrennt werden sollte, und bemühte sich, junge Katholiken zu Aposteln in ihrer Welt zu machen. Die Methode „Schauen, Urteilen, Handeln" wurde sowohl beim Studium der Heiligen Schrift als auch in ihren Lebenssituationen zu Hause und bei der Arbeit angewandt. Die CAJ engagierte sich in der Evangelisation und Ausbildung auf eine Weise, die zu Eigeninitiative und einem christlichen Durchdringen des Arbeitsumfelds ermutigte.

Die neuen katholischen Bewegungen mit einem ausdrücklicher erneuerungs-orientierten Charakter, der die Katholiken zur Heiligen Schrift und einer lebendigen Ausrichtung auf Christus als Mittelpunkt zurückführte, traten nach dem Zweiten Weltkrieg in Erscheinung. Eine der ersten war die **Fokolar-Bewegung**, die 1943 in Trient im vom Krieg heimgesuchten Italien von einer jungen Frau, Chiara Lubich (geb. 1920) begonnen wurde, die einen Ruf zu einem lebenslangen Zölibat für das Reich Gottes vernahm. Chiara Lubich schrieb über diese Zeit: „Wir waren sehr jung, doch jederzeit hätten wir unser Leben verlieren können. Die Schutzräume, in die wir flohen, waren vor Bomben nicht sicher. ... Wann immer wir zu den Schutzräumen gingen (bis zu zwölf Mal am Tag), nahmen wir das Evangelium mit.“[82] Chiara wurde zuerst zu dem Wort geführt, „Nicht jeder, der zu mir sagt: Herr! Herr!, wird in das Himmelreich kommen, sondern nur, wer den Willen meines Vaters im Himmel erfüllt" (Mt 7,21), und dann zu „Ein neues Gebot gebe ich euch: Liebt einander! Wie ich euch geliebt habe, so sollt auch ihr einander lieben" (Joh 13,34).

So wie die ersten Fokolarini in der Liebe zueinander wuchsen, wuchsen sie auch in der Liebe zum Herrn Jesus. „Indem wir untereinander gegenseitige und ständige Nächstenliebe übten, half uns Gott, die Worte der Offenbarung besser zu verstehen". Die Fokolarini betonten die Liebe zum gekreuzigten und verlassenen Jesus. Ein anderes Schriftwort, das zu Chiara Lubich sprach, war das Gebet Jesu zu seinem Vater „Alle sollen eins sein: Wie du, Vater, in mir bist und ich in dir bin" (Joh 17,21). Die Fokolarbewegung breitete sich rasch auf andere europäische Länder aus, und später auf andere Kontinente. Bis 1960 war es eine ausschließlich katholische Bewegung, aber dann trafen sie auf einige deutsche Lutheraner und teilten ihnen etwas von ihrer Vision und Erfahrung mit. Daraus folgte, daß sich die Fokolarbewegung unter Lutheranern verbreitete und sich seither auf viele andere Kirchen ausweitete, die Orthodoxen miteingeschlossen. Wie Chiara Lubich schrieb: „Wir wollen zusammen mit ihnen Jesus in unserer Mitte haben. Wenn wir getauft sind, kann Jesus in unserer Mitte sein. Und eines ist sicher: Der größte Theologe ist Jesus. Wenn er in unserer Mitte ist, ist er nicht nur als Liebe, sondern auch als Wahrheit gegenwärtig." 1987 lebten weltweit über 30.000 andere Christen, unter ihnen 13.000 Lutheraner und fast 8.000 Anglikaner, die Spiritualität der Fokolarini.

Eine katholische Bewegung, die in ihren Ursprüngen in gewisser Weise auf eine päpstliche Inspiration zurückgeht, war die **Bewegung für eine bessere Welt** (Movimento per un Mondo Migliore), gegründet von einem italienischen Jesuiten, P. Riccardo Lombardini. In den Jahren nach den Verwüstungen des Zweiten Weltkriegs kam Papst Pius XII. immer wieder von neuem auf das Thema eines geistlichen, moralischen und geschellschaftlichen Wiederaufbaus zu sprechen. Im Februar 1952 sagte der Papst: „Es ist die ganze Welt, die wir neu aufbauen müssen, von ihren Fundamenten aus – die wir umformen müssen vom Unkultivierten zum Menschlichen, vom Menschlichen zum Göttlichen; das heißt, nach dem Herzen Gottes."[83] P. Lombardini hörte in dieser Botschaft einen Ruf des Herrn und organisierte 1953 zwei Treffen, jedes mit 100 Priestern, aus denen ein Kurs „für eine bessere Welt" hervorging; dieser wurde das hauptsächliche Bildungsinstrument für die neue Bewegung. Er gründete auf der Lehre der Kirche als mystischem Leib Christi und war in drei Hauptteile gegliedert: I. Allgemein; II. Individuelle Erneuerung; III. Reform der gemeinsamen Aktion.[84] In der Bewegung für eine bessere Welt gibt es keine richtige Mitgliedschaft, sondern sie stellt eher eine Vision und Inspiration dar, die durch Exerzitien und Kurse vermittelt und durch ihren Hauptsitz bei Rom gefördert wird.

Verschiedene moderne katholische Bewegungen wurden mit einer klaren Vision für die Evangelisation derer gegründet, die nur dem Namen nach Katholiken sind, derer also, die nach den Worten von Kardinal Suenens „sakramentalisiert" aber nicht „evangelisiert" worden waren. Eine der ersten und wirksamsten war die **Cursillo-Bewegung**, die in Mallorca, Spanien, 1949 von einem emeritierten Bischof, Msgr. Juan Hervas y Benet (1905-1982) gegründet wurde. Der Cursillo, wörtlich „kleiner Kurs", war ein dreitägiges Treffen, normalerweise für jeweils dreißig bis fünfunddreißig Personen, bei dem sie mit den Grundwahrheiten des Christentums bekanntgemacht wurden (der ungekürzte Name der Bewegung war „Cursillos des Christentums").[85] Das anfängliche Ziel war es, Teilnehmern eine lebendige Erfahrung des grundlegenden christlichen Glaubens zu vermitteln, der sowohl persönlich als auch gemeinschaftlich war. Der erste Tag konzentrierte sich auf die Botschaft, der zweite auf die Glaubensantwort der Bekehrung und der dritte auf den in der Welt gelebten Glauben.

Die Cursillo-Bewegung breitete sich 1953 über die spanischen Grenzen hinaus aus und erreichte die Vereinigten Staaten erstmals 1962 (ihr *Leiterhandbuch* wurde zum ersten Mal 1964 ins Englische übersetzt). Ab diesem Zeitpunkt verbreitete sie sich rasch in der englischsprachigen Welt und wurde in einigen anderen Kirchen wohlwollend aufgenommen, vor allem in der anglikanischen Gemeinschaft. Cursillo beabsichtigte nie, getrennte Cursillo-Gemeinschaften zu gründen, die sich von den Ortskirchen abheben, sondern bietet weiterhin Kurse („Ultreya") zur vertieften Bekehrung und Förderung einer christlichen Belebung der Gesellschaft an.

Auch eine weitere katholische Bewegung mit dem Ziel der Evangelisation von Katholiken, die es nur dem Namen nach sind, stammte aus Spanien, und zwar das **Neo-Katechumenat**, gegründet von einem Laien, Francisco („Kiko") Arguello, in einer Barackenstadt bei Madrid im Jahre 1964. Kiko Arguello suchte die Armen auf, nur mit einer Bibel, einem Kreuz und einer Gitarre bewaffnet, und hatte vor, unter ihnen im Geist des französischen Sahara-Eremiten Charles de Foucauld (1858-1916) zu leben. Das Neo-Katechumenat wuchs aus dieser Erfahrung, das Evangelium mit den Armen zu teilen.

Anders als Cursillo strebt das Neo-Katechumenat die Einrichtung permanenter erneuerter Gemeinschaften seiner Mitglieder an, ein Aspekt, der in einigen katholischen Kreisen heftige Diskussionen hervorrief. Ihre Botschaft konzentriert sich auf die Verkündigung der Auferstehung Jesu als Angebot neuen Lebens im „neuen Adam"; auf den Weg des Glaubens und der Bekehrung; und auf die Gemeinschaft als Verwirklichung der Kirche. Bekehrung wird nicht als einzelne und entscheidende Erfahrung angesehen, sondern als eine wachsende Hinwendung zu Gott und eine zunehmende Abwendung von der Sünde. Die Katechese vom Wort Gottes hat zum Ziel, eine Erkenntnis des einen Gottes, ein Bewußtsein der Sünde und die Entdeckung des siegreichen Kreuzes als Zerstörung des Todes zu vermitteln.

Eine katholische Bewegung, die in Polen einen nachhaltigen Einfluß ausübte, ist bekannt als **Licht-Leben** (LL). Ihr Gründer war P. Franciszek Blachnicki (1921-1987), der in einem Nazi-Lager im Zweiten Weltkrieg ein Bekehrungserlebnis hatte, nachdem das Todesurteil über ihn verhängt worden war. 1951 wurde P. Blachnicki zum Priester geweiht und damit betraut, Exerzitien für Ministranten zu organisieren. Er arbeitete eine neue Form von zweiwöchigen Exerzitien aus, in denen ein Weg aufgezeigt werden soll, um Jesus im täglichen Leben nachzufolgen. 1957 startete P. Blachnicki eine landesweite Kampagne für Alkoholabstinenz, was ihm eine einjährige „Ruhepause" in einem Gefängnis einbrachte. Er arbeitete dann weiter für „Oase"-Exerzitien zur Glaubenserneuerung und fand in den Dokumenten des Zweiten Vatikanischen Konzils Unterstützung für eine biblisch begründete Erneuerung. Die daraus hervorgegangene Bewegung wurde 1976 Licht-Leben benannt: Ihr erstes Ziel war, Menschen zu Christus zu führen, so daß sie ihn aufnehmen und als Herrn ihres Lebens annehmen konnten. Zweitens führte LL Bekehrte zu einer neuen Reife in der Liebe zu Christus und zum Dienst an anderen. Drittens war sie bemüht, eine neue Umgebung zu schaffen, die von christlicher Liebe beseelt war. Die erneuerte Glaubensgemeinschaft würde eine neue, auf den Glauben begründete Kultur hervorbringen. Er sah, daß Katholiken von evangelikalen Protestanten eine wirksame Evangelisation erlernen konnten, und begann 1975 eine enge Zusammenarbeit mit Campus für Christus. Dies brachte LL die Beschuldigung eines „protestantischen Eindringens in die katholische Kirche" ein, und die Bewegung wurde von einer offiziellen Kirchenkommission abgelehnt, unter deren Mitgliedern sich der Kardinal Erzbischof von Krakau, der heutige Papst Johannes Paul II. befand. P. Blachnicki verteidigte diese Zusammenarbeit mit dem Argument, daß die ökumenische Bewegung in eine Sackgasse geraten war, weil „Versuche einer christlichen Einheit vom Prozeß der Erneuerung der Kirche und der Evangelisation getrennt wurden". Blachnickis Erkenntnis dieser Verbindung zwischen dem Ökumenismus und der Evangelisation bestätigt einen der roten Fäden, die sich durch dieses Buch ziehen.

P. Blachnicki kämpfte über viele Jahre hinweg einen ununterbrochenen Kampf mit den kommunistischen Behörden.

Während des harten Winters von 1977 wurde es ihm nicht gestattet, Kohle zu kaufen, um das LL-Zentrum in Südpolen zu heizen; so sandte er einen Aufruf an alle Mitglieder aus und Tausende von kleinen Päckchen mit je einem Stück Kohle trafen nach und nach im Dorfpostamt ein. In der Tat sollte das LL-Denken die geistliche Grundlage für einen Großteil der Gewerkschaftsbewegung Solidarnosc bilden, die eine so bedeutende Rolle im Widerstand gegen den Kommunismus spielte und den Weg für eine gewaltlose Revolution im Jahre 1989 ebnete.

Eine geistliche Erneuerungsbewegung, die recht langsam begann, war **Foyers de Charité** (FC), wörtlich übersetzt: Häuser der Liebe, die 1936 in Châteauneuf-de-Galaure im Drôme-Departement in Südostfrankreich gegründet wurde. FC stellt die Ausbreitung der geistlichen Lehren und des Lebens einer beachtlichen Mystikerin dar, Marthe Robin (1902-1981), die sich ab 1928 ausschließlich von der Eucharistie ernährte und 1930 die Wundmale Jesu auf ihrem Körper empfing; auf geheimnisvolle Weise erlebte sie neu Leiden, Tod und Auferstehung Jesu, Woche für Woche, einundfünfzig Jahre lang.[86] Marthe Robin war überzeugt davon, daß Gott ihr einen Priester senden würde, um die Arbeit zu leiten, die FC werden sollte. Als dieser Priester, P. Georges Finet (1898 - 1990), im Februar 1936 kam, prophezeite ihm Marthe, daß der Herr „ein neues Pfingsten der Liebe" über die Kirche senden würde, dem eine Erneuerung und Reinigung der Kirche vorausginge, und die einen großen missionarischen Vorstoß hervorbringen würde, an dem viele Laien beteiligt sein würden.[87]

Die von P. Finet unter Marthe Robins Inspiration und Führung errichtete FC-Bewegung besteht aus einem Verband von Häusern, in denen Laien, dem Zölibat geweihte Männer und Frauen, unter der Leitung eines Priesters ein Leben der Liebe, des Dienstes und der Einheit leben. FC unterstreicht sowohl die Einheit mit dem gekreuzigten Jesus als auch die Annahme der geistlichen Mutterschaft Mariens. Marthe Robin hörte den Herrn zu ihr sprechen: „Ich möchte, daß alle Mitglieder dieses Werkes Heilige sind, die durch das Beispiel eines tiefen, übernatürlichen Lebens und der ständigen

Ausübung der Liebe in jeder Prüfung ihre Hingabe ausstrahlen durch die Gabe ihrer selbst aneinander und an alle in einer totalen Selbsthingabe an Gott." FC verbreitete sich zuerst in Frankreich und den französischsprachigen Ländern Afrikas, und dehnte sich inzwischen auch auf viele andere Staaten aus; die Evangelisation, die Organisation von allen zugänglichen Exerzitien und die Gastfreundschaft sind für sie besondere Schwerpunkte.

Eine weitere bedeutende Bewegung in der heutigen katholischen Kirche ist **Comunione e Liberazione** (CL). CL wuchs aus einer Jugendbewegung unter Studenten, die ein junger Priester, Luigi Giussani (geb. 1922), 1954 in Mailand startete. Der Übergang zu CL ereignete sich mit dem Studentenaufruhr von 1968, als die der Bewegung angehörenden Studenten von der Sekundarstufe zur Universität übergewechselt waren. Im Gegensatz zu anderen katholischen Organisationen in Italien war CL nicht in einen männlichen und einen weiblichen Teil aufgeteilt. Giussani rang mit dem Wesen des Christentums und, wie es der Studentenschaft weitergegeben werden konnte. Er konzentrierte sich auf Christus als Zentrum des Kosmos und der Geschichte und auf die Gemeinschaft der Kirche als Ort der Gegenwart Christi in der Geschichte. Anders als Cursillo und die Fokolarini, richtete sich CL mehr auf den öffentlichen als auf den privaten Bereich aus. Jesus Christus wird in den Mittelpunkt gestellt, und der Christ muß Christus als Zentrum anerkennen; aber CL lehnt es ab, daß der christliche Glauben in die Privatsphäre verlegt wird, und ermutigt deshalb jeden Christen, Christus als Leben für die ganze Person zu ergreifen, die vor allem als eine mitten in der Gesellschaft stehende Person gesehen wird. So bauten Giussani und CL eine Vision für die Schaffung einer neuen christlichen Kultur durch die Evangelisation auf, die als Verkündigung Christi einer ganzen Person und einer ganzen Gesellschaft verstanden wird. Ihr Name weist auf eine Befreiung durch und für Gemeinschaft hin.

Anders als bei vielen anderen katholischen Bewegungen gibt es bei CL keine formelle Mitgliedschaft. Teilnahme geschieht durch persönliches Engagement bei Treffen und in Gruppen, die von den Idealen, den Prioritäten und der Vision von CL geleitet werden. Dies führt dazu, daß man einander in der Kirche Erfahrungen von Christus mitteilt, und diese regelmäßig miteinander geteilte Erfahrung und die sich daraus entwickelnden persönlichen Beziehungen sind es, die CL wirklich als zusammenhängende Bewegung auszeichnen. CL war bis Mitte der 1980er Jahre größtenteils auf Italien beschränkt und begann dann, sich auf andere europäische Länder und Amerika auszubreiten. Sie ist nicht die größte katholische Bewegung Italiens, aber fast sicher die einflußreichste und wahrscheinlich die umstrittendste. Aufgrund ihres Schwerpunkts auf der Umgestaltung des öffentlichen Lebens, wurden viele CL-Mitglieder in der italienischen Politik aktiv, und in manchen Kreisen wird CL als weitere Instanz kirchlicher Einmischung in politische Angelegenheiten betrachtet. Die Vorrangigkeit der geistlichen Ebene geht jedoch sehr klar aus Giussanis Lehren hervor, der versuchte, die Theologie des Schweizer Gelehrten Hans Urs von Balthasar (1905-1988), vielleicht des bedeutendsten und geistlich kreativsten unter den modernen katholischen Theologen, in CL umzusetzen. Im Herzen von CL gibt es eine Gruppe von Zölibatären, **Memores Domini** genannt, Menschen, die das Gedächtnis des Herrn leben, alles gemeinsam haben, in kleinen Gemeinschaften zusammenleben und in der Welt arbeiten, während sie sich der Keuschheit, der Armut und dem Gehorsam verpflichten, aber ohne religiöse Kleidung zu tragen oder ausdrückliche Gelübde abzulegen.

Eine ziemlich andersartige italienische Bewegung ist die **Gemeinschaft von Sant'Egidio**, die auf ein Treffen von römischen Gymnasiasten während der 1968er-Unruhen zurückgeht. Etwa ein Dutzend junge Männer und Frauen spürten, daß sie ihr Leben nicht länger für sich selbst leben konnten. Sie entdeckten Leben in der Heiligen Schrift, und fühlten, daß sie das Evangelium durch Solidarität mit den Armen in die Tat umsetzen sollten. Die Gemeinschaft umfaßt heute 15.000 Mitglieder und ist nach einer Klosterkapelle im römischen Stadtteil Trastevere benannt, wo sich ihre Mitglieder seit mehr als 20 Jahren jeden Abend treffen. Mailands Kardinal Martini sagt von ihnen: „Was mich an Sant'Egidio beeindruckt, ist die einzigartige Ergänzung eines tiefen Gespürs für Gebet und die

Heilige Schrift mit einem intelligenten Engagement für die Armen und für schwierige Fragen sozialer Gerechtigkeit." Wie die anderen modernen katholischen Bewegungen, die hier beschrieben wurden, hat Sant'Egidio die vorrangige Stellung von Gottes Wort und die Notwendigkeit für eine ausdrückliche Evangelisation wiederentdeckt. Als katholische Bewegung bemühte sich Sant'Egidio, ihren neuentzündeten Glauben in einer neubelebten Liturgie zum Ausdruck zu bringen, die ihr Verständnis der Kirche als Licht der Welt wiederherstellt und vertieft. Sant'Egidio spiegelt vielleicht ausdrücklicher als jede andere dieser neuen katholischen Bewegungen die Umsetzung der Dokumente des Zweiten Vatikanischen Konzils über göttliche Offenbarung, über Liturgie, die Kirche und die Kirche in der heutigen Welt in die pastorale Praxis wider.

Ihr Engagement für die Armen und für soziale Gerechtigkeit erweckte weltweit die Aufmerksamkeit der Medien, als in Mozambique eine Friedensvereinbarung zwischen der offiziellen Regierung und den Rebellen unterzeichnet wurde als Ergebnis von langwierigen und geduldigen Vermittlungen von Mitgliedern der Gemeinschaft Sant'Egidio. Mit dieser diplomatischen Tätigkeit wichen sie nicht von ihrer Vision ab oder nahmen gar eine politische Stellung ein. Ihr Einsatz für den Frieden in Mozambique wuchs aus ihrem Dienst an den Armen in diesem Land. Die verheerenden Auswirkungen des Krieges schmerzten sie sehr. Sie begannen, sich mit Anführern beider Seiten zu treffen, hörten ihnen zu und nahmen jede Person erst; darin entdeckten sie die Macht des Friedens, die in jedem engagierten Christen und besonders in der christlichen Gemeinschaft liegt. Seither setzen sie sich aktiv dafür ein, den sozialen Unruhen in Algerien ein Ende zu bereiten, indem sie ähnlich wie zuvor versuchen, zuerst die kämpfenden Parteien einzeln zu treffen und sie dann alle zusammenzubringen. Bis heute lehnt die algerische Regierung es ab, in solche Verhandlungen zu treten.

Diese Übersicht über das Entstehen von Laienbewegungen in der katholischen Welt des 20. Jahrhunderts zeigt zum einen eine ständig steigende Geschwindigkeit; mehr und mehr Initiativen für die geistliche Erneuerung und die

Mobilisierung von Laien schossen mit dem fortschreitenden Jahrhundert aus dem Boden. Zweitens ist deutlich, daß das Zweite Vatikanische Konzil ein Hauptantrieb in dieser Hinsicht war; es lieferte sowohl die Inspiration als auch die Theologie für ein Laienengagement, das nicht so sehr in irgendeiner Aufgabenübertragung durch die Kirchenautorität gründet, sondern vielmehr in der allen gleichermaßen zuteilgewordenen Taufe wurzelt. Drittens ist deutlich, daß viele dieser Bewegungen eine Vision von geistlicher Erneuerung haben, die zur Umwandlung von Gesellschaft und Kultur führt.

Teil IV
Die Gegenüberstellung beider

Kapitel 13

Ähnlichkeiten und Unterschiede

Es ist bezeichnend für die sich im Grunde genommen feindlich gegenüberstehenden Parteien, die Welt der Strömungen neuen Lebens, oder nennen wir sie die evangelikale Welt, und die römisch-katholische Kirche, daß die Geschichte der Ströme geistlicher Erneuerung in der einen fast gänzlich unbekannt in der anderen war. Das Selbstverständnis jeder „Seite" schloß, zumindest bis vor kurzem, die Möglichkeit der Anerkennung eines authentischen erweckenden und erneuernden Wirkens des Heiligen Geistes auf der anderen Seite aus. Dies sollte eine heilsame und schockierende Mahnung sein, in welchem Ausmaß sich ein blindes Vorurteil sogar auf die gottgeweihtesten und eifrigsten Bekenner Christi auswirken kann.

In der Tat wurde jede Seite von bemerkenswerten Männern und Frauen eines tiefen Glaubens an Jesus Christus genährt und inspiriert. Denken wir an die, die fast genau Zeitgenossen waren, die aber kaum von denselben Menschen anerkannt, geschweige denn bewundert wurden:

Alfon Liguori (1696-1787) und John Wesley (1703-1791)
Jean Vianney (1786-1859) und Charles Finney (1792-1875)
Cornelia Connelly (1809-1879) und Phoebe Palmer (1807-1874)
Johannes Bosco (1815-1888) und Charles Haddon Spurgeon (1834 - 1892)

Ähnlichkeiten

Bei der Betrachtung der Umrisse der Erweckungsströmungen in der protestantischen Welt und der Erneuerungsströme in der römisch-katholischen Kirche über die vergangenen 250

Jahre oder mehr, wird offensichtlich, daß es zwischen den beiden Seiten nicht nur Unterschiede gibt, sondern auch bedeutende und vielleicht bemerkenswerte Ähnlichkeiten. Zweifellos sind einige dieser Ähnlichkeiten nur Zeichen der Moderne, beide Seiten passen sich an und greifen auf die Formen und Fertigkeiten der modernen Welt zurück. Es sollte dennoch deutlich sein, daß die Ähnlichkeiten nicht glaubwürdig einfach auf parallele Formen der Modernisierung reduziert werden können. Die wichtigsten Ähnlichkeiten liegen vielmehr in der Konstellation: Christus – Evangelium – Bibel – Laien/alle Gläubigen.

Die zentrale Stellung Christi und des Evangeliums

Beide Seiten, sowohl die Strömungen geistlichen Lebens in der protestantischen Welt als auch die Erneuerungsströme in der römisch-katholischen Kirche, betonten die zentrale Stellung von Jesus Christus und seinem Sühneopfer am Kreuz. Eine ausgeprägte Ausrichtung auf Jesus, Kreuz und Sühneopfer, die zu Reue und persönlicher Bekehrungserfahrung führt, war immer eines der großen Wesensmerkmale des Evangelikalismus. Die großen katholischen Prediger jedoch, wie der hl. Alfonus und der hl. Paul vom Kreuz, um nur zwei zu nennen, predigten fortwährend die große Liebe Jesu des Retters für alle Sünder. Dieselbe Botschaft wurde von Predigern, die das Heilige Herz Jesu verehren, übermittelt.

Es gab natürlich einen großen Unterschied in Stil und Kontext zwischen dem evangelikalen und dem katholischen Ausdruck der Verehrung für den Retter und der Art und Weise, wie diese Gnade des Kreuzes aufgenommen wurde. Auf katholischer Seite wird die engste Parallele mit evangelikalen Predigern in religiösen Orden angetroffen, die sich der Predigt in Pfarreimissionen widmeten. Die Predigten während solcher Pfarreimissionen unterschieden sich stark von den gewöhnlichen Predigten des Pfarreiklerus und waren im allgemeinen von höherer Qualität.

Katholische Missionsprediger hoben das Kreuz hoch vor einer Versammlung, die wohl keine eifrigen Bibelleser waren; die evangelikalen Prediger hoben das Wort Gottes in einer

Kirche vor einem kahlen Kreuz hoch, das auch nur geringe Aufmerksamkeit erhielt. Katholiken konzentrierten ihre Botschaft der Liebe des Retters für die Sünder und die Botschaft der Versöhnung auf das Symbol des Heiligen Herzens Jesu. Protestantische Prediger hätten alle Symbole und „besonderen Verehrungen" verworfen.

Nichtsdestoweniger hatten beide Seiten einen großen Horror vor der Sünde, und sowohl protestantische als auch katholische Prediger beschrieben in allen Einzelheiten das Grauen, das den reuelosen Sünder erwartete (Whitefield und Liguori waren beide dafür bekannt). Beide waren besorgt darum, daß der reuevolle Sünder reuevoll blieb und nicht in die Sünde zurückfiel. Sie stimmten darin überein, obwohl beide Seiten eine vorurteilsvolle Vorstellung des anderen in diesem Punkt hatten: Die Protestanten klagten die katholische Beichtpraxis an, weil sie mit dem Sünder zu nachgiebig wäre, als ob häufige Beichte ein Ersatz für eine Änderung des Herzens wäre; die Katholiken interpretierten die protestantische Lehre über die Gerechtigkeit durch den Glauben als Gutheißen der Sünde, solange man nur glaubte, mit einem zeitweiligen Bezug auf den berühmten Ausspruch Luthers „pecca fortiter" (sündige stärker). In Wahrheit wußten beide Seiten so wenig über die tatsächliche Praxis und wirklichen Überzeugungen der anderen, daß das Vorurteil vorherrschte und jeglichen Austausch unter ihnen unmöglich machte. Die katholische Predigt bemühte sich zweifellos weniger darum, eine besondere Form subjektiver Erfahrung hervorzurufen, und war mehr darauf ausgerichtet, eine besondere Form der Praxis ans Licht zu bringen (sakramentale Beichte und Neugestaltung des Lebens). Aber wenn man die missionsartigen Predigten betrachtet, geht daraus deutlich hervor, daß die Prediger eine erfahrbare Frömmigkeit anstrebten und ermutigten.

Trotz der fast totalen gegenseitigen Ausschließung und Isolierung, erlaubten es manche Gemeinsamkeiten, daß von Zeit zu Zeit etwas von der einen Seite zur anderen übersprang, im allgemeinen von der katholischen zur protestantischen, ohne daß dadurch jedoch in irgendeiner Weise die Barrieren herabgesetzt wurden. Dies ist sowohl aus Liedern als auch aus Büchern ersichtlich. Ein katholischer Prediger in

England, Frederick W. Faber (1814-1863), war Urheber zahlreicher Lieder und frommer Bücher: und einige der ersteren fanden ihren Weg ins evangelikale Liedgut. Die französischen katholischen Autoren, Erzbischof Francois Fénelon (1651-1715) und Madame Jeanne Guyon (1648-1717), die beide bei den katholischen Autoritäten unter Verdacht standen, quietistisch beeinflußt zu sein, fanden eine Anhängerschaft unter Heiligungskreisen, wie es auch *Der geistliche Kampf* des Italieners P. Lorenzo Scupoli (1529-1610) tat.

Die Bibel

Während die protestantischen Erweckungsströme seit jeher an der Bibel festhielten und alle Bekehrten zur Bibellektüre ermutigten, waren Lektüre und Studium der Heiligen Schrift unter Katholiken größtenteils eine Entwicklung des 20. Jahrhunderts, die Frucht von Erneuerungsbewegungen. Die gelehrteren Ströme von theologischer und liturgischer Erneuerung setzten sich alle für einen Übergang von einer mehr scholastischen und metaphysischen Methode zu einer biblischeren und geschichtlicheren ein. Dasselbe verwirklichte sich auf der praktischen Ebene der populären katholischen Bewegungen wie den Fokolarini, Cursillo, Licht-Leben, Neo-Katechumenat und Sant'Egidio. Diese Bewegungen nahmen alle die Bibellektüre und das Bibelstudium in ihre Bildungsprogramme auf.

Die dogmatische Konstitution über göttliche Offenbarung des Zweiten Vatikanischen Konzils, *Dei Verbum*, ermutigte erstmals den einfachen Zugang aller katholischen Gläubigen zur Heiligen Schrift und sprach sich für eine Zusammenarbeit mit anderen Christen in der Bereitstellung von Übersetzungen aus (Abs. 22). Diese Distanzierung von alten katholischen Vorbehalten gegenüber einer „offenen Bibel" leitete ein, was in der Tat eine Revolution in der katholischen Frömmigkeit darstellt. Unter Katholiken besteht ein ganz neuer Hunger nach der Heiligen Schrift, der vielleicht auch durch die landessprachliche Liturgie und eine weitere Auswahl von Bibeltexten in der Messe gefördert wird. Populäre katholische Veröffentlichungen wie The Word Among Us, God's Word Today, The Bibel Today und Bible Alive (aus der englischsprachigen Welt), die Hilfestellungen für Bibellektüre und -studium bieten, sprossen aus dem Boden und fanden enormen Absatz. Diese Revolution schaffte eine große Barriere auf der Ebene der Volksfrömmigkeit ab und ermöglichte neue Formen der Gemeinschaft zwischen Katholiken und Protestanten in Nachbarschaftsgruppen und gemeinsamen Bibelstudien.

Die Laien

Einer der auffallendsten Wesenszüge dieser Ströme geistlicher Erweckung und Erneuerung unter Protestanten und Katholiken ist ihr ausgesprochen laienorientierter Charakter. Es ist wahr, daß die katholische Entwicklung hier der protestantischen nachhinkte: Der Laiencharakter war im Evangelikalismus seit seinen Ursprüngen bedeutend, wurde aber im 19. Jahrhundert noch verstärkt (Bibelgesellschaften, Jugendbewegungen, Glaubensmissionen). Innerhalb des Katholizismus entwickelte sich dieser Vorstoß der Laien jedoch größtenteils im 20. Jahrhundert.

Mit „Laiencharakter" wird erstens die Belebung und Bevollmächtigung von gewöhnlichen christlichen Gläubigen verstanden; zweitens die Tatsache, daß sowohl die Strömungen als auch viele der neuen katholischen Laienbewegungen eine Massendimension annehmen, da sie eine große Zahl von Menschen berühren. In diesem Punkt unterscheiden sie sich von kleinen Kirchengruppierungen, die eine Art geistliche Elite bilden.

Der Gleichheits- und Massencharakter der vier Strömungen geht am klarsten aus ihren Ursprüngen und ihrer frühen Entwicklung hervor. Alle vier Strömungen erfuhren auch spätere Ströme der Neubelebung ihres Strömungsgeistes: spätere Wellen evangelikaler Erweckung; neue Antriebe für Leben und Lehre der Heiligung; neue Wellen der Pfingstkraft (wie der New Order und der Latter Rain) sowie neue Auftriebe in der charismatischen Strömung (heute ersichtlich im „Toronto-Segen" und damit verbundenen Strömen). Diese plötzlichen Aufbrüchen von neuer Belebung sind alle Zeichen des egalitären Gesichtspunktes, daß alle Arten und Ebenen christlicher Gläubigen berührt werden.

Die neuen katholischen Bewegungen des letzten halben Jahrhunderts unterscheiden sich in ihrem Ethos, ihren Schwerpunkten und ihrem Stil. Einige haben einen ausdrücklicheren Laiencharakter als andere: Dies trifft offensichtlich auf jene zu, die von katholischen Laien gegründet wurden, z.B. die Fokolarini, Sant'Egidio und das Neo-Katechumenat; aber auch einige der von Priestern gegründeten Bewegungen haben oftmals einen starken Laiencharakter, weil sie stark auf eine Präsenz in der heutigen Welt ausgerichtet sind, z.B. die Young Christian Workers, Comunione e Liberazione, die Bewegung für eine bessere Welt.

Einer der Hauptunterschiede zwischen den Strömungen in der protestantischen Welt und den neuen Bewegungen in der katholischen Kirche liegt deutlich in der kirchlichen Eingliederung. Die katholischen Bewegungen können nur als solche bestehen, wenn sie ihren Platz innerhalb eines weiteren katholischen Lebens finden; eine volle Eingliederung in die historisch-institutionelle Kirche ist fester Bestandteil ihrer Vision. Im Gegensatz dazu haben viele Organisationen der Strömungen, z.B. die Lausanne-Konferenz, Keswick, die Internationale Charismatische Konsultation über Weltevangelisation, höchstens ein Ziel, den Kirchen zu dienen, sind aber nicht in die Kirche eingegliedert. Sie gehören mehr einer besonderen Strömung (evangelikal, Heiligungs- oder charismatisch) als einer bestimmten Kirche an.

Die interessanteste Ähnlichkeit zwischen den Strömungen und der katholischen Kirche könnte in den internationalen Organen liegen, die in der letzten Generation auf globaler Ebene entstanden sind. Sowohl die Hauptorgane der Strömungen (siehe sechstes Kapitel) als auch die größten katholischen Organisationen (siehe zwölftes Kapitel) sind internationale Bewegungen, bei denen Personal und Mittel gleichmäßig nationale und kontinentale Grenzen überwinden. Die meisten Organe der Strömungen stammen aus den Vereinigten Staaten, während die Mehrzahl der katholischen Organisationen ihre Wurzeln in Europa hat. Beide tendieren zu einer Ausrichtung auf die Jugend und investieren Energie in christliche Ausbildung, von seiten der Strömungen oft Jüngerschaftsschulung genannt. Aufgrund ihres internationalen und multikulturellen Charakters existieren sie auf einer Ebene, auf der sie nicht leicht mit den Organen der großen protestantischen Kirchen rivalisieren, da diese normalerweise auf ihr Ursprungsland beschränkt sind.

Es ist sicher von Bedeutung, daß die größten Durchbrüche in katholisch-evangelikaler Zusammenarbeit durch die modernen internationalen Laienorganisationen Campus und JmeM zustande kamen und daß ein herausragendes Beispiel einer Zusammenarbeit mit diesen beiden die katholische Bewegung Licht-Leben in Polen war. Diese internationalen Organe legen nicht nur eine größere organisatorische Flexibilität an den Tag als die von Konfessionen kontrollierten Körperschaften, was sie befähigt, ihre Tätigkeit zu entfalten, wo immer die Notwendigkeit und Offenheit besteht, sondern sie sind auch freier von theologischen Beschränkungen, die aus lehrinhaltlichen Kämpfen der vergangenen Jahrhunderte herrühren.
Es scheint also, daß die überkonfessionellen Organe wie Campus und JmeM den Charakter und die Begabtheit der Strömungen getreu widerspiegeln, die ihrerseits überkonfessionell sind. Vielleicht gibt es hier einige Parallelen auf der römisch-katholischen Seite, insofern als die neuen katholischen Laienbewegungen vielleicht die Kreise sind, die die erneuernde Gabe des Herrn durch das Zweite Vatikanische Konzil am umfassendsten darstellen. Einige bekannte Katholiken würden dies bestreiten, da sie sich sorgen, daß manche dieser neuen katholischen Bewegungen nicht genügend in der Ortskirche verwurzelt sind und zu exklusiv sowie übertriebene Ansichten bezüglich ihrer eigenen Bedeutung und Mittelpunktstellung haben. Es besteht jedoch kein Zweifel, daß das Zweite Vatikanische Konzil die Laien zu einer aktiven und engagierten Mitwirkung aufrief; und daß die Bewegungen dies in einer Weise ermöglichen, wie es durch konstante Bemühungen einer Erneuerung auf Pfarrgemeinde-Ebene nur schwerlich realisierbar ist. In dieser Hinsicht sind die Laienbewegungen wohl der charakteristischste Ausdruck der post-konziliaren katholischen Kirche.

Ökumenisch oder überkonfessionell

Die Strömungen begannen normalerweise als Bewegungen neuen Lebens, die viele Konfessionen umspannten. Die evangelikale Strömung hat diesen multi-konfessionellen Charakter in der protestantischen Welt deutlich beibehalten. Einige Strömungen haben neue Konfessionen hervorgebracht, oft aufgrund von kirchlichem Widerstand gegenüber ihrer Botschaft. Im Falle der Heiligungsströmung geschah dies in beachtlichem Ausmaß; aber bei den Pfingstlern war die Ablehnung umfassender. Wenn eine neue geistliche Strömung größtenteils Konfessionscharakter annimmt, verliert sie viel von ihrem ökumenischen Potential und tendiert auch dazu, ihren Laiencharakter zu verlieren, da Konfessionen gewöhnlich von ordinierten Amtsträgern geleitet werden.

Auf der römisch-katholischen Seite hatten die Erneuerungsströme schon ab einem frühen Stadium eine ökumenische Dimension, wie aus der bemerkenswerten Pionierarbeit von Dom Lambert Beauduin sowohl in der liturgischen als auch in der ökumenischen Bewegung ersichtlich ist. Auf dem Hintergrund der praktisch isolierten Stellung der römisch-katholischen Kirche zu Beginn des 20. Jahrhunderts äußerte sich die ökumenische Dimension jedoch mehr in Kontakten, Schriften und Freundschaften als in einer öffentlichen zwischenkirchlichen Zusammenarbeit und Diskussion. Die Geschichte der katholisch-anglikanischen Malines-Gespräche in den 20er Jahren veranschaulichen die Grenzen dessen, was damals möglich war, und das feindselige Klima, das überwunden werden mußte, bevor ein regelmäßiger und öffentlicher Dialog einsetzen konnte.

Mit dem ökumenischen Durchbruch beim Zweiten Vatikanischen Konzil war jedoch die Tür geöffnet, so daß Kreise der Erneuerung in der katholischen Kirche sich über eine anfängliche theologische Sympathie hinausbewegen und wirklich ökumenisch tätig werden konnten. Dies kann in der Fokolarbewegung gesehen werden, die seit den 60er Jahren orthodoxe, anglikanische und lutherische Zweige entwickelt hat; und in der Cursillo-Bewegung, die in der anglikanischen (episkopalen) Kirche wohlwollend aufgenommen wurde. Andere katholische Bewegungen wie Licht-Leben begrüßten

Mitwirkungen in Schulungen und Fachwissen über Evangelisation aus evangelikalen Quellen. Dieser Austausch wird natürlich besonders ausgeprägt in Bereichen der katholischen charismatischen Erneuerung wiedergefunden.

Die Unterschiede

Ekklesiologie (Kirchenlehre)

Einer der herausragendsten Unterschiede zwischen den Entwicklungen im Protestantismus und im Katholizismus ist, daß die Strömungen unter Protestanten zu inter-konfessionellen (oder konfessionslosen) Formen neigten, während die katholischen Initiativen innerhalb der katholischen Kirche als katholische Organisationen oder Bewegungen gegründet wurden. Dies ist nicht nur eine organisatorische Variation, sondern spiegelt einen grundlegenden Unterschied wider, was die zentrale Stellung und das Verständnis von Kirche betrifft.

Das katholische (und orthodoxe) Verständnis der Kirche ist stark liturgisch und sakramental, so daß die Kirche auf Erden, die sowohl sichtbar als auch unsichtbar ist, am stärksten gegenwärtig und offenbar wird in der liturgischen Gemeinschaft, die sich in Christus versammelt, um den Vater zu preisen und vom Wort und Sakrament ernährt zu werden.[88] Die Kirche ist eine organische Wirklichkeit, in die die Mitglieder eingeschlossen und eingebunden sind durch vollzogene Riten, die den Glauben und das Bekenntnis der Kirche ausdrücken. Der katholische Begriff von Kirche ist dann wahrhaft in der sozialen Wirklichkeit eines identifizierbaren Volkes mit einer ununterbrochenen Geschichte begründet und verankert. Während die theologisch wesentlichen Elemente der Kirche die liturgisch-sakramentalen Strukturen von Dienst, Lehre und Gottesdienst sind, einschließlich der Beziehungen zwischen den Bischöfen und dem Papst als Bischof von Rom, wird die institutionelle Dimension durch ein detailliertes System von Kirchenrechten und offizieller Gerichtsbarkeit gesichert und geregelt. Kirchenerneuerung im katholischen Kontext schließt immer mit ein, daß das Gesetzlich-Rechtliche dem Theologisch-Liturgischen, und das Theologisch-Liturgische dem Wort Gottes untergeordnet wird, das aus der Heiligen Schrift kommt und durch die Tradition überliefert wurde.

Im Kirchenverständnis ist die Kirche auf Erden (die streitende Kirche) in Gemeinschaft mit der Kirche, die ihr vorangegangen ist, den Geretteten, die sich im Reinigungsprozeß befinden (die leidende Kirche) und den Heiligen in der Herrlichkeit (die triumphierende Kirche). Somit ist die katholische Lehre und ein in dieser Lehre geführtes Leben, das die Verehrung Mariens und der Heiligen betont, ein Ausdruck der Gemeinschaft in dem einen Leib Christi: einer der heikelsten Bereiche in den protestantisch-katholischen Beziehungen. Im Hinblick auf die extrem heikle Natur dieses Themas, besonders marianischer Verehrung, in der katholisch-evangelikalen Begegnung, wird es im vierundzwanzigsten Kapitel direkt angesprochen.

Zwar ist es nicht fair zu behaupten, wie manche Katholiken es taten, daß die Erweckungsströmungen kein Verständnis von Kirche haben, es stimmt jedoch, daß sie bei ihnen keine so zentrale und alles durchdringende Rolle spielt wie in der katholischen Vorstellung. Erweckungsströmungen waren mehr kirchenbewußt darin, daß sie die Kirche in erster Linie als Frucht der Evangelisation und weniger als deren Organ ansahen.

In der Tat ist eine der Früchte von Erneuerung, daß die Welt der Strömungen lernt, der Kirche mehr Aufmerksamkeit zu schenken in dem Maß, in dem Erneuerungsströme in der katholischen Welt das Verständnis von Kirche umwandeln von einem institutionell-verwaltungstechnischen zu einem zunehmend biblischen, organischen und geistlichen Schwerpunkt. Geistlicher bedeutet hier jedoch nicht, daß man äußerlich und innerlich, institutionell und geistlich gegenüberstellt, sondern indem das erstere zum Ausdruck des letzteren wird.

Die Unterschiede bezüglich der Rolle und zentralen Stellung der Kirche können mit Hilfe des Gegensatzes zwischen dem typisch protestantischen Ausdruck „Erweckung" und dem charakteristisch katholischen Ausdruck „Erneuerung" veranschaulicht werden. Beide dieser Begriffe sind Schlüsselbegriffe im Selbstverständnis der geistlichen Strömungen auf der einen Seite und der modernen römisch-katholischen Kirche auf der anderen. Es sollte jedoch bemerkt werden, daß der Ausdruck Erneuerung auch in verschiedenen Kreisen der großen protestantischen Kirchen angewandt wird. Denn, wie wir sehen werden, ist Erneuerung ein in sich mehr kirchenbezogener Begriff als Erweckung. Daher sind einige protestantische Kirchen mit einem soliden evangelikalen Bestandteil mit beiden Begriffen vertraut.

Es bleibt dennoch wahr, daß Erweckung für den Evangelikalismus und die darauffolgenden Strömungen ein so charakteristischer Begriff ist, wie dies für Erneuerung nicht zutrifft. Denn Erweckung war ein wesentliches Element der Identität der Evangelikalen, Heiligungsanhänger und Pfingstler, und diese Strömungen flossen immer über die Kirchengrenzen hinweg, da die großen protestantischen Kirchen nicht fähig waren, sie einzubinden.

Der Ausdruck Erweckung betont die souveräne Aktivität Gottes. Er gehört einer Welt mit einer protestantischen Betonung auf mangelnder Kontinuität an, in der das, was wirklich wichtig ist, durch unregelmäßige und unvorhersehbare Eingriffe eines souveränen Gottes geschieht. Im Gegensatz dazu weist Erneuerung auf eine Welt der Kontinuität hin, in der der organische Leib Christi durch den Lauf der Geschichte hindurch auferbaut und gereinigt wird.[89] Eine gewisse Vorstellung dieser Anschauung von Gottes Wirken über die Jahrhunderte hinweg findet sich im Apostolischen Brief über das dritte Jahrtausend von Papst Johannes Paul II.:

„In diesem Licht besehen, erscheint uns die ganze christliche Geschichte wie ein einziger Strom, dem viele Nebenflüsse ihre Wasser zuführen. Das Jahr 2000 lädt uns ein, mit aufgefrischter Treue und in vertiefter Gemeinsamkeit an den Ufern dieses großen Stromes zusammenzukommen: des großen Stromes der Offenbarung, des Christentums und der Kirche, der seit dem Ereignis, das sich vor zweitausend Jahren in Nazareth und dann in Bethlehem zugetragen hat, durch die Geschichte der Menschheit fließt" (Abs. 25).

In der evangelikalen protestantischen Welt, die so sehr von Erweckung und dem Wunsch nach Erweckung geprägt ist, gibt es eine Tendenz, sich auf den letzten oder den nächsten Schritt Gottes zu konzentrieren. Dies wird beispielhaft im Begriff „Wellen", der impliziert, daß jede neue Welle oder Woge bricht, nachdem die vorhergegangene am Ufer ausgelaufen ist. In dieser Sichtweise bemüht man sich wohl nicht immer sehr darum, jede Erweckung mit dem Gesamtplan Gottes in Verbindung zu bringen.

Das Individualistische gegenüber dem Gemeinschaftlichen

Das Strömungsdenken tendiert dazu, stark von dem individualistischen Ethos der modernen westlichen Gesellschaft beeinflußt zu werden. In der Tat haben die Strömungen in ihren unterschiedlichen Wesen seit den 30er Jahren des 18. Jahrhunderts sowohl den Rationalismus als auch den Individualismus der Aufklärung und seiner Nachwirkungen widergespiegelt und großgeschrieben. Im Gegensatz dazu bewahrte die katholische Kirche einen viel stärkeren Sinn für den Gemeinschaftscharakter der jüdisch-christlichen Tradition; demzufolge werden Katholiken, die von diesem Erbe geprägt sind, jede Person und Gnade in einem historischen Rahmen von Gottes fortwährenden Taten unter seinem Volk sehen.

Man kann diesen Gegensatz aber auch übertreiben. Es stimmt zum Beispiel nicht, daß der evangelikale Protestantismus keinen Sinn für das Gemeinschaftliche hätte und ausschließlich individualistisch wäre. Von den Puritanern wurde ihnen ein ganzes Erbe der zentralen Stellung des Bundes und der Kirche als Bundesvolk übermittelt, ein Verständnis, das in dieser Hinsicht stärker war als bei der katholischen Bevölkerung jener Zeit. Ebenso unzutreffend ist es, daß die katholische Kirche ein ungetrübtes strahlendes Zeugnis für die biblische Vision des Leibes Christi bewahrt hat, in dem jedes Mitglied eine wichtige Rolle spielt. Wie bemerkt, schloß die Erneuerung der katholischen Tradition eine Wiedergewinnung einer biblischeren Vision der Kirche mit ein, die sowohl geistlich als auch sichtbar, historisch sowie metahistorisch ist. In der Tat spielte Papst Johannes Paul II. eine wichtige Rolle dabei, indem er den Begriff der menschlichen Person in den Vordergrund stellte als ein im wesentlichen soziales Wesen, das mit anderen Personen in Beziehung steht. In seiner Lehre ist Jesus die Erfüllung von Gottes Plan für die menschliche Person und die Kirche die Offenbarung von Gottes Absicht für die menschliche Familie. Diese Vision muß aber noch im Geist und Herzen vieler Katholiken zum Leben erweckt werden, besonders in Nordamerika, wo die Kräfte des Individualismus und Konsumismus am stärksten vorgedrungen sind.

Eschatologie

Hier gibt es ebenfalls viele wichtige Unterschiede zwischen den Strömungen und der katholischen Kirche. Die Strömungen waren das wichtigste Saatbeet für eine Wiederentdeckung der Hoffnung auf das zweite Kommen Jesu, wobei dies weniger auf das 18., als auf das 19. und 20. Jahrhundert zutrifft. Im Gegensatz dazu haben Erneuerungsströme in der römisch-katholischen Kirche der Eschatologie bislang wenig Aufmerksamkeit geschenkt, obwohl in einigen marianisch beeinflußten Kreisen verschiedene apokalyptische Darstellungen aufkamen.

Das Wiedergewinnen von eschatologischer Hoffnung war besonders assoziiert mit Strömen der 20er und 30er Jahre des 19. Jahrhunderts, die anfänglich gegenseitigen Kontakt pflegten aber dann ihre Sympathie verloren: der Kreis, der sich in Albury in Surrey versammelte und zur Gründung der Katholischen Apostolischen Kirche führte, sowie die Gruppe, die in Powerscourt bei Dublin in Irland zusammentraf und die meisten der Männer versammelte, die die Entstehung der Plymouth-Brüder anführten. Beide Kreise hielten verschiedene Treffen über das Thema der Prophetie ab. Edward Irving (1792-1834), der eher ein Vorläufer als der Begründer der katholisch Apostolischen war sowie ein bemerkenswerter Theologe, übersetzte ein Werk über Eschatologie von einem Jesuitenpriester, Fr. Juan Lacunza aus dem Spanischen mit dem Titel *The Coming of the Messiah in Glory and Majesty* (übersetzt: Das Kommen des Messias in Herrlichkeit und Macht). Hier fand Irving die Jahrtausendlehre einiger der frühen Kirchenväter wieder, frei von der Dispensationslehre und der Entrückung der Kirche, die aus dem anderen von den Plymouth-Brüdern gebildeten Kreis stammten. Die Plymouth-Brüder, besonders von John Nelson Darby beeinflußt, legten Bibeltexte sowohl buchstabengetreu als auch bildhafter aus und neigten zur Schaffung von Systemen. Von Darby stammte das System der vor-millenniären Dispensationslehre mit dem Glauben an die plötzliche Entrückung der Heiligen unmittelbar vor der tausendjährigen Herrschaft Christi auf Erden. Obwohl die Plymouth-Brüder im Evangelikalismus nie zur großen Bewegung wurden, griff ihre Dispensationslehre schließlich auf die meisten Evangelikalen, Heiligungsanhänger und Pfingstler über. Die Dispensationslehre wurde von einem Pessimismus gegenüber der gegenwärtigen Welt und der Möglichkeit von sozialer Veränderung und Verbesserung begleitet; die Pflicht des Christen war es, sich selbst rein zu halten und die Befreiung der Entrückung zu erwarten.

In den großen protestantischen Kirchen war man nie sehr glücklich mit der biblischen Exegese, der Systemerrichtung oder dem Pessimismus der Anhänger der Dispensationslehre.

Ähnliche Haltungen herrschten unter römischen Katholiken vor, im allgemeinen war ihnen die Dispensationslehre jedoch unbekannt. Obwohl Bibelforscher im 20. Jahrhundert eine Reihe wichtiger Studien über die Eschatologie anfertigten, erzielten diese geringen Einfluß auf die meisten Kirchgänger. Außerhalb der evangelikalen, Heiligungs- und Pfingstkreise wurde wenig und selten über das zweite Kommen gepredigt, obwohl dieses Thema in allen historischen Liturgien eine wichtige Stellung hatte. Die Eschatologie wurde größtenteils denen überlassen, die als fundamentalistische Fanatiker abgelehnt werden. Es ist interessant zu sehen, daß sich Papst Johannes Paul II. in seinem Brief über die Ostkirchen (*Orientale Lumen*, Mai 1995) mehr auf die Eschatologie bezieht als in seinem Brief in Vorbereitung auf das dritte Jahrtausend; dies spiegelt vielleicht ein wohlüberlegtes Bemühen wider, keine wilderen Spekulationen über das Ende der Welt zu ermutigen.

Es gab jedoch auch außerhalb der Dispensationslehre Kreise, in denen der Heilige Geist wieder eine lebendige Hoffnung auf das zweite Kommen und die Auferstehung der Toten herstellte. Wir finden dies beim deutschen katholischen Autor Romano Guardini (1885-1968). Viele zeigen eine Verbindung mit der pfingstlerischen und der charismatischen Strömung auf: in Frankreich Louis Dallière (1897-1976) und die Union de Prière;[90] in Deutschland Mutter Basilea Schlink (geb. 1904) und die Evangelischen Marienschwestern von Darmstadt. In der katholischen charismatischen Erneuerung P. Ephraim und die Gemeinschaft der Seligpreisungen (ursprünglich Löwe von Juda genannt), die von der Union de Prière beeinflußt waren.

Im allgemeinen kann gesagt werden, daß eine lebendige eschatologische Hoffnung größtenteils innerhalb der Erweckungsströmungen entzündet wurde und erhalten blieb, obwohl sie dort von einer übermäßig rationalistischen, systematisierenden Mentalität behindert wurde, welche die Aufmerksamkeit zu leicht vom Zentrum der Hoffnung abwendet hin auf die formellen Einzelheiten und zeitliche Abfolge seiner Verwirklichung.

Im Gegensatz dazu haben sich die Erneuerungsströme in den großen Kirchen, den protestantischen und der katholischen, größtenteils wenig um die Eschatologie gekümmert, und es ist ihnen nicht gelungen, irgendwelche gelehrten Einsichten in eine lebendige Hoffnung zu verwandeln. Hauptausnahme ist die charismatische Strömung, wobei die eschatologische Hoffnung, die meiner Meinung nach mit der Geistestaufe einhergeht, hier in einer ihr verschlossenen Atmosphäre schwerer aufblühen kann, als in der evangelikalen und der pfingstlerischen Welt.

Kapitel 14

Der Beitrag
der charismatischen Bewegung

Die Erscheinung und Verbreitung der jüngsten geistlichen
Strömung, der charismatischen Bewegung, war es, die die
christliche Landschaft drastisch veränderte. Es ist wichtig,
dies anzuerkennen, da die Bedeutung der charismatischen
Bewegung oft an christlichen Leitern und Gelehrten vorbei-
geht, sowohl an jenen, die Erweckungsströmungen im allgemeinen nicht wohlgesonnen sind, wie auch an jenen, die den
früheren Strömungen gegenüber Offenheit zeigen, diese jüngste aber als am unklarsten definierte und zweifelhafteste der
vier Strömungen ablehnen. Die radikal neue Situation, die
durch die Entstehung und Verbreitung der charismatischen
Bewegung geschaffen wurde, offenbart sich in den neuen
gesellschaftlichen Schichten, die erreicht werden und nicht
von den vorhergehenden Strömungen berührt wurden, in der
Unterschiedlichkeit der neuen Gemeinden, die dadurch entstanden, und durch ihr größeres vereinigendes Potential.

Dieselbe Gabe in unterschiedlichen Kontexten

Die Ausbreitung des pfingstartigen Segens auf die
Großkirchen durch die charismatische Bewegung stellt die
Übermittlung und den Ausbruch desselben Segens, den die
Pfingstler erfahren hatten (von ihnen Taufe im Heiligen Geist
genannt), innerhalb der historischen Kirchen dar, die zuvor
die Pfingstbewegung ignoriert oder abgelehnt hatten.
Anglikaner und Lutheraner, Presbyterianer und Methodisten,
Baptisten und römische Katholiken empfingen nun dieselben
Gaben, erlebten dieselben Früchte und übten dieselben
Charismen aus, die der charismatischen Strömung gemein
sind.
Die Zeugnisse über die persönliche Erfahrung des Wirkens
des Heiligen Geistes und die Art und Weise, wie er empfangen
wurde, weisen alle auf die Identität der verliehenen Gabe hin.
Während die Terminologie natürlich den Kirchenhintergrund

der Empfänger widerspiegelt, sind doch die Zeugnisse des Wirkens des Heiligen Geistes in ihrem Leben bemerkenswert übereinstimmend. Die im Heiligen Geist Getauften berichten in der Regel von einer neuen Unmittelbarkeit in ihrer Beziehung zu Gott und einer neuen Erkenntnis und Liebe zu Jesus als Retter und Herrn, sie bezeugen neue Fähigkeiten für Lobpreis und Evangelisation, die Erfahrung von Geistesgaben und eine neue Hoffnung auf das zweite Kommen des Herrn. So kamen mit der neuen charismatischen Strömung spontan viele Formen des gemeinsamen Gebets auf mit dem Schwerpunkt auf Lobpreis, Formen des geteilten Dienstes und Zeugnisses, Formen des gemeinsamen Dienstes, sogar neue Formen von überkonfessioneller Gemeinschaft.

Wenn Pfingstler oder evangelikale Charismatiker die lehrinhaltliche Rechtgläubigkeit und Zuverlässigkeit von im Geist getauften nicht-evangelikalen Christen in Frage stellten, war das entscheidende Argument nicht die Lehre, sondern das Offenbarwerden des Wirkens des Heiligen Geistes. Einige wiesen auf die Bedeutung des Wortes Petri in der Apostelgeschichte 11, 17 hin: „Wenn nun Gott ihnen, nachdem sie zum Glauben an Jesus Christus, den Herrn, gekommen sind, die gleiche Gabe verliehen hat wie uns: wer bin ich, daß ich Gott hindern könnte?" Das Herabkommen des Heiligen Geistes sollte nicht zu einer Gleichgültigkeit gegenüber der Lehre führen, jedoch zu einer Neubesinnung und Vertiefung der Art und Weise, wie wir christliche Rechtgläubigkeit verstehen.

Die Ausbreitung auf neue Weiden
Römische Katholiken

Als sich die charismatische Bewegung Anfang 1967 auf die römisch-katholische Kirche ausbreitete,[91] geschah etwas, das einer Explosion gleichkam. Zum ersten Mal in der Geschichte trat eine geistliche Bewegung, die außerhalb der römisch-katholischen Gemeinschaft begonnen hatte, in ihr auf und wurde von den Kirchenautoritäten anerkannt. Eine so bemerkenswerte Entwicklung wurde durch das Dekret des Zweiten Vatikanischen Konzils über den Ökumenismus ermöglicht, das die Gegenwart und das Wirken des Heiligen Geistes in anderen christlichen Gemeinschaften anerkannt hatte. Nun, weniger als drei Jahre nach Abschluß des Konzils, wurden römische Katholiken im Heiligen Geist getauft, oft durch den Dienst von protestantischen Charismatikern oder Pfingstlern. Was den Teilnehmern unverzüglich deutlich wurde, war, daß es keine katholische Geistestaufe gab, die sich von der der Protestanten und Pfingstler unterschieden hätte. Diese Katholiken empfingen eine neue Unmittelbarkeit in ihrer Beziehung zum auferstandenen Herrn Jesus, eine neue Liebe für ihn und sein Wort, eine neue Fähigkeit, Gott zu preisen und ihn kraftvoll zu bezeugen, einen ausgeprägteren Sinn für die kommende Welt, die Erfahrung, den Herrn zu hören und seine Führung zu erleben, sowie Anteil an der Erfahrung der Geistesgaben von 1 Korinther 12,8-10. Im Geist getaufte Katholiken erfuhren dies nicht nur und übten es aus, wie auch ihre protestantischen Brüder und Schwestern, sondern sie entdeckten, daß sie es gemeinsam tun können.

Die Herausforderung, die in diesen unter Katholiken stattfindenden Entwicklungen steckte, wurde zuerst von Pfingstlern und Protestanten empfunden. Wie konnte so etwas in Rom geschehen? Oft war die erste Reaktion, daß die Katholiken, wenn diese Ereignisse authentisch waren, sehr bald die Unvereinbarkeit eines solchen biblischen Lebens nach dem Evangelium mit katholischen Dogmen bemerken würden; sie würden dann die Kirche verlassen und sich ihnen und ihrer Welt der reinen biblischen Lehre anschließen. Es wurde jedoch bald offensichtlich, daß die meisten der erneuerten Katholiken keine Absicht hatten, ihre Kirche zu verlassen und, zu häufigem Erstaunen der Protestanten, einen ausgeprägten Sinn für ihre Kirchenverbundenheit und die unterschiedlichen Merkmale ihrer Tradition aufzeigten.

Im allgemeinen wurden die Entwicklungen unter Katholiken von den meisten protestantischen Charismatikern wohlwollend aufgenommen, was aber nur bei wenigen Pfingstlern zutraf. Nicht nur, daß die Taufe im Heiligen Geist „ihre Sache" war, sondern die sehr missionarisch ausgerichteten Pfingstler waren sich auch bewußt, daß sie von der katholischen Kirche in Ländern wie Kolumbien und Italien lange verschmäht und verfolgt worden waren. Unter den Pfingstlern, die mutig die charismatische Erneuerung in der katholischen Kirche akzeptierten und freudig aufnahmen, waren Vinson Synan (geb. 1934), der pfingstlerische Historiker, heute Dekan der theologischen Abteilung an der Regent University in Virginia Beach, Virginia; der späte Jerry Sandige (1939-1992), ein Missionar in Belgien, dessen missionarische Anerkennung ihm aufgrund seines Engagements für den pfingstlerischen Dialog mit der katholischen Kirche abgesprochen wurde; Cecil M. Robeck (geb. 1945), ein Professor am Fuller Theological Seminary in Pasadena, Kalifornien, und heute Mitvorsitzender des katholisch-pfingstlerischen Dialogs. Ich erinnere mich besonders an einen bewegenden Augenblick während der Europäischen Charismatischen Leiterkonferenz in Paris 1982, als Alfred Missen (geb. 1916), ehemaliger Generalsuperintendent der Assemblies of God in Großbritannien, öffentlich Buße für seine bisherige antikatholische Haltung ablegte und dafür, daß er während der Fountain Trust Konferenz in Guildord 1971 aufgrund der Anwesenheit von katholischen Charismatikern den Raum verließ.

Die Anabaptisten

Die charismatische Strömung bewirkte auch die Überbrückung einer weiteren Kluft, und zwar zwischen den Strömungen neuen geistlichen Lebens und den anabaptistischen Traditionen der radikalen Reformation. Unter den Mennoniten und der Kirche der Brüder (Church of the Brethren)[92] trat eine ausgedehnte charismatische Erneuerung auf. In der Tat nahmen diese Kirchen in den Vereinigten Staaten die charismatische Erneuerung ernster als andere protestantische Kirchenführer.[93]

Die anabaptistischen Gruppierungen hatten wohl mit Aspekten der evangelikalen und der Heiligungsströmung sympathisiert, kamen jedoch nie vollständig mit ihnen überein. Es gab vielschichtige Gründe dafür, vielleicht waren sie verwurzelt in ihren Schwierigkeiten mit dem individualistischen Geist der Strömungen. Die anabaptistischen Kirchen behielten immer ein stärkeres gemeinschaftliches Zeugnis bei und eine Verpflichtung zu einem alternativen, auf dem Ethos der

Bergpredigt gegründeten Lebensstil (Gewaltlosigkeit, Pazifismus, Ablehnung von Schwüren, usw.). Wie der Mennonit C. Norman Kraus schrieb: „Ein ... Unterschied in der Ausrichtung zwischen dem Anabaptismus und dem Evangelikalismus ist in den Worten prophetisch und evangelistisch angedeutet. Der amerikanische Evangelikalismus legt eine große Betonung auf die Glaubensverkündigung, aber sehr wenig Betonung auf das prophetische Zeugnis".[94]
Vielleicht weil die anabaptistischen Kirchen zahlenmäßig nicht sehr bedeutend sind – und sie erhalten sicher nicht viel öffentliche Beachtung – wurde der volle Eintritt der anabaptistischen Christen und Kongregationen in die charismatische Strömung nicht für so wichtig angesehen. Er enthält jedoch das Potential einer bedeutenden Versöhnung und Annäherung zwischen der radikalen Reformation und den großen Reformationskirchen, die die Anabaptisten größtenteils mit so erbarmungslosem Eifer wie die römischen Katholiken verfolgten.

Messianisches Judentum

Von noch größerer Bedeutung ist das Entstehen des messianischen Judentums, auch eine Frucht der charismatischen Ausgießung. Diesem wurde ebenfalls zu wenig Aufmerksamkeit geschenkt, vielleicht, weil viele nichtjüdische Christen das messianische Judentum anfangs einfach als erfolgreichere neue Phase in der evangelikal protestantischen Mission an Juden betrachteten, denn die Evangelikalen hatten sich seit vielen Jahrzehnten stark um Israel und ihre Bekehrung bemüht.
In der Tat stellte das messianische Judentum mit seiner Wiederherstellung von Synagogen, in denen Juden Jesus als Messias im Rahmen jüdisch liturgischer Riten bekennen und ehren, eine erstaunliche neue Entwicklung dar, die zum ersten Mal seit den ersten christlichen Jahrhunderten eine deutlich jüdische Form des Glaubens an Jesus, den Christus, wiederherstellt. Es ist Ausdruck eines kreativen Wirkens des Heiligen Geistes mit einem grundlegend gemeinschaftlichen Charakter, indem es nicht nur einzelne Juden zum Glauben an Jesus als Messias führt, sondern Gemeinschaften errichtet,

die das jüdisch liturgische Jahr einhalten und eine jüdische Identität beibehalten.

Die Entstehung des messianischen Judentums ist für die christliche Einheit von herausragender Bedeutung, in erster Linie, weil die Natur der christlichen Kirche gemäß Epheser 3 die Einheit von Juden und Nichtjuden in dem einen Leib darstellt. Die messianischen Juden bergen prinzipiell das Potential in sich, ein kraftvoller Vermittler in der Überwindung von historischen Meinungsverschiedenheiten zwischen den Katholiken und Protestanten zu werden. Denn messianische Juden sind oder sollten mit den katholischen Vorstellungen einer historischen Kontinuität vertraut sein, da es Teil der jüdischen Identität ist, ein Sohn oder eine Tochter Abrahams und Teil einer langen Abstammung zu sein; das christliche Prinzip des liturgischen Gedächtnisses, des geistgeführten Gedenkens (*anamnesis*) an die Taten Gottes in der Heilsgeschichte, ist in der jüdischen Tradition verwurzelt. Auf der anderen Seite kommen messianische Juden größtenteils aus evangelikal-protestantischen Hintergründen, die die für die Geschichte der Kirche zentrale Stellung der persönlichen Bekehrung und des souveränen Eingreifens Gottes hervorheben; ihre eigene Existenz ist für sie ein neues Zeichen göttlichen Eingreifens.

Die neuen Kirchen

Wie im fünften Kapitel über die charismatische Strömung erwähnt, ereignete sich in der Zeit seit 1980 eine überraschende Explosion von neuen charismatischen Kirchen in beinahe jedem Teil der Welt. Die meisten von ihnen sehen sich in irgendeiner Weise als Teil der charismatischen Strömung. Sie tragen am meisten durch die Merkmale zur Neuheit der charismatischen Strömung bei, die sie von unabhängigen evangelikalen Kirchen und den Pfingstlern unterscheiden. Diese beinhalten generell unter anderem einen größeren Sinn für das gemeinschaftliche Leben der Kirche, für die Notwendigkeit, sich von den Einschränkungen eines Ein-Personen-Pastorenamts zu lösen, um Formen einer vereinigten Leiterschaft zu entwickeln, durch die eine weitere Bandbreite von Gaben und Diensten ausgeübt werden kann.

164

Die Folgerungen und Herausforderungen dieser Ausdehnung

Wie zuvor bemerkt, begann Gott durch diese vierte Strömung göttlichen Lebens, die Trennung zwischen den Lebensströmungen und der römisch-katholischen Kirche zu überbrücken. Durch die charismatische Bewegung traten diese zwei unterschiedlichen Welten, die evangelikale, Heiligungs- und Pfingstströmungen auf der einen und die römisch-katholische Kirche auf der anderen Seite, in einen gewissen Austausch miteinander. Diese Überbrückung bringt so weitreichende Folgen mit sich, weil diese zwei Welten sehr weit voneinander entfernt und einander in einem Maße verdächtig waren, daß jegliche Annäherung oder positive Kontaktaufnahme als unmöglich betrachtet wurde. Beide Seiten werden durch die Folgen eines derartigen Durchbruchs extrem herausgefordert werden, und diese benötigen zwangsläufig Zeit und Erfahrung, um erfaßt und später ausgewertet zu werden. Durch die in beiden Lagern aufgetretene charismatische Strömung neuen Lebens fordert der Herr beide heraus, ihre gegenseitige Feindseligkeit zu überdenken, und ruft zu beidseitiger Buße auf. Die gestellten Herausforderungen und die erforderte Reue werden in späteren Kapiteln erforscht.

Die charismatischen Strömung brachte mit ihrem Auftreten in der katholischen Kirche nicht nur eine neue Betonung auf die Kraft und die Gaben des Heiligen Geistes mit sich. Sie gab der katholischen charismatischen Erneuerung auch eine deutlich evangelikale Ausrichtung, besonders in den Gegenden, in denen die Erneuerung regelmäßig ökumenisch tätig ist. Dieser Punkt unterstreicht die gegenseitige Vernetzung der vier Strömungen in der protestantischen Welt, und wie wichtig es für die späteren Strömungen ist, ihr Fundament in ihren Vorgängern nicht zu verlieren. So schließt die Öffnung der katholischen Kirche gegenüber der charismatischen Strömung auch eine Offenheit mit ein, die Früchte der früheren Strömungen zu empfangen.

Diese Überbrückung bedeutet eine allmähliche Annäherung – notwendigerweise als Versuch und zunächst provisorisch – der sich ergänzenden Bemühungen um Erneuerung und Erweckung, eine Annäherung in der Bewertung von geschichtlicher Kontinuität und der Bestätigung von souveränen Eingriffen eines mächtigen Gottes, von Wort und Sakrament (bzw. dem vollzogenen Wort), von Charisma und Institution, von Kirchenautorität und geistlicher Freiheit, von Liturgie und freiem Gebet, von versammelter Kirche und angestrebter Gemeinschaft.

Die Möglichkeit einer reicheren Theologie der Strömungen

Die Ausbreitung der charismatischen Strömung auf Bevölkerungsgruppen, die zuvor nicht von der evangelikalen, Heiligungs- und Pfingstströmung durchdrungen wurden, eröffnete die Möglichkeit einer reicheren Theologie der Bewegungen innerhalb der Kirche. Die früheren Strömungen entwickelten nicht wirklich ein angemessenes Verständnis ihrer Beziehung zur Kirche und zu den Kirchen. Ihr theologisches Selbstverständnis beschränkte sich größtenteils auf die Terminologie von Erweckungen, und konzentrierte sich meist auf die Natur von Erweckungen und die Frage, ob sie vorbereitet bzw. vorangetrieben werden können oder nicht.

Da die Lehre des Evangelikalismus und der Strömungen stets strikt auf einer festen biblischen Grundlage bestand, litt ihr theologisches Verständnis des zeitgenössischen Wirkens des Heiligen Geistes an einer ungenügenden Auseinandersetzung mit den modernen Gegebenheiten aus Angst, ihnen mehr Bedeutung zuzumessen als dem Wort Gottes. So wurde wichtigen Elementen in der Pfingstströmung wie dem erneuten Auftreten von körperlichen Manifestationen des Geistes, ihrem postmodernen verbalen Charakter, ihrer spielerischen Leichtigkeit und ihrer geistlichen Wiedereingliederung der Massen nicht dieselbe Aufmerksamkeit gewidmet wie Themen, die offensichtlicher biblisch waren, wie der Beziehung zwischen der Geistestaufe und der Bekehrung/Wiedergeburt sowie den Geistesgaben.[95]

Die Ausbreitung der Strömungen neuen geistlichen Lebens über die Erweckungskirchen hinaus ermöglicht eine stärker herausfordernde und spannendere Theologie des hereinbrechend-eindringenden Wirkens des Heiligen Geistes innerhalb der und ohne die historischen Kirchen. Die theologischen Traditionen und Instrumente des neu erreichten Milieus können drei Dinge bewirken, die für Gottes Wirken durch die Strömungen sehr wichtig sind: Erstens können sie die naiven und übertriebenen Ansprüche entkräften, die manchmal für jede der neuen Strömungen erhoben werden von jenen, die kein authentisches oder bedeutendes Wirken des Heiligen Geistes an anderen Orten anerkennen; zweitens können sie die wirkliche Originalität und Kreativität der neuen Strömungen durch eine genauere und sorgfältigere Studie und Betrachtung ihrer Unterscheidungsmerkmale deutlich machen; und drittens können sie ausgedehntere historische Perspektiven geben zur Bereicherung der Kategorien der Erweckungskreise, innerhalb derer die Strömungen normalerweise verstanden und empfohlen werden.

Die charismatische Strömung hat somit ein größeres Potential, um sowohl den Erweckungstraditionen als auch der weiteren Kirche aufzuzeigen, daß diese Strömungen in der Tat eine tiefere und reichere Wirklichkeit enthalten als ihre Verfechter und Verteidiger oftmals vermittelten. Diese Wahrheit – daß jedes Werk Gottes tiefer und reicher ist, als unser menschlicher Geist es unmittelbar fassen kann – wurde durch die rationalistische und übertrieben selbstsichere Einstellung großer Teile der evangelikalen Welt überschattet.

Ökumenismus und Erneuerung

Die Ausbreitung der charismatischen Bewegung auf die römisch-katholische Kirche brachte auch eine starke neue ökumenische Ausrichtung mit sich. Die Pfingstler wie auch viele protestantischen Charismatiker standen der ökumenischen Bewegung mit großem Argwohn gegenüber; sie sahen darin einen menschlichen, stark von liberaler Exegese und Theologie geprägten Versuch, sterbende und geschwächte Kirchen zusammenzuflicken. Im Gegensatz dazu erfuhren katholische Charismatiker ihre neue Geistesgemeinschaft mit Protestanten und Pfingstlern instinktiv als Teil der ökumenischen Öffnung, die durch das Zweite Vatikanische Konzil ermöglicht wurde.

Die charismatische Bewegung konnte jedoch bis heute keinen bedeutenden Einfluß auf die Leiterschaft innerhalb der ökumenischen Bewegung ausüben. Trotz gelegentlicher

Bemühungen, den Weltkirchenrat (World Council of Churches) und einige nationale Kirchenräte dazu zu bringen, die charismatische Bewegung ernst zu nehmen, gab es hierin kaum einen Fortschritt. Nichtsdestoweniger waren einige ökumenische Fortschritte deutlich die Frucht der charismatischen Bewegung. Die Möglichkeit jeder Art positiver Beziehungen zwischen römischen Katholiken einerseits und Evangelikalen und/oder Pfingstlern auf der anderen Seite, ist größtenteils der geistlichen Frucht der katholischen Charismatiker zuzuschreiben, die die Zeichen ihrer Umkehr und Erfüllung mit dem Heiligen Geist offenbaren. Die wachsenden evangelikal-katholischen Beziehungen könnten ihrerseits den Theologen und Kirchenführern, die die offizielle ökumenische Tagesordnung überwachen, helfen, der neuesten und dynamischsten der geistlichen Strömungen und ihrem ökumenischen Potential größere Aufmerksamkeit zu schenken.

Eine der katholischen Beiträge zu dieser benötigten Annäherung ist die enge Verbindung zwischen dem Ökumenismus und der Erneuerung der Kirche. Diese Verbindung war der Stempel des ökumenischen Apostolats von Abbé Paul Couturier und das Herz dessen, was er „geistlichen Ökumenismus" nannte. Couturiers Lehre wurde später von den katholischen Bischöfen beim Zweiten Vatikanischen Konzil bestätigt und in das Dekret über den Ökumenismus eingefügt (Absätze 6-8). Diese Betonung auf geistlicher Erneuerung scheint trotz ihrer Bestätigung durch das Konzil in der ökumenischen Bewegung über die letzten zwanzig Jahre verlorengegangen zu sein. In der jüngsten Enzyklika von Papst Johannes Paul II. über Ökumenismus (*Ut Unum Sint*, 1995) wurde sie wieder bewußt gemacht. Es scheint in der Tat unwahrscheinlich, daß sie in vollem Maße wiedergefunden werden kann, ohne die Beiträge der vier geistlichen Strömungen, die die Erweckung und Erneuerung des geistlichen Lebens so direkt betreffen, in die ökumenische Vision zu integrieren.

Damit die charismatische Bewegung ihre volle ökumenische Frucht bringen kann, ist es notwendig, daß die katholischen Charismatiker den der Bewegungen innewohnenden ökumenischen Charakter bestätigen und daß die protestantischen Charismatiker ihre katholischen Brüder und Schwestern in ihrer katholischen Identität voll anerkennen. Dies ist ein Kampf, der noch lange nicht gewonnen ist. Die Versuchungen bleiben stark, daß Katholiken ihre in sich verschlossene katholische charismatische Erneuerung entwickeln, die nur zufällig mit der Bewegung in anderen Kirchen verbunden ist, und daß Protestanten katholische Charismatiker willkommen heißen, jedoch nicht ihre volle katholische Identität anerkennen. Es geht jedoch aus vielen Initiativen klar hervor, daß ein Eindruck vom Wehen des Geistes über alles christliche Fleisch tief in der charismatischen Strömung verwurzelt ist und daß dieser Impuls trotz aller Entmutigung immer wieder zur Oberfläche zurückkehrt.

Kapitel 15

Die Unterschiede zwischen Kirche und Strömungen

Seit Beginn dieser Studie geht deutlich hervor, daß es zwischen den, wie ich sie nannte, Strömungen neuen geistlichen Lebens in der protestantischen Welt (evangelikal, Heiligung, pfingstlerisch und charismatisch) auf der einen Seite und den alten Kirchen (besonders der katholischen und der orthodoxen) auf der anderen bedeutende Unterschiede gibt. Wenn es zwischen den beiden einen positiven Austausch und eine wirksame Zusammenarbeit geben soll, ist es notwendig, sich diese Unterschiede bewußter zu machen.

In der Tat leiten sich alle Unterschiede vom grundsätzlichen Gegensatz zwischen Kirchen und Strömungen ab. Die Kirchen sind organische Körperschaften, organisieren und drücken das gesamte Leben historischer Glaubensgemeinschaften aus, begründet auf Wort und Sakrament. Strömungen sind geistliche Ströme, deren Identität von der gemeinsamen Bestätigung grundsätzlicher Prinzipien und Prioritäten abhängt und die weder totale Glaubensgemeinschaften darstellen noch klar abgesteckte Grenzen besitzen.

Alle Unterschiede zwischen Kirchen und geistlichen Strömungen leiten sich aus diesem grundsätzlichen Gegensatz zwischen völligen Glaubensgemeinschaften und Bewegungen ab, die sich durch eine gemeinsame Vision und/oder gemeinsame Schwerpunkte charakterisieren. Diese Unterschiede wirken sich auf die Formen der Mitwirkung, auf Lehre, Gottesdienst, Bildung und Schulung, Dienst und missionarische Tätigkeit aus.

Formen der Mitwirkung

Alle Kirchen haben Mitglieder, die durch besondere Formen der Einführung beigetreten sind. Diese Formen der Initiation werden vor allem in den historischen Kirchen mit liturgischen Traditionen als etwas viel Bedeutungsvolleres verstanden als den bloßen Beitritt in eine Vereinigung; sie bedeuten unter anderem, mit dem Zeichen von Jesu Tod und Auferstehung versehen oder besiegelt zu werden und einen Teil des himmlischen Erbes von Gottes Volk zugesichert zu bekommen. Im Gegensatz dazu haben die Strömungen als Bewegungen keine Mitglieder oder Formen der Einführung. Die Strömungen haben Mitwirkende, die Menschen, die sich mit den grundlegenden Wesensmerkmalen der Bewegung identifizieren. Es gibt selbstverständlich viele strömungsartige Organisationen, in denen sich Mitgliedschaft nach Konfessionen oder Kongregationen richtet, wie die National Association of Evangelicals (USA) oder die Evangelical Alliance (GB), oder solche, in denen Mitgliedschaft eine individuelle Angelegenheit ist, wie die Evangelical Theological Society und die Society for Pentecostal Studies. Aber man wird nicht evangelikal durch die Mitgliedschaft in einer Vereinigung. Menschen treten bei, weil sie evangelikal sind, nicht, um evangelikal zu werden. So haben Kirchen Verfahren, mit denen Mitgliedschaft erworben wird, die Strömungen hingegen nicht.

Es sollte bemerkt werden, daß die Strömungen als ein charakteristisch modernes Phänomen in ihren Haltungen gegenüber Mitgliedschaft und Teilnahme Grundzüge widerspiegeln, die für die heutige Gesellschaft, besonders die westliche Welt, sehr typisch sind: eine viel größere Mobilität der Bevölkerung, eine breiter verfügbare Auswahl in fast jedem Lebensbereich, ein größeres Widerstreben gegen das Eingehen von absoluten und exklusiven Verpflichtungen. So ist die Vorstellung von Mitwirkung in der charismatischen Bewegung oftmals viel unverbindlicher und weniger klar definiert, als dies in den frühen Entwicklungen der vorangegangenen Strömungen der Fall war.

Lehre

Es ist Teil des Wesens einer Kirche, daß sie ein System von Glaubenssätzen hat, eine Zusammenstellung von Lehrinhalten, die die Kirche bezeugt und weitergibt. Diese Lehrinhalte werden normalerweise in ein Credo oder Glaubensbekenntnis gefaßt, das die für diese Kirche charakteristischen Glaubenssätze aufführt. Die Mitgliedschaft hängt normalerweise von der Annahme und dem Bekenntnis der Lehren ab, die im Credo oder dem Glaubensbekenntnis enthalten sind. Lebensströmungen haben im Gegensatz dazu etwas Eingeschränkteres; gewöhnlich haben sie lehrinhaltliche Überzeugungen, die die Bewegung charakterisieren. Aber diese bilden generell eher den Kern von zentralen Überzeugungen als ein vollständiges Credo. Die Strömungen haben also einige zentrale Lehrsätze, die sie betonen, aber sie gewähren im allgemeinen Freiheit bezüglich anderer Themen, die sie als weniger zentral ansehen. Während die Evangelikalen normalerweise starke Verfechter des Sühneopfers Christi als stellvertretender Handlung sind, nehmen sie keine ausschließliche Stellung zu Themen wie der Kindertaufe oder Ordination bzw. eine bestimmte Ansicht über das Amt ein, wozu Konfessionen im wesentlichen gezwungen sind. Wenn Strömungen jedoch neue Konfessionen hervorbringen, wie das bei der Heiligungs- und Pfingstbewegung beispielsweise der Fall ist, müssen die neuen Konfessionen Stellung zur Einführung von Gläubigen, zur Schulung und Beauftragung von Amtsträgern usw. nehmen. In diesem Prozeß ist es möglich, daß eine Strömung ihr Bewußtsein als Bewegung sowie einige ihrer Strömungsmerkmale verliert und sie mehr wie andere Konfessionsfamilien wird, die eine Gemeinschaft von Schwestern-Denominationen oder -Kirchen darstellen.

Gottesdienst

In ähnlicher Weise haben Kirchen besondere Formen des Gottesdienstes, durch die sie ihr Verständnis der Haltung der gläubigen Gemeinde vor dem dreieinen Gott ausdrücken. Die historischen Kirchen sehen ihre Liturgien als Ausdruck des Geheimnisses der Kirche an, in welchem die irdische Kirche mit dem Chor der Engel und Heiligen vor dem himmlischen Thron vereint ist. In den liturgischen Traditionen wurden die Formen des Gottesdienstes über die Jahrhunderte geprägt, während Konfessionen mit freieren Formen oft ungeschriebene Gebräuche haben, die ihre Gottesdienstordnung stark beeinflussen. Die Strömungen ihrerseits haben besondere Schwerpunkte in ihrem Gottesdienst, die die Ausrichtung ihrer Strömung widerspiegeln: So räumen Evangelikale stets der Predigt des Wortes einen zentralen Platz in ihrem Gottesdienst ein, und entwickelten Formen eines Aufrufs zu Bekehrung und Buße, durch Altarrufe und Entscheidungen für Christus; Pfingstler und Charismatiker geben einem ausdrucksstarken Lobpreis den Vorrang und gewähren Raum für die Ausübung von Geistesgaben. Die Mitwirkung in einer Strömung ist deshalb in sich recht gut vereinbar mit kirchlichen Gottesdiensttraditionen, wenn die Ausrichtung der Strömung ganz in die Formen einer bestimmten Kirche oder Konfession eingebracht werden kann.

Bildung und Schulung

Die geistlichen Strömungen brachten im allgemeinen neue Bildungs- und Schulungseinrichtungen hervor. Es ist nicht schwer, die Gründe dafür festzustellen. Die Strömungen wurden aus Erweckungen und erweckend-erneuernden Bewegungen des Geistes Gottes geboren. Die Leiter dieser Strömungen möchten ihre Schwerpunkte und Überzeugungen an kommende Generationen weiterreichen. So werden dann vielleicht Colleges und Seminare gegründet, die mehr strömungs- als kirchen- oder konfessionsgebunden sind. Solche Einrichtungen verpflichten sich den grundsätzlichen Überzeugungen und Schwerpunkten der Strömung (oder einem Teil der Strömung). In einer Gesellschaft wie den Vereinigten Staaten, in der viele Christen mehr dem Schwerpunkt einer Strömung als einer besonderen Kirche oder Konfession verbunden sind, könnte eine solche Einrichtung einer Strömung attraktiver sein und mehr bieten als jede, die einer bestimmten Konfession angehört.

Missionarische Arbeit

Kirchen bilden ihre eigene missionarische Arbeit und versuchen, ihre eigene Kirchentradition an neuen Orten fortzupflanzen. Je mehr sich eine bestimmte Kirche in ihrer Lehre mit der einen Kirche Jesu Christi identifiziert, desto mehr besteht sie darauf, ihre eigenen missionarischen Formen und Organisationen zu besitzen. Es gibt auch bedeutende Unterschiede zwischen der römisch-katholischen Kirche, die unter organisatorischem Gesichtspunkt eine Kirche weltweit bildet, und historischen protestantischen Kirchen, die auf nationaler Ebene organisiert sind. Die missionarische Arbeit der letzteren zielt im Endeffekt offensichtlich auf die Gründung von neuen nationalen Kirchen innerhalb ihrer konfessionellen Tradition ab.

Die Strömungen andererseits, die im wesentlichen alle einen starken evangelistischen und missionarischen Drang besitzen, gründeten rasch Missionsgesellschaften. Dies kann besonders am Phänomen der Glaubensmissionen gesehen werden. Solche strömungsbezogenen (nicht-kirchlichen) Missionen stehen jedoch unausweichlich vor dem Dilemma, was mit den neuen Glaubensgemeinschaften geschehen soll, die aus der Frucht ihrer Arbeit hervorgehen. Generell besteht die Wahl zwischen einer ständigen Überwachung aus der Ferne durch ein nicht-kirchliches Missionsorgan oder die Gründung einer neuen Denomination durch die von der Mission in einem bestimmten Land oder einer bestimmten Region gegründeten Glaubensgemeinschaften.

Autorität

Ein Unterschied, der all die bisher genannten unterstreicht, ist die Gegenwart von Autoritätsstrukturen innerhalb der Kirchen und die Abwesenheit jeglicher Autorität innerhalb der Strömungen. Jede Kirche besitzt notwendigerweise einige Autoritätsstrukturen, sei es bischöflich, presbyterianisch-synodal oder kongregationell. In den Strömungen als solchen kann es keinerlei überwachende oder organisatorische Autorität über eine ganze Strömung geben. Sie können höchstens über Dienstorgane wie die Evangelische Allianz verfügen, die bemüht sind, der evangelikalen Strömung in ihrer Region zu dienen; während solche Körperschaften die Kriterien für ihre Vereinigung bestimmen können, hat die Beziehung ihrer offiziellen Vertreter zur gesamten Strömung doch den Charakter eines Dienstes und unterscheidet sich von dem eines Kirchenleiters, sogar in Konfessionen, die auf nationaler Ebene als Föderation oder Vereinigung organisiert sind.

Die Vor- und Nachteile der Kirchen und Strömungen

Die Kirchen als das ganze Leben umfassende Glaubensgemeinschaften haben eine bestimmte äußere Form, die in der weniger strukturierten Welt der geistlichen Strömungen nicht in demselben Maße vorliegt. Die Kirchen sind somit in größerem Maße verkörpert; sie haben deutlichere Strukturen. Auf örtlicher Ebene sind sie in Pfarreien und/oder Glaubensgemeinschaften organisiert, auf regionaler oder Zwischenebene in Diözesen oder Distrikten und auf nationaler Ebene in Bischofskonferenzen (katholisch) und Konfessionsstrukturen (protestantisch).[96] Im Gegensatz dazu sind die Grenzen der Strömungen fließend, sie existieren sowohl innerhalb der Kirchen als auch außerhalb.

Der genauer abgegrenzte Charakter und die deutliche äußere Form der Kirchen ist zugleich Vor- und Nachteil. Von Vorteil ist, ein genauer definiertes Erbe und Zeugnis zu haben: Den künftigen Generationen kann etwas sehr bestimmtes mitgeteilt und weitergegeben werden. In den althergebrachten Traditionen liegt ein Reichtum, der nicht auf bloße Verhaltensmuster und geistliches Know-how reduziert werden kann. Auf der anderen Seite kann der Reichtum zur bloßen Vielschichtigkeit werden. Das in höchstem Maße detaillierte Glaubenssystem kann die zentralen, lebensspendenden Wahrheiten des christlichen Glaubens mehr verstecken als offenbaren. Im Gegensatz dazu haben die Strömungen den Vorteil einer klaren Ausrichtung auf das Zentrale und Lebensspendende. Sie vermitteln oft ein Gefühl von Vitalität, verglichen mit der verstaubten und schwerfälligen Routine, die oftmals in den Kirchen angetroffen wird.

Die Strömungen und an sie angelehnten Organisationen zeigen generell eine Flexibilität, die die Kirchen selten zu haben scheinen. Dies kann in Großbritannien in der Rolle gesehen werden, die die Evangelische Allianz bei den ausgesprochen erfolgreichen Spring Harvest-Tagungen (christliche Familienkonferenzen) spielt, die eine größere Anzahl von Christen versammeln als irgendein anderes regelmäßiges Ereignis im Vereinten Königreich. Es wird deutlich in der phantasievollen Gestaltung und der schnellen Verbreitung des Marschs für Jesus auf der ganzen Welt. In der jüngsten Zeit üben die

Promise Keepers („Männer, die Wort halten") unter Männern aus ganz Nordamerika eine ungeheuere Anziehungskraft aus und zeigen die Zugkraft einer Männerbewegung, die nicht auf irgendeine besondere Kirchentradition begrenzt ist, sondern auf Kernwerten des Evangeliums basiert, die von den geistlichen Strömungen betont werden.

Die neuen Gemeinden

Die neuen charismatischen Gemeinden, die in so vielen Ländern entstanden sind, kamen innerhalb der charismatischen Strömung auf und spiegeln die Vitalität und Flexibilität von Strömungen in ihrer vollen Blüte wider. Sie sind sich aber auch bewußter als viele vorangegangenen Strömungsgruppierungen, wie wichtig es ist, neue und erneuerte Gläubige in Gemeinschaften von lebendigem Glauben und wirksamem Zeugnis einzugliedern. Sie stehen somit an der Spitze von Gemeindegründungen. Sie setzen sich intensiv mit der Frage der Kirche auseinander, sind jedoch entschlossen, keine neuen Konfessionen zu schaffen; und so erprobten sie verschiedene Formen von Vereinigungen und Gemeinschaften, die ein Verständnis für Kirche über die rein örtliche Ebene hinaus widerspiegeln.

Demzufolge versuchen die neuen Gemeinden, die Flexibilität der Strömungen und zugleich den vollen Lebensstil der Kirche zu haben. Sie möchten in der Einheit des Leibes Christi leben, der die Strömungen dienen können, aber die sie selbst nicht besitzen. Und sie möchten nicht in die Bürokratie und Routine der Konfessionen verfallen. Ihre Leiter möchten Apostel, Propheten, Evangelisten, Pastoren und Lehrer sein, keine konfessionellen Amtsträger, Ratspräsidenten, Vorsitzende von Ausschüssen. In anderen Worten werden die neuen Kirchen aus den Strömungen geboren, besonders aus der charismatischen Strömung, hegen aber den klaren Wunsch, mehr als eine Strömung zu werden, ohne die für sie charakteristische Vitalität und die den Strömungen eigene Freiheit zu verlieren.

Die gegenseitige Ergänzung von Kirche und Strömungen

Die Tatsache, daß Kirche und Strömungen in Wirklichkeit

ziemlich verschiedene Arten von Einheiten sind, konnte es ihnen paradoxerweise erleichtern, Beziehungen zu pflegen und zusammenzuarbeiten. Denn Strömungen, die keine Kirchen sein wollen, behaupten sich nicht als Rivalen. Die Untersuchung ihrer Unterschiede offenbart keine innewohnende Feindseligkeit, sondern daß sie einander brauchen. Dies zeigt sich in der erneuernden Rolle, die die Strömungen weiterhin im Leben der historischen Kirchen spielen, sowie auch durch das Verlangen der neuen Gemeinden, Kirche zu werden, keine etablierte Kirche, sondern eine Kirche als organischer Leib, der wächst und sich bewegt.

Daß sich Kirche und Strömungen gegenseitig benötigen, wird durch die Herausforderungen noch deutlicher gemacht, die sie füreinander darstellen. Diese Herausforderungen, die die Strömungen für die Kirche und die Kirche für die Strömungen darstellen, werden im achzehnten und neunzehnten Kapitel untersucht. Es ist hier wichtig festzustellen, daß die Kirche und die Strömungen einander brauchen, genau aus dem Grunde, weil sie nicht dieselbe Art von Einheit sind. Sie sind keine Rivalen, die sich gegenseitig besiegen möchten, sondern sich ergänzende Werke Gottes, die sich benötigen, um das voll zu verwirklichen, wozu Gott jeden einzelnen berufen hat.

Kapitel 16

Die zwei göttlichen Sendungen

Es fällt uns vielleicht schwer, uns der Beziehung zwischen Kirche und Strömungen auf theologischem Wege zu nähern. Die erste Hälfte dieses Buchs widmete sich größtenteils einer historischen Zusammenfassung, um die rapide Ausbreitung und wachsende Bedeutung der geistlichen Strömungen im weltweiten Christentum zu verdeutlichen, während gleichzeitig Ströme intensiver Erneuerung in den Großkirchen, vor allem der römisch-katholischen Kirche aufkamen. Katholische Theologen messen der Theologie der Kirche oder der Ekklesiologie seit langem große Bedeutung zu, aber wenige setzten sich mit der Rolle der Erneuerungs- und Erweckungsströme und ihrer großen Bedeutung für die Ekklesiologie auseinander.[97] Evangelikale Gelehrte diskutierten häufig über die Theologie von Erweckungen, aber diese Schriften wurden selten in eine Kirchentheologie aufgenommmen.

Es scheint dem Autor, daß ein vielversprechender Weg der Annäherung in der Theologie der zwei göttlichen Sendungen liegt, der Sendung des Heiligen Geistes und der Sendung des Sohnes. Diese zwei Sendungen sind unterschiedlich, denn der Heilige Geist und der Sohn sind unterschiedliche Personen innerhalb der Trinität. Sie sind aber wesentlich miteinander verbunden, denn die drei Personen, die die göttliche Dreieinigkeit darstellen, bilden einen Gott. Beide dieser Missionen existieren in Ewigkeit in der Trinität, aber beide wirkten und wirken ad extra, das heißt „darüber hinaus", „außerhalb" der Trinität in der Schöpfung und Erlösung. Die Natur ihrer zwei Sendungen ändert sich nicht durch ihr extratrinitarisches Wirken, denn der Geist und der Sohn handeln in der geschaffenen Sphäre in Übereinstimmung mit ihrer ewigen Beziehung untereinander und ihrer ewigen Beziehung zum Vater.

In der Inkarnation offenbart sich die Unterschiedlichkeit der beiden Missionen des Geistes und des Sohnes am deutlichsten, denn in der Inkarnation offenbart sich die Dreieinigkeit.

In der Inkarnation nimmt der Sohn erst durch die Sendung des Geistes menschliches Fleisch an und wird von der Jungfrau Maria empfangen, wie das Apostolische Glaubensbekenntnis besagt. Erst durch den Geist kann der Sohn seinen Dienst auf Erden erfüllen, der mit seiner Taufe im Jordan beginnt. Erst durch den Geist ersteht Jesus von den Toten. In keinem Moment des Lebens und Dienstes Jesu ist der Heilige Geist nicht gegenwärtig und aktiv, obwohl die Gegenwart des Heiligen Geistes in Jesus mit seiner Taufe intensiviert und sichtbarer wird (Lukas 3,22; 4,1) und noch stärker mit seiner Auferstehung von den Toten in Erscheinung tritt (Apostelgeschichte 2,33).

Es ist jedoch nur der Sohn, der menschliches Fleisch annimmt und in die menschliche Geschichte eintritt. Der Heilige Geist ist in jedem Moment dieses Prozesses wirksam, aber der Geist tritt nicht in derselben Weise wie der Sohn, der eine menschliche Natur annimmt, in die menschliche Geschichte ein und gehört ihr an. Der Heilige Geist wird immer vom Himmel gesandt; in der Apostelgeschichte 2,33 wird uns gesagt, daß der verherrlichte Jesus, durch die rechte Hand Gottes erhöht, „ihn ausgegossen (hat), wie ihr seht und hört". Davor steht: „Da kam plötzlich vom Himmel her ein Brausen, wie wenn ein heftiger Sturm daherfährt" (Apg 2,2).

Als eine Konsequenz dessen, daß der Sohn, jedoch nicht der Geist, Mensch wird, obwohl der Geist das Instrument der Inkarnation ist, geht hervor, daß es eine **Unmittelbarkeit** im Wirken des Heiligen Geistes gibt, während der Sohn, der durch den Geist Mensch wurde, der **Mittler** wird. Es ist die Gegenwart und das Wirken des Heiligen Geistes, die zu Recht das Fundament der Überzeugung von Christen aus Erweckungsströmungen bilden, daß sie eine Unmittelbarkeit des Geistes erfahren: im Hören des Herrn, im Gebet, im Lesen der Heiligen Schrift, in der Führung, im Dienst an den andern. Aber das Leben des Geistes tritt immer in die menschliche Geschichte und in menschliche Leben ein, so daß sich die Frucht der Sendung des Geistes innerhalb der Geschichte offenbart, eine Geschichte annimmt und eine Tradition schafft. So steht die katholische Überzeugung, daß die Inkarnation die Verkörperung der göttlichen Gnade in der

Kirche der Geschichte einschließt, solide begründet auf dem biblischen Zeugnis von Gottes Umgang mit der sündhaften Menschheit. Die Gnade Gottes wurde wahrhaft über die Jahrhunderte hinweg durch die historische Kirche vermittelt, die bis zu Jesus Christus und den Aposteln zurückreicht, die er erwählt hatte.

Die gegenseitige Ergänzung der göttlichen Sendungen

Diese kurzen Umrisse legen uns nahe, im komplementären Charakter der zwei göttlichen Sendungen sowohl die Rolle einer Unmittelbarkeit des Heiligen Geistes als auch die der historischen Vermittlung durch die Kirchen zu sehen. Hier können wir beginnen, die Bedeutung der Theologie der göttlichen Missionen für die Beziehung zwischen der Kirche und den Strömungen zu erahnen. Vielleicht kann dies hilfreich durch eine kurze Darstellung der Art von Verzerrung veranschaulicht werden, die sich mit der Tendenz ergibt, die Geist-Unmittelbarkeit der Kirchen-Vermittlung gegenüberzustellen, als müßte eines davon unter Ausschluß des anderen gewählt werden.

Das, was wir als katholisches Ungleichgewicht bezeichnen könnten, trifft ein, wenn die unterschiedliche Sendung des Heiligen Geistes nicht voll erfaßt und alles Christliche in horizontalen Begriffen erklärt wird. Damit gemeint ist das historische Fundament der Kirche und seine Übermittlung von Generation zu Generation durch die apostolische Sukzession von Papst und Bischöfen. In einer extremen Version dieser Anschauung würde heute nichts mehr vom Himmel kommen, sondern alles nur durch eine über 2000jährige Geschichte weitergereicht worden sein. Jede derartige Tendenz schwächt den Sinn dafür, daß jeder Christ jeder Generation direkten Zugang zum Vater und direkten Zugang zur Heiligen Schrift hat. Alles würde durch die Kirche kommen, auf einseitig institutionelle Weise verstanden, so daß die offizielle Kirche, ihr Dienst, ihre Liturgie und ihr Lehramt in Wirklichkeit den erhöhten Christus ersetzen, obwohl sie offiziell in seinem Namen handeln.

Was wir als charismatisches Unleichgewicht bezeichnen könnten, tritt dann ein, wenn die Unmittelbarkeit des Geistes in einer Weise hochgehoben wird, die jeglicher historischen Vermittlung mit Argwohn begegnet. Mit dieser Tendenz wird die ganze Betonung auf die direkte Erleuchtung jedes Gläubigen durch den Heiligen Geist gelegt; jede Erinnerung an die Geschichte und an die Entscheidungen von Kirchenführern und Kirchenräten wird als Bedrohung für die Freiheit des Geistes und die Echtheit christlichen Lebens angesehen. Alles kommt im jetzigen Augenblick direkt vom Himmel, und alles Geschaffene und Geschichtliche ist bestenfalls lediglich ein Anzeichen des Heiligen Geistes und niemals ein vermittelndes Instrument der Gnade Gottes getrennt von unmittelbarer Erleuchtung und Inspiration.

In der Praxis vertritt natürlich kaum ein Katholik und kaum ein Charismatiker diese Positionen in so extremem Maße. Der Katholik, der an die gottgegebene Führung der Lehrautorität von Papst und Bischöfen glaubt, wird in verschiedenen Arten und Weisen anerkennen, daß der Heilige Geist wirkt und benötigt wird, und in einigen Momenten der Geschichte deutlicher wahrgenommen werden kann als in anderen. In ähnlicher Weise wird der begeistertste Charismatiker wahrscheinlich die Notwendigkeit einer unabhängigen Prüfung von direkten Inspirationen anerkennen, besonders eine Unterordnung unter die Bibel als dem Wort Gottes. Zweifellos sind die Gefahren unkritischer und ungeprüfter charismatischer Erleuchtung offensichtlicher und direkter in ihrem verursachten Schaden und das, was ich als katholisches Ungleichgewicht bezeichnete, ist oftmals schwerer wahrzunehmen und zu korrigieren.

Es gibt tatsächlich auch ein evangelikales Ungleichgewicht, das sich vom charismatischen unterscheidet und oft für den protestantischen Geist so einleuchtend ist wie das katholische Ungleichgewicht dies für Katholiken sein kann. Dabei wird die Bibel zum alleinigen Maßstab für das christliche Leben ernannt, ohne anzuerkennen, daß der Heilige Geist und die Geschichte der Kirche fortwährend benötigt werden. In der Tat ignorieren sowohl das katholische als auch das evangelikal protestantische Ungleichgewicht die Rolle des Heiligen Geistes, der immer neu direkt vom Himmel gesandt wird, und sie ignorieren auch, was der jeweils andere darstellt: das geschriebene Wort Gottes und die Kirche der Geschichte. Beide Punkte beziehen sich einseitig auf die vermittelte und vermittelnde Wirklichkeit: den Leib Christi und das Wort Gottes.[98] Beide sind Ausdruck der Sendung des Sohnes: die Kirche als der Leib Christi, des Sohnes, und die Heilige Schrift als das geschriebene Wort, das das persönliche Wort Gottes vermittelt und bezeugt, den Logos, durch den und auf den hin alles geschaffen wurde.

Deshalb ist es wichtig, den komplementären Charakter von Kirche, Bibel und dem Licht des Heiligen Geistes aufzuzeigen. Das Leben Christi wird uns durch die historische Kirche übermittelt, es wird uns durch das Wort Gottes übermittelt, und beide empfangen ihre Vitalität direkt vom Licht und der Kraft des Heiligen Geistes.

Es liegt folglich eine notwendige gegenseitige Ergänzung der zwei göttlichen Missionen des Geistes und des Sohnes vor. Sie entsprechen der vertikalen und der horizontalen Dimension des christlichen Glaubens. Der Geist kommt vom Himmel, und der Sohn wird Fleisch in Raum und Zeit. Der Geist wird weiterhin vom Himmel ausgegossen, und der Sohn bildet die Kirche zu Pfingsten. Der Geist strömt weiter vom Himmel herunter, und die Kirche hält ihr Zeugnis im Neuen Testament selbst fest, das aus der Begegnung des Alten Testaments mit dem Heiligen Geist geschaffen wurde, die die Inkarnation bewirkt. Die Kirche reicht den Glauben von Generation zu Generation weiter (Credo und Bibel, Liturgie und Dekalog), aber dieser Glaube wird konstant durch den direkt vom Himmel gesandten Heiligen Geist zu neuem Leben erweckt. Die Kirche feiert beständig die Eucharistie in Gehorsam gegenüber dem Auftrag, „Tut dies zu meinem Gedächtnis", und jede Eucharistie wird das Pascha des Herrn durch die Anrufung (*Epiklese*) des Heiligen Geistes. Geweihte Ämter werden über die Jahrhunderte weitergereicht, aber es gibt auch Charismen des Geistes, die einfach vom Himmel geschenkt und nicht in der Art von geweihten Ämtern weitergereicht werden.

Die Bedeutung für Kirche und Strömungen

Aus der absolut gegenseitigen Beziehung zwischen dem Sohn und dem Geist wird deutlich, daß die Bedeutung der zwei göttlichen Sendungen für unser Thema von Kirche und Strömungen nicht die Vorstellung sein kann, daß die historischen Kirchen einfach das Werk des Sohnes und die Strömungen einfach das Werk des Heiligen Geistes darstellen. Trotzdem bleibt die Behauptung wahr, daß die Strömungen neuen Lebens eine Form des direkten Zeugnisses für das heutige Ausgießen des Heiligen Geistes Gottes sind. Ebenso bezeugen die historischen Kirchen fortwährend das fleischgewordene Wort in der Kirche als dem von Wort und Sakrament durch das Wirken des Geistes geformten Leib.

Die Verwurzelung der lebensspendenden Strömungen und der historischen Kirchen in den zwei göttlichen Missionen können uns ermutigen zu sehen, daß es der Natur des Heiligen Geistes entspricht, den Sohn hervorzubringen, Zeugnis für den Sohn abzulegen und somit dem Vater Ehre zu geben. In ähnlicher Weise liegt es in der Natur des Sohnes, den Heiligen Geist zu empfangen und den Geist weiterzugeben, in Ewigkeit dem Vater, und in der Zeit uns sowie dem Vater. Das Hervorbringen des Sohnes durch den Geist setzt sich in der Geburt des Sohnes in Christen durch die Wiedergeburt fort („Geist aber kann nur vom Geist geboren werden" Joh 3, 6 GN), und so wird die Kirche geboren. Und der Dienst des Sohnes in Raum und Zeit erfordert den Geist, sowohl um zu beginnen, als auch um fortzufahren.

Die Lehre der Abstammung des Heiligen Geistes ist ein Streitpunkt zwischen den Orthodoxen, die sagen, daß der Geist allein vom Vater stammt, und den Katholiken, die der Ansicht sind, daß der Geist vom Vater und dem Sohn stammt (*filioque*). Ökumenischere und weniger polemische theologische Annäherungen führten viele Gelehrte zu einer Verkündigung, daß der Geist vom Vater durch den Sohn stammt.[99] Diese Formulierung bringt den soeben dargelegten Punkt noch deutlicher zum Ausdruck, und zwar, daß die ewige Sendung des Geistes nicht logischerweise Folge der Zeugung des Sohnes, sondern daß das ewige Wehen und Atmen des Heiligen Geistes sowohl die Zeugung des Sohnes bewirkt als auch vom gezeugten Sohn zurück zum Vater durch die Bande unendlicher Liebe fließt.

Diese Formulierung legt auch deutlicher Rechenschaft über das Wirken des Heiligen Geistes in der Geschichte ab, die die Inkarnation vorbereitet. Hier ist es jedoch falsch, sich vorzustellen, daß der Geist seit Tausenden von Jahren vor Auftreten des Sohnes gewirkt hätte. Die Missionen des Geistes und des Sohnes sind auf eine Weise miteinander vereint, daß das vorbereitende Wirken des Heiligen Geistes sich in vorhergehenden Zeichen und Offenbarungen des Sohnes zeigt. Diese Einheit wird im neuen *Katechismus der Katholischen Kirche* folgendermaßen erklärt:

„Bis zur ‚Fülle der Zeit' (Gal 4,4) bleibt die gemeinsame Sendung des Wortes und des Geistes des Vaters verborgen, ist aber schon von Anfang an am Werk. Der Geist Gottes bereitet auf den Messias vor. Ohne voll geoffenbart zu sein, sind beide schon verheißen, damit sie erwartet und bei ihrem Erscheinen aufgenommen werden. Deshalb forscht die Kirche, wenn sie das Alte Testament liest, nach dem, was der Geist, ‚der durch die Propheten gesprochen hat', uns von Christus sagen will."[100]

Dann, wenn der Sohn Mensch geworden ist und in seine Herrlichkeit eingeht, wird er den Geist vom Vater aus senden (vgl. Johannes 15,26) und den Leib Christi bilden, der sowohl verborgen als auch offenbar ist, sichtbar und unsichtbar.

In unserer modernen Situation könnte dieses Verständnis der zwei Missionen, die eine sind, scheinbar auf das Wirken des Heiligen Geistes außerhalb der sichtbaren Strukturen der historischen Kirchen zutreffen. Weil der Heilige Geist jegliche Gegenwart Christi ermöglicht, können nicht im voraus Grenzen gesteckt werden, wo und wann er wirken sollte; dieses göttliche Handeln kann nicht auf den offiziellen und öffentlichen Bereich der sichtbaren Kirche der Geschichte eingeschränkt werden. Aber aufgrund der Einheit der beiden göttlichen Missionen ist jedes Wirken des Geistes auf die Gegenwart und das Offenbarwerden Jesu sowie auf die Bildung des einen Leibes Christi ausgerichtet. Dann handelt der Geist durch die Kirche, die vom Geist geformt wurde.

Dieses Verständnis der göttlichen Missionen legt nahe, daß das Werk des Geistes innerhalb und durch die historischen Kirchen notwendigerweise mit dem Wirken desselben Geistes in den Manifestationen der Strömungen, die sich außerhalb dieser Kirchen befinden, in Verbindung steht. Wenn wir einmal eingestehen, daß der Heilige Geist unter Gruppen von Gläubigen der „anderen Seite", Kirche oder Strömung, wirklich gegenwärtig ist, können wir aus theologischer Sicht nicht sagen, daß der Geist Gottes gegenwärtig ist, jedoch der Leib Christi nicht. Es ist also mehr Heiliger Geist in den historischen Kirchen gegenwärtig, als die meisten Christen aus den Strömungen, besonders die Pfingstler und die neuen Charismatiker wahrscheinlich zugestehen, und es wird mehr sichtbare Kirche durch die geistlichen Strömungen geformt, als die Katholiken und Orthodoxen wahrscheinlich anerkennen.

Ämter und Charismen

Die Theologie der zwei göttlichen Sendungen bietet vielleicht einen Weg, den komplementären Charakter der Ämter in den historischen Kirchen zu verstehen, die rechtmäßig durch eine apostolische Sukzession übertragen werden, und jener Ämter, die innerhalb der Strömungen, besonders in den neuen Pfingst- und charismatischen Gemeinden aufkommen, von denen viele an die heutige Verfügbarkeit des fünffachen Dienstes von Epheser 4,11 glauben (Apostel, Propheten, Evangelisten, Hirten, Lehrer). Die erstgenannten Ämter wurden eindeutig durch die Geschichte hindurch als Ausdruck der Mission des Sohnes übertragen und benötigen nichtsdestoweniger noch das Herabkommen des Geistes, der in allen Weiheriten angerufen wird. Die letzteren sind deutlich Amtsformen, die von unten (aus dem christlichen Volk) sowie von oben (aufgrund der Begabung durch den Geist) entstehen und mehr dem Gebiet angehören, das die jüngste katholische Theologie als das Gebiet der Charismen des Heiligen Geistes anerkannte.

Es ist möglicherweise wichtig, historische und neue Ämter auf diese Weise zu sehen, da die katholische Lehre vor kurzem anerkannte, daß sich die historischen geweihten Ämter und die frei erteilten Charismen des Heiligen Geistes gegenseitig ergänzen – wenn auch grundsätzlich innerhalb des Rahmens der Gemeinschaft der katholischen Kirche. Beruft man sich auf dieses Modell, so bedeutet dies nicht, die historischen geweihten Ämter von der Suche nach einer Wesensbestimmung und tiefschürfenden Erneuerung freizustellen, es bedeutet vielmehr, daß die Übertragung dieser Ämter über die Jahrhunderte eine größere Beständigkeit darstellt, und daß die Kraft des Heiligen Geistes eine große Freiheit besitzt, Charismen auszuteilen, wann, wo und wie der göttliche Geber es bestimmt. Eine solche Theologie könnte in der Tat mehr der großen Vielfalt und Flexibilität von Ämtern in den neuen charismatischen Gemeinden entsprechen als deren eigene gelegentliche Versuche, ein „System" von Ämtern gemäß ihrer Auswahl von neutestamentlichen Texten zu errichten.

Die Bedeutung der Theologie der zwei göttlichen Sendungen für unser Thema zeigt sich in folgenden wichtigsten Punkten: daß die wesentliche Beziehung zwischen der Person und dem Werk Christi und dem Wirken des Heiligen Geistes in ihr begründet ist und daß sie potentiell die stärkste theologische Grundlage für die Notwendigkeit bietet, Gottes Werk in den historischen Kirchen und Gottes Werk in den geistlichen Strömungen als komplementär zu betrachten.

Teil V
Die Themen und Herausforderungen

Kapitel 17

Die Herausforderung des Geistes an alle

Wir haben die Geschichte der Erweckungs- und Erneuerungsströme in den vergangenen 250 Jahren betrachtet, sowohl in den Strömungen, die mit den evangelikalen Erweckungen der 30er und 40er Jahre des 18. Jahrhunderts begannen, als auch innerhalb der römisch-katholischen Kirche. Wir haben gesehen, daß sich das Tempo der Erweckung und Erneuerung über diese Zeitspanne der Moderne merklich gesteigert hat. Wir haben auch gesehen, daß die charismatische Bewegung die erste Strömung war, die gleichermaßen die von den früheren Strömungen beeinflußte protestantische Welt als auch die römisch-katholische Welt berührte, welche bis dahin völlig isoliert dagestanden hatte.

Obwohl durch die wunderbare Gnade der charismatischen Erneuerung evangelikale Protestanten und römische Katholiken wie nie zuvor in Gebet und Dienst zusammenkamen, ist doch offensichtlich, daß zwischen diesen zwei Welten gravierende Unterschiede fortbestehen, Unterschiede in der Lehre, im Gottesdienst, in kirchlichen Leiterschaftsstrukturen, sowie Unterschiede bezüglich der Rolle und Autorität der Bibel. Die Ausgießung des Heiligen Geistes über Protestanten und Katholiken zugleich hat diese Unterschiede nicht einfach abgeschafft, obwohl sie Türen öffnete, Herzen änderte und eine Gemeinschaft und Kommunikation ermöglichte, die zuvor als nicht realisierbar erachtet wurde.

Gottes liebendes Erbarmen ermöglichte es, den Abgrund zu überbrücken, der aus den geistlichen wie auch militärischen Religionskriegen der Reformation hervorgegangen war. Die neue Gemeinschaft zwischen erweckten Protestanten und erneuerten Katholiken ist sehr wertvoll, aber sie ist auch noch etwas zerbrechlich; diejenigen, die die Gnade erhielten, Versöhnung und Gemeinschaft zu erfahren, sind dafür verantwortlich, diese jungen Keime nicht wieder durch ein Aufschüren alten Mißtrauens und Feindseligkeit absterben zu lassen. Wie können wir sicherstellen, daß die neue Gemeinschaft im Geist überlebt und wächst?

Ein Weg, der eingeschlagen wurde, war die Annahme, daß die Unterschiede im Wind austrocknen werden, wie Eis in der Frühlingswärme schmilzt. In der Praxis geht diese Haltung normalerweise davon aus, daß die andere Seite sich „unserer Art, die Dinge zu sehen", anschließen wird! Oft wird dabei reichlich anmaßend erwartet, daß dies schon jetzt geschehen muß, damit die gegenwärtige Gemeinschaft möglich wird. So ist ein Evangelikaler oder Pfingstler begeistert, wenn römische Katholiken die Errettung durch das Blut Jesu verkünden und Zeugnis ablegen für eine persönliche Bekehrung, es könnte ihn aber schockieren zu sehen, daß dieselben Katholiken noch das „Gegrüßest seist du Maria" beten, die Autorität des Papstes anerkennen und an das Meßopfer glauben. Auf etwas andere Weise, vielleicht aber in einem ähnlichen Geist, könnte ein Katholik davon ausgehen, daß jeder Protestant, der beginnt, einen Gesichtspunkt der katholischen Tradition wie die wirkliche Gegenwart des Herrn in der Eucharistie oder den Ruf zum Zölibat für das Reich Gottes zu schätzen, kurz davor steht, Katholik zu werden, und ist dann enttäuscht oder richtet ihn, wenn dies nicht geschieht.

Die Herausforderung ist für beide Seiten gleich groß

Es ist wichtig, sich bewußt zu machen, daß jedes authentische Herabkommen des Heiligen Geistes für die Empfänger eine tiefe Herausforderung mit sich bringen muß. Wenn der Heilige Geist Gottes kommt, wird er sich allem, was nicht heilig ist, entgegenstellen und es bekämpfen. „Und wenn er (der Geist) kommt, wird er die Welt überführen (und aufdecken), was Sünde, Gerechtigkeit und Gericht ist" (Joh 16,8). Diese Herausforderung trifft auf die gemeinschaftliche Ebene des Kirchenlebens in genau gleichem Maße wie auf die individuelle Ebene zu. Wenn der Geist Gottes in der Kirche wohnt und nicht nur im einzelnen Christen, und der Geist Gottes auf die Kirche herabgerufen wird und nicht nur auf den einzelnen Gläubigen, dann wird das Herabkommen des Geistes auf die Kirche diese tief herausfordern und sich allem entgegenstellen, was in ihr nicht von Gott und nicht heilig ist.

Das Herabkommen des Heiligen Geistes auf jede christliche Tradition, ob kirchlich oder strömungsbezogen, wird in gleichem Maße herausfordernd sein. Diese Aussage wird vielleicht zuerst auf beide Seiten schockierend wirken. Der loyale Katholik könnte sich über die Vorstellung empören, daß die „eine wahre Kirche", die über die Jahrhunderte hinweg zu Christus und den Aposteln zurückreicht, so viel Veränderung brauchen könnte wie andere christliche Körperschaften, die weniger Ernte einbrachten und über kein so beachtliches Erbe verfügen. Die eifrigen Evangelikalen oder Pfingstler betrachten es vielleicht als lächerlich, sich vorzustellen, daß Evangelikale und Pfingstler sich so sehr verändern müßten wie eine Kirche, die sie im wesentlichen als abtrünnig betrachteten.

In erster Linie soll klargestellt werden, daß wenn von ebenbürtiger Herausforderung gesprochen wird, damit keinerlei Behauptung aufgestellt werden soll, daß alle Kirchen und christlichen Körperschaften einander gleichgestellt sind. Ich glaube nicht, daß alle Kirchen und Konfessionen in ihrer Bedeutung gleich sind; sie haben in der Tat nicht einmal dieselbe Wesensart (dasselbe Selbstverständnis), eine Tatsache, die oft verdeckt wird vom allgemeinen Gebrauch des Begriffs „Kirche" und unseren eher demokratischen Instinkten. So ist die Herausforderung nicht deswegen gleich, weil die herausgeforderten Körperschaften gleich sind, sondern weil wir vor Gott alle gleichermaßen Sünder sind und Gottes Gnade benötigen, und weil alles, was jede Tradition vom Heiligen Geist empfing, gleichermaßen reine, unverdiente Gnade ist.

Diese Gleichheit in der Begnadung wie auch in der Unbeständigkeit wird von Paulus im Zusammenhang mit seiner Lehre über Israel und die Nationen in Römer 11 angesprochen. Er sagt den Heiden, sie sollen nicht überheblich werden, weil sie, die wilden Olivenzweige, in den edlen Ölbaum Israel eingepropft wurden: „Gewiß, sie wurden herausgebrochen, weil sie nicht glaubten. Du aber stehst an ihrer Stelle, weil du glaubst" (Röm 11,20). Und er beendet diesen Abschnitt mit der Aussage: „Gott hat alle in den Ungehorsam eingeschlossen, um sich aller zu erbarmen" (Röm 11,32).

Die Gefahren unserer traditionellen Stärken

Wenn wir einmal unsere aggressiven triumphalen Haltungen beiseite lassen und nicht mehr auf andere Kirchentraditionen herabsehen, erkennen wir leicht, daß unser kirchliches Erbe sowohl Stärken als auch Schwächen enthält. Was wir nicht so einfach bemerken, ist, daß das, was wir als unsere Stärken betrachten, so gefährlich wie unsere offensichtlichsten Schwächen sein kann.

Gerade in den Bereichen unserer spürbarsten Stärken könnte es geschehen, daß wir als Kirche am ernsthaftesten in Versuchung geführt werden. Wir können leicht Einstellungen entwickeln, die besagen: dies ist der Kern eines authentischen Christentums, und wir besitzen ihn; das ist es, was ihnen, der anderen Seite, fehlt. Diese Punkte werden dann zu Gebieten, in denen unser unverfälschtes Glaubenszeugnis mit sehr menschlichen Formen von Loyalität und Stolz vermischt wird, was zu sehr unchristlichen Formen der Arroganz führt. Letzteres verleitet wiederum zur Schlußfolgerung, daß wir von den anderen nichts Wesentliches lernen können.

Das ist, was der Herr Jerusalem vorwirft: „Doch dann hast du dich auf deine Schönheit verlassen, du hast deinen Ruhm mißbraucht und dich zur Dirne gemacht" (Ez 16,15). Wenn unsere Stärken Anlaß zu konfessionellem Stolz geben, und wir vergessen, daß alles, was wir haben, auf Gottes reiner Gnade beruht, dann verlassen wir uns auf die Schönheit unserer Tradition: ihre Liturgie, Theologie, lehrinhaltliche Reinheit, Märtyrer usw.

Wir können uns diesem Punkt nähern, indem wir uns dem zuwenden, was wir als unsere besonderen Stärken ansehen: wie Katholiken die Kirche sehen, und wie evangelikale Protestanten die Bibel sehen. Die Kirche und die Bibel sind symbolisch für die zwei Welten der Kirchen und der Strömungen.

Kirche

Katholiken betrachten sich im allgemeinen als jene, die verstehen, was mit Kirche gemeint ist, und die Kirche sind. „Wir sind die eine wahre Kirche", ein Gefühl, das unter besser Informierten etwas gemildert wurde durch die vom Konzil ausgesprochene Anerkennung des kirchlichen Charakters anderer christlicher Körperschaften, mit denen die römisch-katholische Kirche eine „unvollkommene Gemeinschaft" hat. Strenge Katholiken sind stolz auf ihr apostolisches Erbe, darauf, den richtigen Stammbaum zu besitzen.

Vor diesem Hintergrund sind die Protestanten nicht wirklich Kirche. Sie verstehen nicht, was Kirche bedeutet. Der katholische Stereotyp des Protestantismus, besonders vielleicht sein evangelikaler Teil, erkennt das „private Urteil" als höchstes protestantisches Prinzip an, verbunden mit einem Individualismus, der keinen wirklichen Platz für Kirche übrigläßt. Er ist im allgemeinen nicht mit jenen Milieus innerhalb der protestantischen geistlichen Strömungen vertraut, für die das Thema der Kirche wichtig wurde. Somit können Katholiken von Protestanten nichts über die Kirche lernen.

Dies sind zwar keine offiziellen Stellungnahmen, aber weitverbreitete Mentalitäten. Sie leben auch weiter hinter der jüngeren ökumenischen Vorderfront (Fassade wäre ein zu negativer Begriff), denn die neueren Haltungen erfordern Zeit und Offenheit, um sich von dem tief verwurzelten Mißtrauen und vier Jahrhunderte überdauernden Exklusivitätsgefühl zu lösen.

Bibel

Etwas ähnliches trifft auf die evangelikal protestantische Haltung gegenüber der Bibel zu: Wir sind die Menschen des Buches schlechthin. Wir kennen die Bibel. Sie ist unser Ruhm. Unsere protestantischen Lehren sind biblisch, unser Gottesdienst ist biblisch, unsere Praxis ist biblisch. Die andere Seite, die Katholiken, kennen das Buch nicht.

Von diesem Standpunkt aus sind die katholische Kirche, ihre Lehren, ihr Gottesdienst, ihre Frömmigkeitsmuster a priori nicht biblisch. Der Stereotyp nimmt die Ströme biblischen Denkens und biblischer Darstellung nicht wahr, die in der katholischen und orthodoxen Welt kraftvoll gegenwärtig sind. Und so gelangt man zur unerbittlichen Schlußfolgerung, daß Evangelikale nichts von Katholiken über die Bibel lernen können.

Diese zwei Mentalitäten bieten sich gegenseitig mit gleichem Selbstvertrauen und gleicher Verachtung für die anderen die Stirn. Die protestantischen Überzeugungen von der Kirche und die katholischen Überzeugungen von der Bibel werden als irrelevant und als Formen der Verzerrung dessen, was wir, die wahren Gläubigen besitzen, abgetan. Oder, wenn schon ein kleiner Fortschritt über die traditionellen Stereotypen hinaus besteht, denken die Menschen vielleicht, daß die „andere Seite" eventuell eine dunkle Ahnung von „Kirche" oder „Bibel" hat, aber diese unserer Erkenntnis gegenüber so unbedeutend ist, daß ein Lernen von den anderen oder die Benötigung ihres Zeugnisses auf keinen Fall in Frage kommt.

In Wirklichkeit können und müssen Katholiken von den Protestanten etwas über die Kirche lernen, und Protestanten können und müssen von den Katholiken etwas über die Heilige Schrift lernen. Es besteht ein gegenseitiges Bedürfnis aneinander. Die Lehre von 1 Korinther 12 über die Glieder und Organe des Leibes, die einander benötigen, trifft hier zu. Wir alle brauchen jedes Zeugnis, das vom Heiligen Geist Gottes kommt. Katholiken brauchen das Zeugnis des Geistes unter Protestanten, was die Wirklichkeit der Kirche betrifft. Protestanten brauchen das Zeugnis des Geistes unter Katholiken, was die Heilige Schrift betrifft. Dieses Lernen macht die katholische Kirche in größerem Maße Kirche und macht die evangelikalen Protestanten biblischer.

Katholiken können von Versammlungen mit einer kongregationalistischen Kirchenlehre etwas über die rechtmäßige Autonomie der Ortskirche lernen, wenngleich dies jene in ihren unbiblischen Formen übertriebener Unabhängigkeit korrigieren wird, die die Notwendigkeit für eine organische Gemeinschaft der Ortskirchen ablehnen; sie können mehr über die praktischen Folgerungen des Glaubens in der Priesterschaft aller Gläubigen lernen. Katholiken können von den Plymouth-Brüdern weitere Folgerungen dessen lernen, was es bedeutet, daß die Kirche Christus angehört.

Katholiken können von den neuen unabhängigen charismatischen Kirchen auf dem Gebiet der gegenseitigen Beziehungen von Ortsversammlungen, der Formen vereinigter Leiterschaft, des geistlichen Bischofsamtes dazulernen. Das bedeutet, daß die neuen Formen der Beziehungen, die sich zwischen Leitern in den neuen Kirchen entwickeln, vielleicht die historischen Kirchen etwas über bischöfliche Autorität und bischöfliche Gemeinschaft lehren können, obwohl und vielleicht gerade weil diese Beziehungen in den neuen Kirchen in nichtsakramentalen Formen Ausdruck finden.

In ähnlicher Weise können Evangelikale und Pfingstler viel über die Bibel von den Katholiken lernen. Sie können etwas über ältere Formen der Bibelexegese lernen, die in die Zeit vor den Rationalismus der Post-Aufklärungszeit zurückreichen, Formen, die der Art und Weise näherliegen, in der die neutestamentlichen Autoren das Alte Testament auslegten (wie in 1 Korinther 10,1-13 und Hebräer 8-10). Sie können etwas über biblische Symbole und ihren Vollzug im liturgischen Gottesdienst der Kirche lernen. Katholiken können ihnen dabei helfen, Dinge in der Bibel zu entdecken, die in den Strömungen nicht vorrangig in Erscheinung treten: die Bedeutung des Leibes und der stofflichen Erschaffung, die Beziehung zwischen dem Leib und der Gemeinschaft, die Rolle der Engel, die Stellung von Gelübden, der Ruf zum Zölibat im Neuen Testament, das Verständnis von Armut. Alle diese Elemente eröffnen nicht nur weitere Dimensionen des christlichen Lebens, sondern sie bereichern auch unser Verständnis für das, was wir bereits als wertvoll erachten, aufgrund der organischen Vernetzung des christlichen Glaubens als ganzem.

Kapitel 18

Die Herausforderung der Strömungen an die Kirche

In diesem Kapitel möchte ich auf die Herausforderung der Strömungen an die Kirche eingehen. Ich werde dabei besonders die Herausforderung an die römisch-katholische Kirche untersuchen, denn sowohl die Opposition oder Spannung zwischen Kirche und Strömungen als auch die potentiellen Früchte eines positiven Austauschs können hier viel deutlicher veranschaulicht werden. Die meisten der von den Strömungen gestellten Herausforderungen richten sich in bedeutendem Umfang auch an die großen protestantischen Kirchen; protestantische Leser werden deshalb eingeladen, sie parallel anzuwenden.

Vielerlei Weisen, in denen die einzelnen Strömungen die Kirche(n) herausfordern, ähneln sich sehr, und ein Großteil dessen, was in den nächsten zwei Kapiteln entwickelt wird, trifft auf alle vier Strömungen zu. Manche Herausforderungen beziehen sich jedoch mehr auf eine bestimmte Strömung als auf die anderen, diese werde ich entsprechend hervorheben.

Die Souveränität Gottes

Bevor ich mich den offensichtlicheren Herausforderungen der Strömungen an die historischen Kirchen zuwende (z. B. die Beziehung zwischen Strukturen und Leben, zwischen Starrheit und Flexibilität), möchte ich ansprechen, in welcher Weise die Strömungen die Kirche mit der freien und erhabenen Souveränität Gottes konfrontieren. Die vier geistlichen Strömungen (evangelikal, Heiligung, pfingstlerisch, charismatisch) entstanden alle aus einem Erweckungsimpuls. Sie sprossen alle in einer Umgebung eines vertieften Glaubens an Ausgießungen des Heiligen Geistes aus dem Boden, plötzliche Aufbrüche des Geistes Gottes in der Kirche und in der menschlichen Geschichte. Sie können alle in den Worten von Apostelgeschichte 3,20 als „Zeiten des Aufatmens" beschrieben werden.

Die Freiheit Gottes

Die Strömungen offenbaren der Kirche die souveräne Macht und absolute Freiheit Gottes, den Heiligen Geist auszugießen, wo immer, wann immer und wie immer es Gott gefällt. Jesus erkannte, wie unmöglich es war, den Geist Gottes vorauszuprogrammieren. So sagte er zu Nikodemus: „Der Wind (*pneuma*) weht, wo er will; du hörst sein Brausen, weißt aber nicht, woher er kommt und wohin er geht. So ist es mit jedem, der aus dem Geist (*pneuma*) geboren ist" (Joh 3,8). Wir werden später sehen, wie solche Worte jeden Geist der Kontrolle in der Kirche herausfordern, durch den Kirchenführer, Theologen und andere Gott darin einschränken, was er tun „darf".

Die Strömungen offenbaren einer ungläubigen Welt und einer halbgläubigen Kirche, daß der Gott, den die Christen bekennen, nicht nur ein abstrakter theologischer Begriff oder ein außenstehender himmlischer Beobachter ist, sondern der Herr, der in der Geschichte wirkt, der Herr, der seine Macht in bestimmten Augenblicken an bestimmten Orten durch bestimmte Menschen offenbart. Sie erinnern uns an das, was in Jesajas Trostworten wie ein Refrain immer wiederkehrt: „Ich bin der Herr, und sonst niemand" (Jes 45,5.6; vgl. auch 43,11; 44,6; 45,14,21-22; 46,9). Dieser einzige Gott ist der, der sagt: „Ich habe es selbst angekündigt und euch gerettet, ich habe es euch zu Gehör gebracht" (Jes 43,12). Die Strömungen fordern also die Kirchen zu einem Glauben an den tatsächlich handelnden Gott heraus, der mit göttlicher Macht und Weisheit wirkt, um die Herzen der Sünder zu verändern und das Gesicht der Erde zu erneuern. „Ich allein bin Gott; auch künftig werde ich es sein. Niemand kann mir etwas entreißen. Ich handle. Wer kann es rückgängig machen?" (Jes 43,13).

Die Heilstaten Gottes können nicht auf eine bloße Kooperation mit „natürlichen Ursachen" ohne göttliche „Zugaben" reduziert werden. Wenn Gott handelt, um zu retten und zu heiligen, dann sind die Ergebnisse eine Frucht, die nur der Heilige Geist hervorbringen kann. Gewiß kann Gott durch die geschaffene Ordnung wirken und tut dies auch, aber im Werk der Errettung und Heiligung ist immer eine göttliche Zugabe dabei, die das besondere Wirken des Heiligen Geistes darstellt, und dieser kann nie auf soziologische oder psychologische Ursachen reduziert werden.

In Zeiten geistlicher Erweckung ist der Glaube an die lebendige Herrschaft Jesu verstärkt. Es bestehen höhere Erwartungen, daß Gott auf erkennbare und herausfordernde Weise wirken wird. Was Menschen gewöhnlich als Wunder bezeichnen, sind in Wirklichkeit die Fälle, in denen das, was ich göttliche Zugabe nannte und was keiner rein menschlichen oder geschaffenen Ursache zugeschrieben werden kann, sowohl wesentlich als auch sichtbar ist. Die geistlichen Strömungen fordern somit die Kirche zu einem Glauben an einen handelnden Gott heraus; zu einem Glauben an einen Gott, der mit Vollmacht handelt; zu einem Glauben an einen Gott, dessen Vollmacht sich in Zeichen und Wundern zeigt, die sichtbar die natürliche Ordnung der Schöpfung transzendieren.

In jeder lebendigen Begegnung mit dem Herrn steckt auch diese Herausforderung, Gott Gott sein zu lassen. „Wer bestimmt den Geist des Herrn? Wer kann sein Berater sein und ihn unterrichten? Wen fragt er um Rat, und wer vermittelt ihm Einsicht? Wer kann ihn über die Pfade des Rechts belehren? Wer lehrt ihn das Wissen und zeigt ihm den Weg der Erkenntnis?" (Jes 40,13-14). Dieser Vers wird von Paulus am Ende von Römer 11 zitiert, als er den Plan Gottes für Israel und die Nationen bewundert (11,34).

In diesem Licht gesehen ist die radikale Frage, die jede Strömung der Kirche stellt: „Ist das vom Heiligen Geist?" Die Strömungen als Aufbrüche neuen Lebens machen die Unterscheidung der Geister zu einem zentralen Thema. Ob das Geschehene unerwartet kam, ob es an einem unwahrscheinlichen Ort auftritt, ob es unseren überlieferten Theologien widerspricht, ob es ungewöhnliche und rätselhafte Elemente enthält, all dies sind keine relevanten Einwände, wenn eine richtige Unterscheidung auf der Grundlage von biblischen Prinzipien ergibt, daß das Geschehene wirklich die Frucht des Heiligen Geistes ist.

Der Herr der Geschichte

Die Strömungen fordern die Kirche auch heraus, die Hand des Herrn darin wiederzuentdecken, daß er die Geschichte ihrer Vollendung entgegenführt. Im allgemeinen handeln Kirchen, vor allem auf lokaler Ebene, nicht in dieser Weise. Kirchliche Synoden, Räte und Versammlungen erforschen gewiß die Zeichen der Moderne, es fällt ihnen aber oft schwer, mit einem festen Glauben zu verkünden, daß Gott der Herr der Geschichte ist, der tatsächlich die menschliche Geschichte zu ihrer Erfüllung führt und der seinen Heilsplan durch alle Schwankungen der menschlichen Sünde und Dunkelheit hindurch verwirklicht.[101]

Die vier Lebensströmungen konfrontieren die Kirche mit neuen Initiativen des Heiligen Geistes. Dies soll nicht besagen, daß nur diese Strömungen Initiativen des Geistes Gottes sind, sondern, daß sie auffallende und sichtbare Zeichen einer solchen Initiative darstellen. Sie zwingen uns zu fragen: Was tut der Herr? Was bedeutet dies zu diesem Zeitpunkt in der Geschichte von Gottes Volk? Warum tut Gott dies gerade jetzt?

Es bedeutet, daß in Gottes Vorsehung neue Phasen eingeleitet werden, nicht durch eine säkulare Revolution der menschlichen Geschichte, sondern durch göttliche Initiative. Sicher benutzt Gott wohl Ereignisse wie die Französische Revolution von 1789 oder den Zusammenbruch des Kommunismus 1989, um die Kirche aufzurütteln. Aber neue Phasen in der Ausführung von Gottes Plan sind niemals einfach Reaktionen auf weltliche Ereignisse.

Es stimmt gewiß, daß keine nachfolgenden Ereignisse der Menschwerdung, der Auferstehung Christi und der Ausgießung des Heiligen Geistes gleichkommen können; die Versuche, weitere gottgefügte Parallelen zwischen dem Pfingstereignis und dem zweiten Kommen Christi herzustellen, führen zu einer Übertreibung des geistgeschaffenen Neuen in der Geschichte der Kirche. Dies würde sowohl auf die Lehre Joachim von Floras (ca. 1132-1202) über das Einbrechen eines neuen Zeitalters des Geistes, als auch auf Elemente in der Dispensationslehre John Nelson Darbys zutreffen.

Nichtsdestoweniger hat der Heilige Geist im Lauf der christlichen Geschichte von neuem bedeutende, sichtbare Zeichen gesetzt und gewirkt. Katholiken könnten die Ursprünge des Mönchtums (im 3. und 4. Jahrhundert) als solche betrachten und die Berufung des hl. Franz von Assisi (1182-1226) sowie das Aufkommen der Bettelbrüder. Die Ursprünge der evangelikalen Strömung in den 30er Jahren des 18. Jahrhunderts stellen ein weiteres Beispiel dar. Viele Christen erkennen an, daß das Streben nach christlicher Einheit ein besonderes Werk Gottes im 20. Jahrhundert ist.

„Du hast es gehört. Betrachte nun alles! Willst du es nicht andern verkünden? Von jetzt an lasse ich dich etwas Neues hören, etwas Verborgenes, von dem du nichts weißt. Eben erst kam es zustande, nicht schon vor langer Zeit. Zuvor hast du nichts erfahren davon, damit du nicht sagst: Das habe ich längst schon gewußt" (Jes 48,6-7). Folglich ist die Neuheit von Gottes Taten ein Vorwurf an unseren Unglauben und unsere Arroganz. Gott hat großen Gefallen daran, das zu vollbringen, was wir uns in unserem Selbstvertrauen nicht hätten vorstellen können. Wer hätte vor dem Zweiten Vatikanischen Konzil das Treffen zwischen Papst Paul VI. und Patriarch Athenagoras in Jerusalem im Jahre 1965 vorhersagen können? Wer hätte 1890 beim Tod von Kardinal Newman die 100-Jahrfeier in der St. Paul's Kathedrale in London im Jahr 1990 voraussehen können, bei der sich die meisten anglikanischen und römisch-katholischen Bischöfe versammelten und dem Herrn gemeinsam für Newmans Leben dankten, das von einem methodistischen Prediger in Erinnerung gerufen wurde? Wer hätte das Aufkommen der charismatischen Strömung voraussagen können, die die römisch-katholische und die protestantische Welt gleichermaßen durchdringen würde? Oder den erstaunlichen Einfluß der Pfingstströmung in Lateinamerika?

Eine wiederbelebte Eschatologie

Alle Strömungen neuen Lebens machen die Kirche mit einem neuentzündeten Glauben an das zweite Kommen Jesu und einer erneuerten Sehnsucht nach dessen Eintreffen bekannt. Unter diesem Gesichtspunkt bedeutet das Gespür für neue Phasen in der Geschichte der Kirche, daß neue Entwicklungen wahrgenommen werden, die die Kirche zu ihrer Vollendung im zweiten Kommen und der Auferstehung der Toten hinführen.

Diese eschatologische Herausforderung ruft die Kirche dazu auf, zeitlich voraus- und auch zurückzuschauen. Oft vermitteln Christen den Eindruck, daß die Kirche vor allem im Rückblick lebt: Die Aufgabe der Kirche sei es, Christus und seinen Anweisungen treu zu bleiben; so daß die Kirche als Wächter angesehen wird, dem ein Schatz zur Aufbewahrung für eine unbestimmte Zukunft gegeben wurde.

Diese rückblickende Haltung wird oft dadurch unterstützt, daß man das Neue Testament als Erfüllung des Alten Testamentes sieht, die eine Zeit des Hoffens und Wartens auf die Erfüllung von Gottes Verheißung war; und den neuen Bund als deren Erfüllung. In Wirklichkeit warten aber noch viele Verheißungen des Alten Testaments auf ihre irdische Erfüllung. Das Kommen Jesu in der Inkarnation erfüllte nicht alle Zusagen umfassend; es bietet aber eine tiefere Grundlage und stärkere Gewißheit für die Erfüllung dessen, was nicht im ersten Kommen verwirklicht wurde, sondern erst im zweiten wird.

Die Strömungen fordern folglich die Kirche heraus, die Fülle ihrer eschatologischen Hoffnung wiederzuerlangen. Sie fordern die Kirche in ihren etablierten Haltungen heraus: Das heißt, in der Mentalität, die vergißt, daß Christen „Fremde und Gäste auf Erden sind" (Hebr 11,13). Sie konfrontieren uns in unserer Art, uns häuslich in dieser Welt einzurichten, genau so oder noch dauerhafter, als das bei politischen und Bildungseinrichtungen der Fall ist.

Das Evangelium des Lebens

Strömungen neuen Lebens

Die evangelikale, Heiligungs-, pfingstlerische und charismatische Strömung sind vor allem Strömungen neuen Lebens. Dies ist ihre ursprüngliche Berufung und Gabe. Zwar schließen sie alle eine neue Ausrichtung auf Kernwahrheiten des christlichen Glaubens mit ein, sind aber nicht in erster Linie theologische Ströme; die Pioniergestalten wie George Whitefield, Phoebe Palmer und William Seymour waren nicht in erster Linie Theologen oder Menschen mit neuen Ideen; sie waren Gläubige, die durch ihre Begegnung mit dem Herrn verwandelt wurden. Die Kernwahrheiten, die sie lehrten, waren die Überzeugungen, die auf ihren Herzen geschrieben standen; sie wiederum predigten diese Überzeugungen, um anderen Leben zu bringen. Dies war der gesamte Kontext der Lehre Jesu und der Apostel: „Ich bin gekommen, damit sie das Leben haben und es in Fülle haben" (Joh 10,10). Wenn die Strömungen aufhören, Leben zu schenken, ändern sie ihr Wesen und verlieren ihre besondere Begabung.

Sie fordern die Kirche in erster Linie dazu heraus, dem Leben, das das Geschenk des Vaters in Christus durch den Heiligen Geist ist, wieder den ersten Platz einzuräumen. Die evangelikale Strömung betonte das Wort Gottes und die persönliche Glaubensantwort. Die Heiligungsströmung fügte die Verbindung zwischen dem neuen Leben und der Heiligung durch das Kreuz Christi dazu. Die pfingstlerische und charismatische Strömung unterstrichen die Kraft des Heiligen Geistes, der durch gesalbtes Predigen und durch die Gaben und Dienste des Geistes Leben schenkt.

Das Herz der Kirche ist die Gemeinschaft mit dem Vater und dem Sohn im Geist: „Was wir gesehen und gehört haben, das verkündigen wir auch euch, damit auch ihr Gemeinschaft mit uns habt. Wir aber haben Gemeinschaft mit dem Vater und mit seinem Sohn Jesus Christus" (1 Joh 1,3). Die Strukturen der Kirche bestehen, um zu dienen und dieses Leben zu kanalisieren. Die Strömungen erinnern folglich die Kirche daran, „Der Sabbat ist für den Menschen da, nicht der Mensch für den Sabbat" (Mk 2,27). Somit ist der Herr sogar Herr der Kirche, wie „der Menschensohn Herr auch über den Sabbat" ist (Mk 2, 28).

Das Evangelium predigen

Das Leben des Geistes tritt nicht nur in Erscheinung, weil wir uns nach Leben sehnen. Menschen schließen sich in ihrer Suche nach Leben vielen Bewegungen an. Was das Leben Gottes bringt, ist das Predigen des Evangeliums von Jesus Christus. Paulus sagt uns, Jesus „hat dem Tod die Macht genommen und uns das Licht des unvergänglichen Lebens gebracht durch das Evangelium, als dessen Verkünder, Apostel und Lehrer ich eingesetzt bin" (2 Tim 1,10-11).

Die evangelikale und die nachfolgenden Strömungen schenken Leben, weil sie auf das Evangelium ausgerichtet sind, auf die rettende Botschaft des Todes und der Auferstehung Jesu. Sie fordern die Kirche dazu heraus, das Evangelium klar zu verkünden: das Kerygma wiederzuentdecken, die grundlegende Verkündigung, die die Kraft hat, Herzen zu durchbohren und Hörende zur Bekehrung zu bringen.

Die Strömungen fordern somit die Kirche heraus, die lebensspendende Mitte zu erkennen und freizusetzen, die inmitten ihrer eigenen offiziellen Lehre, manchmal versteckt, gegenwärtig ist. Die Aufgabe der Kirche ist es nicht einfach, ihr vollständiges Glaubensbekenntnis in systematischer Form vorzustellen. Sie muß den Unbekehrten das Evangelium verkünden. Hierbei ist es notwendig, zwischen einer evangelistischen Predigt, die eine grundlegende Bekehrung zum Ziel hat (*kerygma*), und der formellen Lehre, die es nach einer anfänglichen Bekehrung braucht (*didache*), zu unterscheiden. In der frühen Kirche gab es einen deutlichen Unterschied zwischen der Schulung vor der Taufe und jener danach, welche als „mystagogy" bekannt war.

Im Herzen der Wiederentdeckung des Evangeliums liegt die Kraft des Todes und der Auferstehung Jesu. Jede authentische Bekehrung schließt einen Tod und eine Auferstehung mit ein, ein Sterben der alten, auf sich selbst zentrierten Ordnung, und ein Auferstehen zum neuen Leben mit Christus als Mitte. Eine wirkliche Verwandlung des Lebens ist verbunden mit einer solchen Predigt und Lehre.

Die Berufung zur Evangelisation

Die Strömungen haben alle einen starken missionarischen Drang. Menschen, die durch eine klare Predigt des Evangeliums bekehrt wurden, empfingen oft eine klare Berufung, hinauszugehen und die Welt zu evangelisieren. So kamen durch die Strömungen viele heroische und beispielhafte Missionare hervor, wie Hudson Taylor, Amy Carmichael (1867-1951), C. T. Studd und Willie Burton.

Die Strömungen haben alle der Evangelisation einen starken Vorrang eingeräumt. Die Mehrheit der parakirchlichen Organisationen, die sie hervorbrachten, sind auf die Evangelisation und grundlegende Jüngerschaft ausgerichtet. Auf diese Weise fordern sie die Kirchen heraus, ihren institutionellen Hang zu Selbsterhalt und -verteidigung zu überwinden und ihre Prioritäten und Mittel neu zu ordnen, damit die Predigt des Evangeliums das Zentrum der kirchlichen Tätigkeit werde. Die Strömungen fordern die Kirchen heraus, der Aufgabe der Evangelisation eine praktische Priorität zu verleihen. Die abnehmende Zahl von Missionaren und das Fehlen von ausdrücklicher Evangelisation in vielen Orten weist auf ein Fehlen von geistlicher Vitalität und einem Bedürfnis an dem Leben und der Kraft hin, die die Strömungen widerspiegeln.

Die Herausforderung der geistlichen Strömungen an die Kirche kann außerdem durch ein Wiederaufnehmen der vier Wesensmerkmale der Strömungen untersucht werden, die im siebten Kapitel erwähnt wurden: biblisch, laienorientiert, inter-konfessionell und modern.

Die zentrale Stellung der Bibel

Alle lebensspendenden Strömungen sind eindeutig der Bibel als dem „Wort des Lebens" verpflichtet. Besonders in Zeiten größter Vitalität verlassen sie sich rückhaltlos auf die Kraft des Wortes, denn es ist „schärfer als jedes zweischneidige Schwert; es dringt durch bis zur Scheidung von Seele und Geist, von Gelenk und Mark; es richtet über die Regungen und Gedanken des Herzens" (Hebr 4,12). Es soll hier nicht geleugnet werden, daß Anhänger der Strömungen die Bibel oft auf naive und starre Weise auslegen und anwenden. Vielmehr soll unterstrichen werden, daß die Bibel in den Strömungen trotz aller Unzulänglichkeiten eine Quelle neuen Lebens wurde.

Predigen und Lehren

Wenn die Bibel lebendig wird, kann sie sich potentiell auf alle Dimensionen des kirchlichen Lebens auswirken. Predigen ist der Dienst des Wortes. In dem Maße, in dem der Heilige Geist den Prediger anrührt, erwacht das Wort zum Leben: Die Kraft des Wortes vereint sich mit dem Feuer im Prediger, um die Herzen der Menschen zu durchdringen. Somit werden Prediger des Wortes, die vom Wort genährt werden und eine tiefe Liebe und Ehrfurcht vor dem Wort haben, diese Tiefe und diese Liebe in ihrer Art zeigen, wie sie das Wort darlegen, seine Bedeutung eröffnen sowie ihre Zuhörer einladen, auf diese Tiefe zu antworten.

In gleicher Weise fordern die Strömungen mit ihrer Liebe für die Heilige Schrift jeden Christen, der in der Lehre tätig ist, heraus, ihre tiefste Inspiration und Quelle in der Bibel zu finden. Die Bibel ist es, die die göttliche Perspektive für die Gesamtheit der Schöpfung vermittelt; nur dadurch, daß die Bibel zum Mittelpunkt christlicher Studien gemacht wird, kann Lehre wirklich in der göttlichen Offenbarung begründet sein und weniger im Austausch menschlicher Meinungen. Wie das Zweite Vatikanische Konzil darlegte: „Wie die christliche Religion selbst, so muß auch jede kirchliche Verkündigung sich von der Heiligen Schrift nähren und sich an ihr orientieren."[102]

Gottesdienst

Das kraftvolle Predigen des Wortes setzt ebenfalls eine neue Kraft im Gebet frei. Die evangelikale und Heiligungsströmung wurden besonders mit einem großen Eifer für die Fürbitte gesegnet, während die pfingstlerische und charismatische Strömung durch eine erneuerte Betonung des Lobpreises gekennzeichnet sind.

Die Strömungen fordern so die Kirche heraus, dem Wort Gottes Raum zu geben, damit es durch den Heiligen Geist der Lehre und dem Gebet Gestalt verleihen kann. Sie erinnern uns daran, daß die Erneuerung des Gebets nicht einfach die Arbeit von Pfarrgemeinderäten oder Liturgieausschüssen sein kann. Dies ist notwendigerweise die Arbeit des Heiligen Geistes in Verbindung mit dem Wort Gottes.

Die Laien

Die Strömungen sind alle stark laienorientiert, zumindest in ihren Ursprüngen und in der Zeit ihrer Ausbreitung. Das besagt, daß das freiere Wirken des Heiligen Geistes in den Strömungen kein Privileg der offiziell Geweihten und theologisch Qualifizierten ist, sondern sich im Leben von gewöhnlichen Gläubigen offenbart. Gott bevorzugt keine bestimmten Menschen. Gott erfüllt und rüstet die niedrigen wie auch die hoch oben aus, die Armen und Ungebildeten wie auch die Reichen und Geachteten. Dieses Gleichheitsprinzip des Geistes wurde am deutlichsten in der pfingstlerischen und charismatischen Strömung sichtbar, was zweifellos ihrem gefühlsbetonteren und ausdrucksstärkeren Charakter zuzuschreiben ist.

Die Strömungen fordern so die Kirchen heraus, die wahrhaft katholische und nicht elitäre Art des Wirkens des Heiligen Geistes anzuerkennen. Wie Paulus schreibt: „Jedem aber wird die Offenbarung des Geistes geschenkt, damit sie anderen nützt" (1 Kor 12,7). Der Geist ruft die Kirche dazu auf, ein Leib zu sein, in dem alle Glieder aktiv zur Gesundheit und zum Wohl des Ganzen beitragen.

Auf diese Weise fordern die Strömungen radikal alle Formen des Klerikalismus und elitären Denkens in den Kirchen heraus. Im Römerbrief zeichnet Paulus ein Bild einer Kirche, in der jene, die Gaben von Gott bekamen, dazu ermutigt werden, sie auszuüben. „Wir haben verschiedene Gaben, so wie Gott sie uns in seiner Gnade zugeteilt hat. Diese Gaben sollen wir auch in der rechten Weise nutzen" (Röm 12,6 GN). In den Strömungen mobilisiert der Geist die Menschen, und in deren Rahmen haben sie oft eine größere Freiheit, neue Initiativen zu ergreifen. Evangelistische Gruppen, Bildungsinitiativen, Jugendausbildung und -schulung, missionarische Gesellschaften: alle diese und mehr blühten auf, wo die Strömungen flossen.

In Lateinamerika ist einer der Gründe, weshalb die Pfingstkirchen so schnell wachsen, ihre Fähigkeit, alle Besucher willkommen zu heißen und sie zu ermutigen, sich ganz einzubringen im Gebet und in der Evangelisation in der örtlichen christlichen Gemeinde. Der hl. Paulus bietet ein Modell dieser Mitwirkung „aller Mitglieder" in 1 Korinther: „Wenn ihr zusammenkommt, trägt jeder etwas bei: einer einen Psalm, ein anderer eine Lehre, der dritte eine Offenbarung;

einer redet in Zungen, und ein anderer deutet es" (14,26). Das Ausgießen des Geistes schafft jegliche Form eines religiösen Proletariats ab, das nur Konsument und Kunde ist.

Überkonfessionell

Die Lebensströmungen überschritten normalerweise bestimmte konfessionelle Grenzen, indem sie Christen aus allen Teilen der protestantischen Kirchen berührten. Ihr interkonfessioneller Charakter ging nur dann verloren, wenn die Ablehnung und Verspottung zum Ausstoß oder einem Hinaus-Ekeln der neuen Strömung führte, was unvermeidlich die Gründung von neuen Konfessionen zur Folge hatte, wie das vor allem bei der Pfingstströmung geschah. Die charismatische Strömung stellt in vielerlei Hinsicht die Wiedererlangung dieser überkonfessionellen Dimension dar, mit der zusätzlichen Überraschung seiner Ausbreitung auf die römisch-katholische Kirche (und andere, der evangelikalen und Heiligungsströmung gegenüber verschlossene Milieus). Dieser überkonfessionelle Charakter fand weiterer Ausdruck in den parakirchlichen Bewegungen und Organisationen in der evangelikalen und charismatischen Welt.

Ihr überkonfessioneller Charakter fordert die Kirche(n) zu einer mehr miteinschließenden und weniger besitzergreifenden Haltung gegenüber ihren Teilnehmern heraus. Diese Eigenschaft wirkt auf junge Menschen sehr ansprechend, die sich wehren, die in den Kirchen existierenden Trennungen und Grenzen anzuerkennen, was nicht nur ihrer Ignoranz und Naivität zugeschrieben werden kann.

Die überkonfessionelle Dimension der Strömungen ist eng verbunden mit ihrer Ausrichtung auf die lebensspendende Mitte, die Jesus Christus ist. Die Tatsache, daß das, was sie als Strömungen vereint, stark existentiell und geistlich ist, vermittelt oft eine tiefe Verbundenheit, wie sie in vielen formellen ökumenischen Begegnungen nicht leicht angetroffen werden kann.

Das Moderne

Der moderne Charakter der Strömungen ist in vielem offensichtlich: es versteht sich, daß die jüngsten Strömungen, die pfingstlerische und die charismatische, moderner als die evangelikale sind, die noch in vielerlei Hinsicht vom Rationalismus und Realismus des gesunden Menschenverstandes geprägt ist, die das 18. Jahrhundert kennzeichneten. Das Moderne äußert sich in Formen von Organisation, Kommunikation und Schulung. Man kann es am deutlichsten im konfessionsfreien Bereich der charismatischen Strömung sehen. Hier spiegelt die Bildung von fließenden Verbänden, die in erster Linie auf den Beziehungen zwischen Leitern beruhen, mehr die pragmatischen Formen der Geschäftswelt als traditionelle Formen innerhalb der Kirchen wider. Die Schulung von künftigen Leitern hat kaum noch mit den traditionellen Formen von Seminaren und theologischen Instituten zu tun, sie geschieht vielmehr durch zeitgenössische Ad-hoc-Methoden eines Lernens im Beruf.

Durch die neuen Verbände charismatischer Kirchen bewegt man sich gezielt von einer auf Status und Privilegien basierenden Gesellschaft weg auf ein voll funktionales und auf Mitwirkung ausgerichtetes, wenn nicht gar demokratisches System zu. Leiter stehen nicht in dieser Position, weil sie einen formellen Bildungsprozeß durchliefen, sondern weil sie ihre Fähigkeiten dafür erwiesen haben. Dies entspricht den Mustern, die in der Berufs- und Wirtschaftswelt wirksam sind - notwendigerweise wirksam.

Das moderne Element, das sich vor allem in den jüngsten Strömungen äußert, stellt besonders in seiner Flexibilität und Wirksamkeit eine Herausforderung für die Kirche(n) mit ihren historischen Strukturen und Modellen dar. Die jüngsten Strömungen hinterfragen neu die Beziehung zwischen den Stukturen der Kirche auf der einen und den Strukturen der heutigen Gesellschaft auf der anderen Seite. Dabei geht es um Elemente, die der dauerhaften gottgegebenen Struktur angehören, und solchen, die richtigerweise den Normen von bestimmten Gesellschaften angepaßt werden und sie widerspiegeln. Auf der einen Seite besteht die Gefahr, überholte Formen zu verewigen, die zum Hindernis für das Evangelium werden; auf der anderen Seite ist es gefährlich, dem Zeitgeist zu fröhnen und augenblickliche Bedeutsamkeit über Wahrheit und Offenbarung zu stellen.

Die Herrschaft Jesu

Die Strömungen machen sehr kraftvoll deutlich, was Jesus für sich beansprucht: der Herr zu sein, dem alle Macht im Himmel und auf der Erde gegeben ist (vgl. Mt. 28, 18). Die Gnade der Taufe im Heiligen Geist, die zuerst in der Heiligungsbewegung, aber später (vor allem) in der pfingstlerischen und charismatischen Bewegung empfangen wurde, schließt die Offenbarung der Herrschaft Jesu und unsere Unterordnung von Seele, Wille und Geist unter diese Herrschaft mit ein. Durch diese Strömungen scheint der Herr zu sagen: „Erlaubt mir, meine Herrschaft auszuüben. Hört auf, selbst zu kontrollieren. Laßt mich meine Herrschaft über meine Kirche wiederherstellen."

Die Strömungen fordern die Kirche dazu heraus, wahrhaft Christus in ihre Mitte zu stellen, von einer häufigen Kirchenzentriertheit zu einer Christus-Zentriertheit überzugehen – mit der Kirche als Basis. In anderen Worten: Es gibt in allen Kirchen eine Erneuerung, die sich weg von einem Zentriertsein auf das eigene Leben, das eigene Glaubensbekenntnis, die eigenen Traditionen, die eigenen Normen hinbewegt zu einer Zentriertheit auf Jesus Christus und sein Leben. Dies ist kein Schritt von einer Kirche mit zentraler Stellung hin zu einer Kirche als Nebensächlichkeit, sondern eine Änderung der Perspektive gegenüber der Kirche. Wir sind gerufen, unsere Ausrichtung auf die Kirche umzuwandeln in eine Ausrichtung auf Jesus als Herrn, dem Haupt und dem Leben der Kirche, die sein Leib ist.

Die Strömungen fordern die Kirche heraus, die Kirche der Geschichte zu sein, die sich auf den Höhepunkt der Rückkehr des Herrn zubewegt, eine Kirche in Bewegung, die wächst, bis „wir alle zur Einheit im Glauben und in der Erkenntnis des Sohnes Gottes gelangen, damit wir zum vollkommenen Menschen werden und Christus in seiner vollendeten Gestalt darstellen" (Eph 4,13). Sie fordern die Kirche heraus, die Braut ohne Fehl und Makel zu sein, die bereit ist für das Hochzeitsmahl des Lammes. „Wenn ihm dann alles unterworfen ist, wird auch er, der Sohn, sich dem unterwerfen, der ihm alles unterworfen hat, damit Gott herrscht über alles und in allem" (1 Kor 15, 28).

Kapitel 19

Die Herausforderung der Kirche an die Strömungen

Die Herausforderung der Kirche an die Strömungen ist genauso wichtig wie die Herausforderung der Strömungen an die Kirche, aber sie ist eher weniger offensichtlich, jedenfalls für diejenigen, die versucht sind, nur in der unmittelbaren Gegenwart zu leben. Denn begeisterte Strömungsanhänger mit ihrer sprudelnden Vitalität können sich leicht als die wahren Christen betrachten und die älteren Kirchen als welke Hülsen toter Religion. Die erste Herausforderung der historischen Kirche an Christen aus den Strömungen (evangelikal, Heiligung, pfingstlerisch, charismatisch) ist folglich, daß letztere erkennen, daß die Strömungen nicht selbstgenügsam sind und daß sie die Kirche der Geschichte und bestimmte Kirchentraditionen benötigen, um ihre eigene Berufung voll zu verwirklichen.

Wir sollten uns in Erinnerung rufen, daß die Lebensströmungen sowohl innerhalb als auch außerhalb der historischen Kirchen existierten und noch existieren. Natürlich ist für jene Christen, die das Leben der Strömungen innerhalb der historischen Kirchen empfangen, die Herausforderung der Kirche an die Strömungen eine ständig gegenwärtige Realität (siehe 20. Kapitel). Dann gibt es Christen, die in modernen Konfessionen (vor allem Heiligungs- und Pfingstkonfessionen) leben und für die das Leben ihrer Strömung in eine Konfession mündete. Für diese Christen umgibt ihre Kirche das Leben der Strömung mit gewissen Strukturen, was einige Vorteile und einige Nachteile mit sich bringt, diese Strömungs-Kirche tritt aber nicht in die historisch christlichen Traditionen von Ost und West ein. Für sie ist die Herausforderung der Kirche an die Strömungen ähnlich wie die Herausforderung an die neuen charismatischen Kirchen, nämlich die Herausforderung der althergebrachten liturgischen und historischen Kirchentraditionen an die Lebenskraft der modernen Strömungen.

Nicht das Ganze

Die Kirche der Geschichte fordert die Strömungen heraus, das zu sein, wozu der Herr sie geschaffen hat, Impulse neuen Lebens, die dennoch nicht alles sind. Anzunehmen, daß eine Strömung eine Strömung ist und kein Ozean, erfordert eine Demut des Herzens und eine Lernbereitschaft.

Eine Strömung in der christlichen Welt ist wie eine Arterie im Körper. Eine Arterie ist ein Kanal des lebenspendenden Blutes für den Körper, aber sie kann nie ein Ersatz für den Körper werden. Ein Körper ohne funktionstüchtige Arterien kann nicht überleben. Aber ein Körper ist mehr als ein Netzwerk von Arterien. So muß jede Strömung einen vitalen Beitrag zum lebendigen Leib Christi leisten, aber keine Ansammlung von Strömungen kann einen Leib bilden. Strömungen beleben die Kirche, können sie aber nicht erschaffen.

Jede der geistlichen Strömungen existiert, um über sich selbst hinaus Leben zu schenken, um wie eine Bluttransfusion für den Leib Christi zu sein. Die Strömungen mit ihrer Ausrichtung auf den Kern des Evangeliums, den Kern, der neues Leben bringt, müssen in Austausch mit dem gesamten Kirchenerbe stehen, damit sie ihren Zweck erfüllen. Laßt uns diese Herausforderung der Kirche an die Strömungen näher betrachten: die Herausforderung, der Fülle von Gottes Plan zu dienen.

Jede Strömung ist sowohl der Träger einer Botschaft als auch ein Kanal neuen Lebens. Wie wir sahen, besteht zwischen der Botschaft und dem Leben eine enge Verbindung. Die Botschaft jeder Strömung ist konzentriert; sie stellt etwas Zentrales vom Herzen des christlichen Glaubens dar. Aus diesem Grunde ist sie lebensspendend. Die gezielte Ausrichtung trägt zur Energie neuen Lebens bei. Dieses Prinzip wird in gewisser Weise von parakirchlichen Organisationen weiterentwickelt, deren Botschaft oft mit einer praktischen Methodologie vermischt wird, und die dadurch zu der Ausrichtung der Strömung, die ihrer Entstehung zugrunde lag, einen praktischen Schwerpunkt hinzufügt. Hier wird eine größere und unmittelbare Wirksamkeit durch eine stärkere Zuspitzung der Botschaft erzielt, die von modernen

Methoden der Darstellung, Verpackung, Schulung und Verbreitung unterstützt wird.

Aber die charakteristische Botschaft einer Strömung, wie wichtig und lebensspendend sie auch sein möge, umfaßt nie den gesamten christlichen Glauben. Sie schöpft aus dem Herzen des christlichen Glaubens – aber ist nicht ihr Ganzes. Sie schöpft aus der Heiligen Schrift – aber ist nicht die gesamte biblische Offenbarung. Sie bringt unterschiedliche Formen des Gebets und Gottesdienstes hervor – aber diese Formen sind nicht der ganze christliche Gottesdienst. Sie entwickelt vielleicht besondere Stile und Arten des Dienstes – aber diese sind nicht die Ganzheit des christlichen Dienstes.

Die gezielte Ausrichtung der Strömungsbotschaften ist nicht nur eine Gabe für die Strömungen allein, sondern auch für die Kirche; in der Tat sind die Strömungen Gaben für die Kirche zur Verwandlung der Welt. Somit muß jede Strömung, um die ihr zugeteilte Frucht zu bringen, das Erneuerungswerkzeug für die Gesamtheit werden: für die gesamte Kirche, für die gesamte christliche Tradition, für das ganze biblische Erbe.

Die Fülle der Tradition wird von den historischen Kirchen von Ost und West überbracht: den orientalen orthodoxen Kirchen und den orthodoxen Kirchen des Ostens sowie der katholischen Kirche in Gemeinschaft mit Rom, größtenteils die lateinische Kirche des Westens. Das richtige Verständnis für die Große Kirche von Ost und West, die mit „beiden Lungen" atmen muß, wie Papst Johannes Paul II. bei mehreren Gelegenheiten sagte, erfordert auch ein Verständnis ihrer Verwurzelung im Volk Israel, dem ursprünglichen Olivenbaum, in den die Kirchen der Nationen eingepropft werden.

Ich hoffe, dieser letzte Absatz wird von meinen protestantischen Lesern nicht einfach als katholische und orthodoxe Glaubensaussage verstanden, sondern auch als eine Anerkennung, daß die historischen Kirchen das, was ihre protestantischen Brüder und Schwestern darstellen, dringend benötigen, sowohl in den historischen Kirchen der Reformation als auch in den Früchten der geistlichen Strömungen, mit denen sich dieses Buch gezielter auseinandersetzt. Denn der Anspruch, daß die alten Kirchen von Ost und West die Fülle des Erbes darstellen, bedeutet in Wirklichkeit lediglich, daß sie ursprünglich aus dem vollen Erbe der zwei Testamente hervorgingen. Sie stellen die einzigen Formen des Christentums dar, die nicht aus einer nachfolgenden Reform-, Erneuerungs- oder Erweckungsbewegung entstanden. Dieser Anspruch besagt nichts über das Ausmaß, in welchem diese Kirchen sich verirrten oder den Weg von Gottes Begabung und Berufung verließen. Eine solche Aussage ist sowohl mit der ökumenischen Zurückhaltung von konservativen Katholiken (und Orthodoxen) als auch mit den eifrigsten reformatorischen Einwänden vereinbar.

So enthält die Herausforderung der Kirche an die Strömungen unter anderem einen Ruf zu:
1. einem Austausch zwischen der Botschaft der Strömung und der Fülle der göttlichen Offenbarung (lehrinhaltlich-theologischer Austausch);
2. einen Austausch zwischen dem erneuerten Leben der Strömung und dem gesamten Leben jeder Kirche (Austausch über das praktische Leben).

1. Ein Austausch zwischen der Botschaft der Strömung und der Fülle der göttlichen Offenbarung

Diese Herausforderung auf der Ebene von Lehre und Doktrin hat verschiedene Anwendungsebenen. Erstens muß der Gebrauch der Heiligen Schrift in den Strömungen der gesamten Bibel gegenübergestellt werden. Normalerweise sind die Strömungen im Bereich der Predigt besonders begnadet, aber ihr Predigen tendiert dazu, aus bestimmten Themen und Schwerpunkten der Bibel zu schöpfen; evangelikale Prediger konzentrieren sich gern auf die paulinischen Briefe; Heiligungsprediger stützen sich häufig auf Römer 6-8, wobei auch viele die typologische Bedeutung der Arche und des Tabernakels im Alten Testament erforschen; Pfingstler wenden erzählenden Büchern mehr Aufmerksamkeit zu, besonders der Apostelgeschichte und Büchern wie 1. und 2. Samuel und der Könige im Alten Testament. Keine Strömung scheint sich von der gesamten Offenbarung der Heiligen Schrift zu ernähren.

Erweckte Christen fragen sich vielleicht an diesem Punkt, wie alte Kirchen, die ihrer Ansicht nach keine überwältigende Liebe für die Heilige Schrift haben, ihnen dabei helfen können, den Teil, den sie lieben, mit dem ganzen, den sie vielleicht lieben möchten, in Verbindung zu bringen. Eine der Antworten liegt im liturgischen Charakter der alten Kirchen und der Weise, wie ihre Gottesdienste aus der Heiligen Schrift schöpfen, vollständiger und reicher als die nicht-liturgischen Konfessionen, deren Auslegungen wortwörtlicher sind und deren Prediger sich ihre eigenen auszulegenden Texte aussuchen. Die Bedeutung liturgischer Gottesdienstformen hat verschiedene Ebenen und betrifft beispielsweise sowohl den Inhalt der biblischen Verkündigung als auch die Art und Weise, wie dieser mitgeteilt wird.

In den liturgischen Traditionen von Ost und West werden sowohl die Lektionare, die die biblischen Lesungen bei der Feier der Eucharistie enthalten, als auch die in den Klöstern gesungenen oder gelesenen Stundengebete[103] aus Texten von allen Büchern der Bibel zusammengestellt. Diese vermitteln mit der Zeit eine Lektüre des Großteils der Heiligen Schrift.[104] Diese liturgische Praxis ist, ob die Teilnehmer es wahrnehmen oder nicht, eine praktische Anerkennung der Autorität des Wortes Gottes und ermöglicht – kann es aber nicht erzwingen – eine Unterordnung der christlichen Gemeinschaft unter die vollständige Offenbarung Gottes in Jesus Christus, über den die inspirierten Schriften ein einzigartiges Zeugnis ablegen. Hierin liegt eine Herausforderung an nicht-liturgische christliche Traditionen, von denen die geistlichen Strömungen einen Großteil ausmachen, und zwar, wie sie eine praktische Verkündigung von und Schulung durch die Gesamtheit der Schrift sicherstellen.

Zweitens sind historische Liturgien mehr als nur Textsammlungen. Sie verkörpern eine ganze Art und Weise, mit dem Herrn des Bundes in Verbindung zu stehen, die nicht nur aus biblischen Begriffen schöpft, sondern aus symbolischen Handlungen, die tief in der biblischen Tradition verwurzelt sind. Das Wort Gottes wird nicht nur rational und logisch, sondern bildhaft und intuitiv verkündet. Diese liturgische Praxis fordert Christen aus den Strömungen heraus, den

Rationalismus der Beherrschung durch wissenschaftliche Begriffe zu überwinden, der ein negatives Nebenprodukt ihres modernen Charakters in der Welt nach der Aufklärung ist.

Drittens müssen die besonderen Lehrsätze, die in den Strömungen betont werden, mit der vollen Lehre der christlichen Kirche in Verbindung gebracht und an ihr ausgerichtet werden. Hier müssen die Schlüssellehrsätze der Strömungen (Erlösung durch den erlösenden Tod Jesu, die Notwendigkeit von Buße und persönlicher Bekehrung, die Auswirkungen des Sündenfalls, Rechtfertigung und Heiligung, die Gabe des Heiligen Geistes) für den gesamten Glauben der Kirche Lebensspender werden. Dieser Austausch kann damit beginnen, daß man Schlüssellehrsätze der Strömungen mit den in den Glaubensbekenntnissen gelehrten Wahrheiten verknüpft. Die Glaubensbekenntnisse haben einen klaren trinitarischen Rahmen, der die lebensverändernde Lehre der Strömungen durch seinen festgegründeten Zusammenhang bekräftigen kann. Aber dieser Prozeß muß sogar noch über die Glaubensbekenntnisse hinausgehen, denn die historischen Glaubensbekenntnisse erwähnen nicht die Sakramente, die das in diesen vollzogenen Glaubensgeheimnissen innewohnende Heilige zum Ausdruck bringen, ein Gebiet, in das Neubekehrte erst nach ihrer Taufe eingeführt wurden.

2. Ein Austausch zwischen dem erneuerten Leben in Strömungskreisen und dem gesamten Leben jeder Kirche

Jede Strömung bringt der Kirche neben einer Kernbotschaft auch neue Lebensströme. Dieses neue Leben ist nicht nur für sie allein gedacht, sondern für die Erneuerung und den Wiederaufbau der Kirche. Das neue Leben muß durch alle Glieder, Organe und Gewebe des ganzen Leibes pulsieren.

Es ist charakteristisch für Strömungen, daß sie als Strömungen nur fließen können, wo es ihnen erlaubt ist zu fließen. Strömungen bringen neues Leben, wo neues Leben willkommen geheißen wird. Aber die Kirche ist notwendigerweise eine Versammlung, die sich um jede Dimension des Lebens bemüht: Familienleben von der Wiege bis zum Grab, Bildung und Schulung; alle Formen christlichen Gottesdienstes; das Fördern von Diensten; Evangelisation und missionarische Tätigkeit; Formen des Dienstes für die Kirche und die Welt; die Fürsorge und Verteidigung der Armen und Unterdrückten; den Dienst des Verstandes durch biblische, theologische und historische Studien. Die Erneuerung der Kirche bedeutet das neue Ausrichten all dieser Dienste und Aktivitäten auf die Kernwahrheiten des Evangeliums, die in den Strömungen neu belebt wurden.

Diese Überlegungen können uns helfen zu sehen, wie die geschichtlichen Kirchen und die Strömungen einander brauchen. Ohne die neuen Lebenskräfte der Strömungen riskieren die Kirchen, ein komplettes System an Lehrsätzen und eine Bandbreite von Diensten zu besitzen, denen es an Leben und verwandelnder Kraft fehlt, so daß sie keinen bedeutenden Einfluß auf unsere Welt ausüben. Ohne die Fülle der Doktrin und organischen Struktur in den historischen Kirchen laufen die Strömungen Gefahr, daß das neue Leben sich nicht in zusammenhängender Weise entwickelt; es kann ihnen an der Fähigkeit fehlen, die Zukunft in nennenswertem Maß mitzugestalten.

Nicht das einzige Werk des Heiligen Geistes

Die Strömungen brauchen auch den breiteren Kontext der historischen Kirchen, um zu entdecken, daß in der Kirche und in der Welt auch andere Aktivitäten und Ströme des Heiligen Geistes am Werke sind. Es bleibt wahr, daß die geistlichen Strömungen der modernen Zeit für Gottes Plan der Erweckung und Erneuerung besonders wichtig sind. Das beweist ihre Ausrichtung auf die zentralen Wahrheiten des christlichen Glaubens und ihre lebensspendende Kraft. Es gibt jedoch auch andere bedeutende Ströme des Geistes Gottes in den klassischen protestantischen, orthodoxen und katholischen Welten, wie vom achten bis zum zwölften Kapitel angedeutet wurde. Wenn man diese anderen Ströme ignoriert und handelt, als ob die Lebensströmungen das einzige nennenswerte Ereignis wären, macht man sich nicht nur schuldig, von sich selbst ganz in Anspruch genommen zu sein (was nie eine christliche Tugend ist), sondern man gibt sich auch einer unangebracht engstirnigen Vision von kirchlicher Erneuerung hin.

Eine ausschließliche Betonung der Strömungen neuen Lebens, die in ihrer Ausrichtung mehr erweckend als intellektuell sind, wird die Rolle von ideellen Bewegungen in der Kirche abwerten. Wichtige Beispiele von größeren theologischen und ideellen Strömungen in der modernen Zeit sind die liturgische Bewegung, das Wiederentdecken eines gemeinschaftszentrierten und organischen Verständnisses der Kirche, die Befreiungstheologie und, an erster Stelle, die ökumenische Bewegung. Nicht alles in all diesen Strömen ist notwendigerweise vom Heiligen Geist, aber in jeder einzelnen wird eine Dimension biblischen Glaubens und göttlicher Offenbarung wiederentdeckt.

Wenn strömungsbewußte Christen mit ihrer Ausrichtung auf ein neues Leben in Christus, mit einigen dieser mehr theologischen Ströme oder Aspekten in ihnen Schwierigkeiten haben, könnte dies sein, weil diese Ströme ungenügend mit den geistlichen Strömungen in Berührung stehen. Die Schuld dafür kann auf beiden Seiten liegen! Die geistlichen Strömungen und die erneuernden Ströme mehr theologischer Art brauchen einander. Gesunder Austausch zwischen den beiden kann in verschiedenen Bewegungen innerhalb der historischen Kirchen gesehen werden, sei es in Gemeinschaften wie Sant'Egidio in der römisch-katholischen Kirche oder der Iona-Gemeinschaft in der protestantischen Welt.

Die ökumenische Bewegung stellt ein weiteres Beispiel dar. Wie kurz im zweiten und dritten Kapitel angedeutet wurde, kam ein bedeutender Beitrag zur ursprünglichen Inspiration der Bewegung für eine christliche Einheit aus der evangelikalen und der Heiligungsströmung. Diese Ausrichtung ging bald verloren, was zweifellos durch die wachsende Mitwirkung der orthodoxen und katholischen Kirche sowie durch liberalisierende Tendenzen in der protestantischen Welt gefördert wurde, auf die die Strömungsanhänger meist defensiv reagierten. So sind die Strömungen in der ökumenischen Bewegung des späten 20. Jahrhunderts eher bescheiden vertreten, obwohl ein mutiges Häufchen überzeugter evangelikaler und pfingstlerischer Vertreter der Ökumene sich in den Versammlungen des Weltkirchenrates behaupteten.

Die Folge dieser (beidseitigen) Engspurigkeit ist das tragische Versäumnis, die außerordentliche Bedeutung und das Potential der charismatischen Strömung für die christliche Einheit zu erfassen. Auf der einen Seite werten viele Charismatiker die ökumenische Bewegung als rein menschliche Anstrengung, Einheit zu erzielen, ab (ein Urteil, das eine bemerkenswerte Ignoranz der ursprünglichen Inspiration der Bewegung beweist), während andererseits ein Großteil der engagierten Vertreter der Ökumene den charismatischen Aufbruch als für ihr Verständnis der Ökumene nicht relevant ablehnen, da sie ihn entweder als bloße Gefühlsseligkeit und gar als weitere Mutation eines konservativen Fundamentalismus betrachten, in dem sie wenig Positives sehen.

Die Notwendigkeit für eine sichtbare Gestalt

Die Strömungen als Strömungen neuen Lebens müssen sich auf eine Art verleiblichen zu einer sichtbaren Gesellschaft, um zu überleben und anhaltende Früchte zu bringen. Dies ist Teil des Lebensgesetzes in der physikalischen Welt, in die Gott menschliche Wesen als verleiblichte Geister gestellt hat. Deswegen schloß Gottes Werk unserer Erlösung von den trennenden und zerstörenden Folgen der Sünde den Sohn Gottes mit ein, der Geist ist und menschliches Fleisch in all seiner Körperlichkeit annimmt, am Kreuz stirbt, die Trennung des Leibes und Geistes erfährt, und dann als „überirdischer Leib" (1 Kor 15,44) aufersteht, als „lebendigmachender Geist" (1 Kor 15,45).

Ohne die historischen Kirchen bleiben die Strömungen Impulse neuen Lebens, die nicht vollständig eine sichtbare Gestalt angenommen haben. In der Tat, ohne eine wahrhaft jüdische Grundlage und eine Art des Eingepflanztwerdens in das geschichtliche Israel, fehlt den historischen Kirchen ihrerseits die Fülle der historischen Verleiblichung. Es ist wahr, daß der Prozeß der Gründung von Institutionen und noch mehr von neuen Konfessionen durch eine Strömung eine gewisse Verleiblichung darstellt. Aber nur wenige innerhalb der Konfessionen, die aus den Erweckungen der vergangenen Jahrhunderte hervorgingen, würden ein ebenso deutliches Werk des Heiligen Geistes darin sehen, in diesem Strukturierungsprozeß eine sichtbare Gestalt anzunehmen, wie im ursprünglichen Entstehen der Strömungen selbst.

Was als Impuls des Geistes beginnt, muß Fleisch annehmen, damit es sowohl überleben, als auch Frucht bringen kann. Eine langfristige Kontinuität ist in der Körperlichkeit verwurzelt. Dieses Prinzip war in der Existenz und dem Gedächtnis Israels tief eingebettet, und wurde in jedem biblischen Stammbaum ausgedrückt. Die vier geistlichen Strömungen sind Impulse neuen Lebens des Heiligen Geistes, die von gewissen grundlegenden Glaubensüberzeugungen begleitet werden, die der Gedankenwelt angehören. Beide, das neue Leben und die gedanklichen Überzeugungen müssen verkörpert werden, um die ihnen zugeteilte Frucht zu bringen.

Die Strömungen brauchen die alten Kirchen von Ost und West, weil diese Kirchen nicht einfach als Impulse neuen Lebens oder als Glaubensüberzeugungen begannen, sondern als organische Körper, die aus dem Volk Israel durch die Arbeit der Zwölf und des hl. Paulus hervorgingen. Sie sind „auf das Fundament der Apostel und Propheten gebaut" (Eph 2,20). Wenn in Strömungen solche Versuche, eine sichtbare Gestalt anzunehmen, die alten Kirchen verschmähen oder ignorieren, sind sie zu einem ewigen Prozeß der Schaffung neuer Strukturen verurteilt, die menschliche Organisation anstelle von göttlicher Kreativität widerspiegeln. Als solche fehlt den neuen konfessionellen Strukturen die innerliche Stärke des organischen Körpers und die wahre Autorität historisch apostolischer Sukzession.

Die Beschränkungen einer Fleischwerdung

Das Annehmen von menschlichem Fleisch durch den Sohn Gottes hat zwei wichtige Dimensionen, die in gewisser Spannung zueinander stehen: (1) das Hervortreten göttlichen Lebens durch Jesu Menschlichkeit; (2) die Entäußerung (kenosis), die es bedeutet, wenn eine unendliche Majestät Gottes Wesen nicht nur in die menschliche Natur hineinzwängt, sondern in unsere verletzte menschliche Natur innerhalb der Grenzen von Raum und Zeit. Die Inkarnation enthält somit gleichzeitig ein Element der Offenbarung und der Verborgenheit. Die Dimension der Entäußerung wird am bildhaftesten im Christushymnus des hl. Paulus in Philipper 2,5-11 ausgedrückt.

Ein ähnlicher Prozeß liegt jedes Mal vor, wenn die Kirche ein Wehen des Heiligen Geistes während der Zeit ihrer Pilgerschaft auf Erden aufnimmt. Der Heilige Geist ist von Natur aus unendlich und uneingeschränkt, aber der Geist wird uns Menschen, Pilgern in Fleischesgestalt, geschickt. Eine vollständige Aufnahme des Heiligen Geistes bedeutet so eine gewisse Entäußerung von seiten des Geistes, da der Geist von den Grenzen menschlicher und fleischlicher Existenz begrenzt und eingeschränkt wird. In dieser Welt gibt es immer eine Ungleichheit zwischen der Gabe des Heiligen Geistes und der körperlichen Form, in der die Gabe empfangen wird. Paulus schreibt deshalb, „wir wissen nicht, worum wir in rechter Weise beten sollen; der Geist selber tritt jedoch für uns ein mit Seufzen, das wir nicht in Worte fassen können" (Röm 8,26).

Der Erweckungsethos der geistlichen Strömungen neigt dazu, die maximale Offenbarung im jetzigen Moment anzustreben und das unmittelbar Realisierbare hervorzuheben. Christen aus den Strömungen können oft Routinen und Verzögerungen nicht ertragen, sie haben für sie einen Beigeschmack von Flauheit und geistiger Selbstgefälligkeit. Das Leib gewordene Geheimnis der Kirche konfrontiert die Impulse neuen Lebens in den Strömungen mit dem Gesetz der Inkarnation. Das Element der Beschränkung, das erfahren wird, wenn neues Leben körperliche Form annimmt, ist nicht einfach „alten Weinschläuchen" oder der Ablehnung durch Nicht-Erleuchtete zuzuschreiben; diese Faktoren könnten mitwirken, aber es gilt ein fundamentales Gesetz der Inkarnation und kenosis, das Teil genau der Weise ist, wie dieses neue Leben vertieft und mitgeteilt wird. Dieses Thema ist vielleicht am vollständigsten im 2. Korintherbrief ausgearbeitet. Paulus spricht hier deutlich von der Ungleichheit zwischen der Gabe und ihrem irdischen Behälter: „Diesen Schatz tragen wir in zerbrechlichen Gefäßen; so wird deutlich, daß das Übermaß der Kraft von Gott und nicht von uns kommt" (2 Kor 4,7). Die „zerbrechlichen Gefäße" sind nicht nur unsere menschlichen

Körper sondern die verkörperten strukturellen Formen der Kirche.

So steht der göttliche Geist, der in diesen menschlichen, unter dem Zeichen der Sterblichkeit stehenden Körper kommt, in ständiger Spannung mit diesem Hang hin zum Tod. „Denn immer werden wir, obgleich wir leben, um Jesu willen dem Tod ausgeliefert, damit auch das Leben Jesu an unserem sterblichen Fleisch offenbar wird. So erweist an uns der Tod, an euch aber das Leben seine Macht" (2 Kor 4,11-12). Das Äußere und das Innere ziehen in entgegengesetzte Richtungen: „Wenn auch unser äußerer Mensch aufgerieben wird, der innere wird Tag für Tag erneuert" (2 Kor 4,16). Diese aus der Fleischwerdung durch die Inkarnation resultierende Spannung ist jedoch nur vorübergehend; Gott bereitet so für uns das ewige Haus, wo jegliche Zweiteilung zwischen Äußerem und Innerem, Sprituellem und Körperlichem überwunden sein wird. „Denn die kleine Last unserer gegenwärtigen Not schafft uns in maßlosem Übermaß ein ewiges Gewicht an Herrlichkeit" (2 Kor 4, 17).

Unser gegenwärtiges Stadium des Erlebens dieser Spannung und der Erwartung ihrer endgültigen Auflösung ruft in uns ein Seufzen hervor: „Im gegenwärtigen Zustand seufzen wir und sehnen uns danach, mit dem himmlischen Haus überkleidet zu werden. So bekleidet, werden wir nämlich nicht nackt erscheinen" (2 Kor 5,2-3). Es gehört folglich zu unserem gegenwärtigen Zustand auf Erden, mit Seufzen zum Herrn zu rufen; der erste Anteil des Heiligen Geistes wurde uns gegeben, damit wir ausrufen können, daß das Werk des Herrn vollendet werde. „Solange wir nämlich in diesem Zelt leben, seufzen wir unter schwerem Druck, weil wir nicht entkleidet, sondern überkleidet werden möchten, damit so das Sterbliche vom Leben verschlungen werde. Gott aber, der uns gerade dazu fähig gemacht hat, er hat uns auch als ersten Anteil den Geist gegeben" (2 Kor 5,4-5).

Wesentlich zum lebendigen Christsein gehört also die Erfahrung eines Leidens als Folge der Beschränkung, der sich der Heilige Geist durch sein Gestaltannehmen in noch irdischen Gefäßen hingibt. Dieses Leiden muß in einem Gebet des Seufzens Ausdruck finden, als würden wir in Geburtswehen liegen, wie Paulus sagt, in einem Gebet der Qual aufgrund unseres Zustandes und in einem Gebet der Sehnsucht nach der endgültigen Auferstehung, unserer vollständigen Bekleidung mit dem Körper und den Gewändern der Herrlichkeit. Ein solches Leiden bedeutet unter anderem, sich mit schwierigen Situationen abzugeben, vorausgesetzt es sind Situationen, in die der Herr uns gestellt hat. Es bedeutet, schwierige Punkte durchzuarbeiten; es bedeutet, uns Dingen in uns zu stellen, die es uns erschweren zu lieben, zu respektieren, zuzuhören, zusammenzuarbeiten. Es bedeutet, uns den Grenzen unseres Verständnisses zu stellen, zu erlauben, daß unsere Vorurteile offengelegt werden, dem Herrn zu erlauben, uns durch Menschen, mit denen wir Schwierigkeiten haben, und durch Situationen, vor denen wir davonlaufen möchten, etwas zu lehren.

Dies bedeutet nicht, daß der Herr nie Menschen dazu beruft, von einer Kirchensituation zu einer anderen zu wechseln. Es legt jedoch nahe, daß ein solcher Schritt von engagierten Christen erst nach intensivem Durchleben im Gebet der Qual und Schmerzen über Spannungen unter den Kirchen ins Auge gefaßt werden sollte. Bei der ersten Meinungsverschiedenheit und Schwierigkeit wegzugehen, kommt einem unreifen Davonrennen vom wirklichen Leben gleich auf der Suche nach einer problemlosen Utopie.

Nur auf diese Weise, mit einem gewissen Leiden und seufzenden Gebet, nimmt das neue Leben des Geistes eine tiefere Gestalt an. Dies ist schließlich die einzige Antwort auf das Problem der selbstgefälligen und eher leblosen Kirchen einerseits und der lebendigen und begeisterten aber eher oberflächlichen charismatischen Versammlungen auf der anderen Seite. Diese Bemerkungen sind keine Kritik an allen Leitern der neuen Gemeinden. In der Tat, da die Verbände von neuen Gemeinden und Gemeinschaften in erster Linie auf persönlichen Beziehungen der Leiter basieren, arbeiteten sich einige von diesen durch schmerzhaftere Schwierigkeiten mit Persönlichkeiten und Doktrinen hindurch, als viele Leiter in den alten Kirchen dies je in ihrer geschützteren Lage getan haben.

Die Kultur durchdringen

Ein unter Katholiken weitverbreitetes Verständnis von Evangelisation, das es von vielen evangelikalen Debatten abgrenzt, ist die Betonung einer Verkündigung des christlichen Evangeliums, die nicht nur die Bekehrung einzelner, sondern ein Durchdringen der Kultur zum Ziel hat. Papst Johannes Paul II. schrieb von diesem Prozeß:

„Durch die Inkulturation nimmt das Evangelium durch die Kirche in verschiedenen Kulturen Fleisch an und führt gleichzeitig Völker, zusammen mit ihren Kulturen, in ihre eigene Gemeinschaft ein. Sie übermittelt ihnen ihre eigenen Werte, nimmt gleichzeitig die guten Elemente, die bereits in ihnen bestehen, auf und erneuert sie von innen her. Durch die Inkulturation wird die Kirche ihrerseits ein klareres Zeichen ihrer selbst, und ein wirksameres Missionswerkzeug."[105]

Evangelikale Leser könnten befürchten, daß katholische Versuche einer Inkulturation zu leicht eine Form des religiösen Imperialismus annehmen, in dem die Kernbotschaft des Evangeliums mit seiner befreienden Kraft nicht deutlich gepredigt wird. Sie fürchten, daß das Evangelium durch eine unheilige Heirat mit heidnischen Kulturen gefährdet wird; manches, was Evangelikale und Pfingstler in Lateinamerika sahen, erhöhte diese Angst. Um einer falschen Auffassung von Inkulturation vorzubeugen, prägte Papst Paul VI. den Begriff „die Evangelisierung der Kulturen"; damit war gemeint, die Kulturen müßten durch die Verkündigung des Evangeliums verwandelt, erhoben und gereinigt werden. Während die geistlichen Strömungen die katholische Kirche dazu herausfordern, die volle Herausforderung des Evangeliums zu predigen, fordert die Kirche die Strömungen heraus zu erlauben, daß der sprachliche und kulturelle Rahmen der Evangelisten von der Botschaft gelöst werden kann, um das Evangelium in anderen Kulturen wahrhaft fleischwerden zu lassen. Die Strömungen mit ihrer starken Verwurzelung in der angelsächsischen Welt und ihrer pragmatischen Tendenz zur Wertschätzung von Aktivität und Produktivität auf Kosten einer tieferen Betrachtung sind eher versucht, fremde

Kulturen in einem kürzeren Prozeß mit dem Evangelium bekanntzumachen. Grund dafür ist nicht, daß diejenigen, die in den Strömungen missionarische Strategien entwickeln, sich nicht mit der Inkulturation auseinandersetzten, sondern eher, daß ihr Stil und ihre Formen, vor allem vielleicht jene der internationalen parakirchlichen Bewegungen, einer unmittelbaren Aktion und praktischem Training den Vorzug geben vor einer langfristigen Einführung von Missionaren und Evangelisten in eine Kultur, die sie dann von innen durchdringen.

Ein authentisches Durchdringen der Kulturen durch das Evangelium bedeutet auch für die Evangelisten und die Leiter der neuen Glaubensgemeinschaften, selbst leer zu werden. Für diejenigen, die aus einer anderen Kultur stammen, bedeutet es, alles Positive in den Gedankenformen, dem Lebensstil und den Empfindungen der Gastkultur aufzunehmen und diese entsprechenden Werte von seiner eigenen Kultur zurückzulassen. Jeder andere Versuch würde eine durch Elemente des kulturellen Imperialismus geschwächte Evangelisation darstellen. Dieser Prozeß erfordert eine tiefe innere Selbstverleugnung, ein Teilhaben an Jesu eigener Entäußerung, der nicht daran festhielt, „wie Gott zu sein; sondern er entäußerte sich und wurde wie ein Sklave und den Menschen gleich" (Phil 2,6-7).

Kapitel 20

Zwei Wege

Wir haben dargelegt, daß die Strömungen neuen Lebens die Kirchen brauchen, und daß die Kirchen die geistlichen Strömungen brauchen. Wir haben dargelegt, daß diese Aussagen besonders für die alten Kirchen von Ost und West, die westorthodoxe, ostorthodoxe und katholische zutreffen.

Aus den früheren geschichtlichen Zusammenfassungen wird ersichtlich, daß die Kirchen und die Strömungen auf zwei unterschiedliche Weisen aufeinander einwirken können und dies in gewissem Maße bereits positiv verwirklichen. Erstens durch die Entstehung und die Aufnahme der Strömungen im Leben von bestehenden Kirchen. Zweitens dort, wo sich das Leben der Strömung getrennt von den bestehenden Kirchen entwickelt, aber früher oder später lernt, positiv und kooperativ mit ihnen umzugehen.

Genauso wie es zwei Arten von positiven Verbindungen zwischen Kirche und Strömungen gibt, gibt es auch zwei Arten, eine Beziehung abzulehnen: die eine ist, wenn Kirchen es ablehnen, Strömungen willkommmen zu heißen oder ihnen zumindest einen Raum zu geben, sich zu entwickeln; und die zweite, wenn Strömungen, die sich getrennt von den Kirchen entwickeln, ihnen in Feindschaft gegenüberstehen. Beide sehen sich als Gegner und Rivalen, die Kirchen versuchen, die Strömungen als Sekten anzuklagen, und die Strömungen, die Kirchen als tot oder bedeutungslos abzustempeln.

1. Die Aufnahme der Strömungen im Leben von bestehenden Kirchen

Wie im zweiten bis fünften Kapitel skizziert, wurden die Strömungen in den historischen protestantischen Kirchen meist in gewisser Weise, wenn auch begrenzt, anerkannt. Fast seit seinen Anfängen war der Evangelikalismus in der anglikanischen Gemeinschaft gegenwärtig, in jüngster Zeit wuchs er in der Kirche von England. In den reformierten Kirchen, besonders jenen der Schweiz und Frankreichs, und im Luthertum, vor allem in Skandinavien, gab es Erweckungsgruppen evangelikaler Ausrichtung. Die Heiligungsströmung hatte einen beachtlichen Einfluß auf viele Kreise der protestantischen Hauptlinie, besonders durch die Keswick-Treffen und im deutschen Luthertum, wo sie auf die ältere pietistische Tradition aufbaute.

Im Gegensatz dazu wurde die Pfingstströmung von den großen protestantischen Kirchen fast gänzlich abgelehnt oder ignoriert. In den wenigen kirchlichen Kreisen, in denen das Pfingstfeuer empfangen wurde, wie jene verbunden mit dem Anglikaner Alexander Boddy in England und einer Handvoll lutherischer Pastoren in Deutschland, herrschte mit der Zeit Gleichgültigkeit und Ablehnung vor. Eine oder zwei solcher Pfingstkreise überlebten, wie die Baptist Orebro-Mission in Schweden. Das pfingstlerische neue Leben drang jedoch grundsätzlich mit der charismatischen Strömung in die historischen Kirchen ein. Diesmal erreichte die Strömung neuen Lebens neben den großen protestantischen Kirchen auch die römisch-katholische Kirche.

Wo Kreise der Großkirchen sich den geistlichen Strömungen öffnen und sie aufnehmen, geschieht dies in verschiedenen Formen. Manchmal tritt eine Strömung in eine Kirchentradition ein und etabliert sich als eigenständige Gruppierung, vielleicht als eigenständige Partei innerhalb dieser Kirche, wie das mit der evangelikalen Strömung in der Kirche von England der Fall war. Die Strömung konnte sich entwickeln und zu einer Kraft geistlicher Erweckung werden, aber ihr Parteicharakter grenzte ihren Austausch mit dem Rest der Kirche ein. Obwohl die Gründer der Oxford-Bewegung evangelikal beeinflußt waren, betrachteten sich die evangelikalen und katholischen Bewegungen in der Kirche von England lange als Gegner. Erst mit dem Entstehen der charismatischen Strömung, die beide Parteien berührte, entstand ein Bruch in dieser Wand – wobei der katholische Flügel der Kirche von England zu diesem Zeitpunkt bereits seinen Höhepunkt überschritten hatte. Eine totale Trennung von Parteien innerhalb einer Kirchengemeinschaft ist jedoch schwer zu erreichen, wie stark auch der Parteiengeist sein mag. Ein gewisser Austausch ist unvermeidbar, noch mehr, seit synodale Leitungsstrukturen eingeführt wurden, in denen alle Parteien und Ströme vertreten waren. Dieser Austausch wurde in der anglikanischen Gemeinschaft durch die Ernennung von Bischöfen aus der evangelikalen und katholischen Partei weiter gefördert.

In einer weiteren Form der Aufnahme erwarb sich die Strömung einen rechtmäßigen Lebensraum und vermied es, Anlaß zu Streit oder Spott zu geben, übte aber keinen großen Einfluß auf die Kirche aus, die sie aufnahm. Dies scheint der Fall mit einem Teil der deutschen Heiligungsbewegung gewesen zu sein, die ihre Insichgekehrtheit von der früheren pietistischen Bewegung erbte.

Eine andere Form verursachte lange Zeit Spannungen und Konflikte zwischen den neuen Strömungen und dem Milieu der aufnehmenden Kirche. Das vielleicht offensichtlichste Beispiel hierfür ist die Antwort des amerikanischen Methodismus auf die Heiligungsströmung des 19. Jahrhunderts. Dreißig- oder vierzigjährige Kämpfe und wachsende Spannungen führten dazu, daß viele Heiligungsanhänger die großen methodistischen Kirchen verließen und neue Heiligungskonfessionen gründeten. Dennoch blieben einige, aber bei ihnen entfernte sich das Leben der Strömung von der Hauptausrichtung ihrer Methodistenkirchen.

Weil die charismatische Strömung neuer ist und sich weltweit gesehen auf mehr Kirchen auswirkt, sind die Formen des Austausches zwischen Kirche und Strömung weniger deutlich und haben sich vielleicht noch nicht zu Formen herausgebildet, die für die Kirche und die Strömungsteilnehmer akzeptabel sind. Deshalb ist die charismatische Strömung in den Hauptkirchen der Ort, wo das Thema des Austausches am wichtigsten ist; der Austausch und die Integration zwischen der charismatischen Erneuerung und der römisch-katholischen Kirche ist wie ein Testfall.

Katholische charismatische Erneuerung

Als Strom neuen Lebens in der historischen Kirche in Gemeinschaft mit Rom erlebt die katholische charismatische Erneuerung die sich zwischen Strömung und Kirche notwendigerweise ergebende Spannung. Diese Spannung nimmt viele Formen an: zwischen der Berufung, die prophetische

Unterschiedlichkeit dieser Strömung zu bekräftigen, und der katholischen Betonung, daß sie ein Wirken des Geistes unter vielen in der Kirche ist; zwischen dem Aufrechterhalten des ökumenischen Charakters der Strömung und der Notwendigkeit, daß sie sich ganz in das Kirchenleben integriert; zwischen der freien Ausübung der für die charismatische Strömung kennzeichnenden Charismen und ihrer Eingliederung in die überlieferten Strukturen der Kirche, sei es hierarchisch, liturgisch oder bildungsbezogen; zwischen der Berufung zu einer Praxis, die in den unterschiedlichen biblischen Überzeugungen der Strömung verankert ist, und den überlieferten Formen von Kirchenfrömmigkeit.

Es liegt somit in der Natur der charismatischen Erneuerung in der katholischen Kirche, daß sie um die Erhaltung ihres vollen Zeugnisses für die Gabe des Geistes in der charismatischen Strömung und gleichzeitig um die Bestärkung ihrer vollen Katholizität als fester Bestandteil in der Gemeinschaft der katholischen Kirche kämpft. Wenn dieser Kampf in wahrer Treue zum Heiligen Geist gelebt wird, wird er zu einer echten Erneuerung der Kirche durch einen Prozeß der Bereicherung, Belebung und Reinigung führen. Wenn seine Mitwirkenden jedoch jeglichem Druck von außen nachgeben, der nicht vom Heiligen Geist kommt, dann wird das Charismatische entweder nicht das organische Leben der Kirche durchdringen, an den Rand gedrängt und kläglich einverleibt werden, oder es wird von Interessen einer leichteren Anerkennung verwässert und das, was die Kirche schließlich aufnehmen würde, wäre viel weniger als Gottes erneuernde Gabe.

Vielleicht können die auf dem Spiel stehenden Punkte durch die sehr unterschiedliche Geschichte von charismatischen Gemeinschaften in der katholischen Welt veranschaulicht werden, und zwar in den zwei Ländern, in denen sie die größte Resonanz erhielten, den Vereinigten Staaten und Frankreich. In den Vereinigten Staaten erzielten die charismatischen Gemeinschaften, von denen die Word of God Gemeinschaft in Ann Arbor, Michigan, Pionier und Musterbeispiel war, während der ersten Jahre ein explosives Wachstum, neigten zu einer zentralisierenden Form, indem sie Menschen zu den geographischen Zentren der Gemeinschaften zogen, und standen meist in ihrem dritten Jahrzehnt ernsthaften Schwierigkeiten gegenüber. Im Gegensatz dazu hielten die französischen charismatischen Gemeinschaften über drei Jahrzehnte ein ständiges Wachstum aufrecht, sie zentralisierten sich nicht, sondern bildeten fortwährend neue Zweige in anderen Orten und Ländern, und handhabten erfolgreicher den Übergang von der Begeisterung und Zwanglosigkeit der ersten Generation zu einem koordinierten und dennoch flexibel errichteten Gemeinschaftsleben. Der Gegensatz zwischen der amerikanischen und der französischen Erfahrung besteht nicht nur in unterschiedlichen Formen von Wachstum, Verbreitung und Erfolg. Er betrifft auch die Intensität und Tiefe des Austausches zwischen den neuen Charismen und der alten Kirche. Die amerikanischen Gemeinschaften lebten, zumindest in ihren frühen Jahren, die charismatische Dimension freier aus, und ihre Zugehörigkeit zur weiten charismatischen Strömung wurde bereitwilliger anerkannt.

Aus den Vereinigten Staaten stammte auch der mutige Versuch, Bundgemeinschaften mit sowohl katholischen als auch protestantischen Mitgliedern ins Lebens zu rufen. Die Verbindungen zwischen den neuen Gemeinschaften und der Institution Kirche waren jedoch schwächer als in Frankreich. Verursacht wurde dieser Unterschied größtenteils durch die höchst kritische Situation der französischen Kirche mit ihren drastisch schrumpfenden Orden und einem ernsthaften Priestermangel; in dieser Situation nahmen die Bischöfe bald das Potential der neuen Gemeinschaften mit ihrer Anziehungskraft auf Jugendliche wahr. Alte Kirchengebäude, Abteien und Klöster, die die alten religiösen Orden nicht mehr füllen konnten, wurden den neuen charismatischen Gemeinschaften zur Verfügung gestellt. Diese historischen Standorte zusammen mit dem europäischen Sinn für Geschichte und der katholischen Wertschätzung für Tradition brachten die neuen charismatischen Gemeinschaften dazu, ihre Identität in Verbindung mit dem reichen französischen Erbe katholischer Spiritualität und Gelehrsamkeit zu finden.[106]

Im Vergleich mit Frankreich gelang es den amerikanischen Gemeinschaften nicht, ein ähnliches Maß an Verwurzelung und Stabilität zu erreichen. Zum Teil spiegelt dies die geringere historische Verwurzelung der amerikanischen Gesellschaft wider. Das amerikanische Umfeld erlaubt eine größere Freiheit für kreative Experimente, weshalb die amerikanischen Gemeinschaften den Anfängen in Frankreich um ein paar Jahre voraus waren. In manchen der französischen Gemeinschaften wird charismatische Energie für Formen des katholischen Traditionalismus nutzbar gemacht, wobei es falsch wäre, dies als vollkommen rückschrittliches Phänomen abzuwerten, wie einige Kritiker es taten. Deutlich ist aber, daß der amerikanisch-französische Gegensatz eine erstklassige Studie bieten kann für die Probleme prophetisch und institutional, charismatische Neuheit und Kreativität in Verbindung mit historischer Einverleibung und Integration in die Kirche.

Zusammenfassung

Ein geschichtlicher Überblick hinterläßt wahrscheinlich den Eindruck, daß der Austausch zwischen Strömung und Kirche allgemein zu wünschen übrigließ, daß die Strömungen selten oder nie den Einfluß auf ihre Kirche ausübten, den ihre Anhänger erhofften, und daß die Strömungen, sobald ihnen ein Maß an Rechtmäßigkeit zugesprochen wird, ihr Feuer einbüßen können und eher zu Kirchenabteilungen als zu Strömungen neuen Lebens werden.

Diese Schlußfolgerungen beziehen sich jedoch in erster Linie auf die Aufnahme der Strömungen in den großen protestantischen Kirchen. Wie bemerkt, ist die Einwirkung der charismatischen Strömung auf die römisch-katholische Kirche noch zu jung, um mehr als sehr provisorische Kommentare dazu zu erlauben. In diesem Moment scheint es, daß die charismatische Erneuerung von offizieller katholischer Seite großzügiger willkommen geheißen wurde, als es irgendeine der Strömungen je von den wichtigen protestantischen Kreisen erfahren hat. Die freundliche Aufnahme von seiten der katholischen Kirche war jedoch oft mehr der Zuspruch der Rechtmäßigkeit und die Gewährung eines Raumes, um den eigenen Formen Ausdruck geben zu können, als eine Annahme der Herausforderung, die die charismatische Strömung für die ganze Kirche stellt.

Es sollte folglich von jeder Strömung und von jeder Kirche, die sie berührt, die Frage gestellt werden: Gibt es noch eine Vision, die die ganze Kirche durchsäuern kann? Dies ist eng verbunden mit der Frage, ob es Gläubige gibt, die sich aus ganzem Herzen dafür einsetzen, im Gebet für ihre Kirche zu ringen.

2. Die Entwicklung der von den alten Kirchen getrennten Strömungen

Wie im zweiten bis fünften Kapitel erwähnt, hatten die Strömungen neuen Lebens immer einen überkonfessionellen Charakter. Sie waren in ihren Ursprüngen nie auf eine Tradition beschränkt. Manche enthielten seit ihren ersten Jahren ein Element, das mit keinerlei Kirchentradition verknüpft war. Dieses Merkmal des „Außerhalb-der-Kirchen-Liegens" entwickelte sich unterschiedlich:

(1) Diese (meist kleinen) Glaubensgemeinschaften halten eine unabhängige Stellung aufrecht; ein offensichtliches Beispiel sind die evangelikalen Versammlungen in Großbritannien, die Verbindungen wie FIEC angehören, aber eine starke kongregationelle Unabhängigkeit beibehalten; französische evangelikale Gruppen folgen größtenteils diesem Muster.

(2) Die Gruppierungen, die sich in neue Konfessionen und Denominationen mit einer Strömungsidentität verwandelten, z. B. die Heiligungs- und die Pfingstkonfessionen und -denominationen.

(3) Jene Strömungsgruppierungen, die sich in erkennbaren Verbänden zusammenschlossen und überregionale Formen des Dienstes fördern (ein Hauptunterschied zur ersten Kategorie), aber die entschlossen sind, zu keiner neuen Konfession zu werden (ihre Unterscheidung von der zweiten Kategorie). Deutliche Beispiele hierfür sind die neuen Verbände charismatischer Gemeinden.

(4) Die Gründung von Wanderdiensten, die von einer Strömung inspiriert, aber nicht an irgendeine Konfession gebunden sind. Diese Form ist besonders eine Entwicklung in

jüngster Zeit, gefördert durch den unternehmerischen Geist und die einfachen modernen Reisemöglichkeiten.

Im allgemeinen zeigten diese vier von den alten Kirchen getrennten Ausdrucksformen der Strömungen kein großes Interesse an einem positiven Austausch mit diesen Kirchen. Oft nahmen sie ihnen gegenüber feindselige Haltungen an, und wurden so als sektiererisch betrachtet. Diese Abstempelung war vielleicht nicht immer fair, denn diese Ausdrucksformen der Strömungen vermieden gewöhnlich die extremeren Verhaltensweisen von sektiererischer Ausschließlichkeit und akzeptierten meist die Gemeinschaft mit anderen Mitwirkenden von „innerhalb" oder „außerhalb" der Kirchen in derselben Strömung. Diese „außenstehenden" Kreise zeigten normalerweise wenig Interesse an positiven Beziehungen mit den alten Kirchen, weil sie meist die Ansprüche dieser Kirchen, wahrlich Kirche zu sein, zurückwiesen und sich selbst oft als authentische Kirche betrachteten, entweder als Ersatz für oder als Wiederherstellung der wahren Kirche Jesu Christi.

Es gibt jedoch in jüngster Zeit viel mehr hoffnungsvolle Zeichen, daß der Heilige Geist unter jenen außerhalb der alten Kirchen weitere Horizonte öffnet. Besonders bedeutsam ist hier, wie eine viel breiter angelegte Zusammenarbeit von Leitern neuer charismatischer Gemeinden, vor allem in Ländern wie Großbritannien und Südafrika, gefördert und praktiziert wird.

Beide Wege annehmen

Eine wirksame Zusammenarbeit zwischen den Kirchen und den geistlichen Strömungen erfordert die Offenheit anzuerkennen, daß der Heilige Geist auf beiderlei Wegen am Werk ist, in den Strömungen innerhalb der historischen Kirchen und in ihren Ausdrucksformen „außerhalb", ob in neuen Konfessionen oder in den anderen angedeuteten Formen. Es wird nicht möglich sein, daß Kirchen angemessen mit Ausdrucksformen der Strömungen in ihrer eigenen Mitte umgehen, wenn sie nicht anerkennen, daß dieselben Strömungen weltweit, inter-konfessionell und in kirchlicheren wie auch weniger kirchlichen Kreisen gegenwärtig sind.

Ohne dieses Verständnis der Natur der Strömungen werden leitende Figuren der Kirchen dazu neigen, Ausdrucksformen der Strömungen in ihrer Kirche einfach als „Eigenprodukt" zu betrachten, was unmittelbar die prophetische Herausforderung der Stömung für die Kirche einschränkt.

Beide Ausdrucksformen der Strömungen, sowohl innerhalb der historischen Kirchen als auch „außerhalb", sehen wahrscheinlich ihre Form, innerhalb oder außerhalb, als angemessenen Ausdruck an. Das ist nicht automatisch schlecht, solange es um das Verständnis von Normalem oder Regulärem geht, aber es wird leicht verzerrt, wenn irgendetwas außerhalb des Normalen oder Regulären sofort negativ eingeordnet wird. Sogar wenn beide Seiten für eine Gemeinschaft und Zusammenarbeit miteinander offen sind, wird die andere Form leicht als niedriger und sogar gefährlich angesehen. Leiter der Strömungen innerhalb der historischen Kirchen erkennen vielleicht an, daß die Pfingstler und Anhänger der neuen Kirchen vom Heiligen Geist bewegt werden, aber sehen sie immer noch als Grenzfälle, als naiv und in gewisser Weise abtrünnig an. Pfingstler und Leiter der neuen Kirchen mögen vielleicht eingestehen, daß der Heilige Geist (überraschenderweise) in den alten Kirchen am Werk ist, aber betrachten dies als Ausnahmefall und als etwas, das wenig mit den Kirchen zu tun hat: So werden katholische Charismatiker zum Beispiel als „geisterfüllt" trotz ihrer Kirche betrachtet.

Der Geist ruft uns dazu auf, das Werk des Geistes anzuerkennen, wo auch immer es geschieht, ob an Orten und auf Wegen, die wir erwarten oder die wir ablehnen. Dies erfordert, daß wir alle so viel vom Werk des Heiligen Geistes unterscheiden, erkennen und willkommen heißen möchten, wie wir nur finden können. Es erfordert nicht, daß wir unsere konfessionellen oder „konfessionsfreien" Überzeugungen aufgeben, was auch immer sie sein mögen. Wir sind nicht dazu aufgerufen, unsere Glaubensüberzeugungen bezüglich der normalen und regulären Formen von Gottes Handlungsweisen mit dem Leib Christi aufzugeben, sondern zu erlauben, daß sie gereinigt und vertieft werden. So glaube ich als römischer Katholik, daß durch die historische Kirche in Gemeinschaft mit Rom ein „Zutritt zu der ganzen Fülle der Heilsmittel"[107] erlangt werden kann und daß die katholische Kirche definitiv einen offiziellen Normcharakter hat. Wir müssen jedoch offen sein für den Heiligen Geist, damit er uns ein neues und flexibleres Verständnis für die Beziehung zwischen dem Regulären und Normativen unserer Glaubensüberzeugungen sowie den Wegen, auf denen der Herr außerhalb dieser Formen wirkt, geben kann. Das Zweite Vatikanische Konzil erkannte an, daß anderen christliche Gemeinschaften „nicht ohne Bedeutung und Gewicht im Geheimnis des Heiles" sind.[108] Obwohl das Zweite Vatikanische Konzil von Kirchen und Konfessionen sprach, kann das Prinzip des Konzils auch auf die geistlichen Strömungen außerhalb der römisch-katholischen Gemeinschaft angewandt werden. Von einer kirchenzentrierten Perspektive aus, was Normen betrifft, werden sie bestenfalls als Minderwertige und Abkömmlinge angesehen, aber von einem christus- und geistzentrierten Gesichtspunkt aus könnte ihnen eine große Bedeutung in Gottes Plan zuerkannt werden. Dies kann nur durch eine lange Prüfung der geistlichen Strömungen im Gebet mit allen Kriterien, die wir für die Unterscheidung der Gegenwart Christi und des Werkes des Heiligen Geistes zur Verfügung haben, geschehen.

Wie durch dieses ganze Buch zum Ausdruck kommt, ist der Autor der Überzeugung, daß die geistlichen Strömungen und die Kirchen in Gottes Plan eine komplementäre Aufgabe haben. Wenn dem so ist, dann bedeutet das auch, daß die zwei Wege von Verbindungen zwischen Kirche und Strömungen komplementär sind. Wir sollten beide Wege einer positiven Beziehung annehmen, sie als unterschiedliche Sphären des Wirkens des Heiligen Geistes willkommen heißen, erforschen, wie sie zusammen in Gottes Gesamtplan passen, aber von unserem Bedürfnis ablassen, urteilende Vergleiche aufzustellen, die die anderen in Wirklichkeit zu einer relativen Unbedeutsamkeit abstufen.

Zwei neue Faktoren

Mit dem 20. Jahrhundert kamen jedoch zwei neue Faktoren auf, die die Durchdringung der Kirchen durch das neue Leben der Strömungen betreffen: Der erste ist die ökumenische Bewegung, verstanden als Anliegen und Auftrag von christlicher Einheit. Ich drücke dies so aus, damit die ökumenische Bewegung nicht als eine auf offizielle Formen zwischenkirchlicher Beziehungen und offizieller ökumenischer Körperschaften beschränkte Einrichtung mißverstanden wird. Der zweite neue Faktor setzt sich aus den weltweiten parakirchlichen Bewegungen zusammen, die aus den Strömungen heraus entstanden. Beide dieser Faktoren eröffnen die Möglichkeit für eine kreativere und umfassendere Beziehung zwischen Kirche und Strömungen.

Die ökumenische Bewegung

Obwohl die Strömungen in ihren Ursprüngen und danach, mit Ausnahme der Pfingstströmung, immer einen überkonfessionellen Charakter besaßen, gab es vor dem Aufkommmen und der Annahme der ökumenischen Bewegung nur einen minimalen Austausch mit den Kirchen. Dieser Mangel bedeutete, daß der überkonfessionelle Charakter der Strömungen sich größtenteils auf die persönliche Ebene beschränkte, und somit der Einfluß ihrer überkonfessionellen Dimension auf die Kirchen eher dürftig blieb.

Die wachsenden ökumenischen Beziehungen zwischen den Kirchen ermöglichen nun, wenn Kirchenführer und Strömungsanhänger dazu bereit sind, einen tiefergreifenden und durchdringenderen Austausch zwischen den überkonfessionellen Strömungen und den verschiedenen Kirchen. Die erste Voraussetzung dafür, daß ein solcher Austausch stattfindet, ist, daß die Strömungsanhänger anerkennen, daß die Strömungen keine Ziele in sich selbst sind, sondern existieren, um der Kirche zu dienen, sie zu erneuern und wiederherzustellen – nicht nur eine Konfession, sondern alle zusammen. In anderen Worten: zu sehen, daß eine überkonfessionelle Strömung eine ökumenische Berufung hat – zu helfen, die Kirchen zu erneuern und sie zur Einheit zu führen.

Dieser ökumenische Ruf trifft sowohl auf Strömungselemente innerhalb der älteren Kirchen als auch jenen außerhalb zu. Denn die Vereinigungen, Verbände und Versammlungen außerhalb der historischen Kirchen sind auch Teil des Planes

Gottes für die Erweckung, die Erneuerung und den Wiederaufbau der ganzen Kirche.

Eine zweite Voraussetzung ist, daß sich Mitwirkende in Strömungen nicht nur als als solche verstehen, sondern auch als organischen Teil von Kirche, wie dieser auch immer aussehen mag. Dann können sie beginnen, ihre Mitwirkung in der Strömung als ein Element zu leben, das zum Leben der Kirche und zur Tradition, der sie angehören, beiträgt.

Eine dritte Bedingung ist, daß die Kirchen die Strömungen neu ernst nehmen. Dies würde erleichtert, wenn ihre Strömungsanhänger ihren Kirchentraditionen nicht gleichgültig gegenüberstünden. Wenn die Kirchen die Strömungen ernster nehmen, nehmen sie auch ihren überkonfessionellen Charakter ernster. Dann werden sie die Strömungen als Teil von Gottes Sammlung seines Volkes in der Einheit der Kirche sehen können.

Die parakirchlichen Bewegungen

Die neuen internationalen parakirchlichen Bewegungen des 20. Jahrhunderts sind ebenfalls überkonfessionell. Mit ihrer Bestimmung, keine Ortskirchen in ihrem eigenen Namen zu errichten, sind sie gewissermaßen gezwungen, den bestehenden Kirchen zu dienen. Dies ist besonders mit jenen Bewegungen wie JmeM der Fall, die über die Evangelisation und Jüngerschaft einzelner hinausgehen und in der Gemeindegründung und Gemeinschaftsbildung tätig werden. Auch diese Entwicklung schafft die Möglichkeit eines tieferen Austausches zwischen Strömungen und Kirchen. Aber diese Möglichkeit kann nur verwirklicht werden, wenn bestimmte Bedingungen erfüllt sind, ähnlich derer der ökumenischen Bewegung. Beispielsweise würde ein tieferer Austausch erfordern, daß die Kirchen die parakirchlichen Bewegungen ernster nehmen, daß sie ihre Unterstützung wünschen, daß sie sich der überkonfessionellen Herausforderung stellen. Damit eine größere Offenheit dieser Art zu einer regulären Zusammenarbeit führen kann, ist auch nötig, daß die Kirchen ihre kontrollierenden Tendenzen aufgeben, denn die parakirchlichen Organisationen, die Mitwirkende von vielen verschiedenen Hintergründen anziehen, werden es ablehnen, von irgendeiner Kirche kontrolliert zu werden. Für die parakirchlichen Bewegungen ist es auch notwendig, die Kirchenzugehörigkeiten ihrer Mitglieder ernst zu nehmen und die rechtmäßige Autorität und Leiterschaft der Kirchen zu respektieren. Dies verursacht größere Schwierigkeiten, denn ihre Mitglieder sind normalerweise jung und ihre Kirchenloyalität nicht sehr ausgereift. Diese Forderung könnte folglich als Auferlegung einer Strenge der Älteren auf die Jüngeren erscheinen. Diese Fragen müssen gemeinsam von parakirchlichen Leitern und Kirchenführern besprochen werden.

Wir können hier die Notwendigkeit von Demut auf beiden Seiten sehen. Jede Seite ist versucht, sich selbst das zu verstehen, was wirklich zählt. Die parakirchlichen Bewegungen können sich selbst als Aktions-Zentren sehen, die Menschen, die das Know-how und die Fähigkeit besitzen, in jedem Teil der Welt Ideen in die Tat umzusetzen. Die Kirchen können sich als einzig authentische Vertreter Christi betrachten, die einzige Körperschaft mit dem richtigen Stammbaum, und als jene, deren Einverständnis jedem christlichen Unternehmen erst seine Echtheit garantiert.

Eine wahre Demut versucht zuerst, die wirklichen Gaben und Berufungen der anderen zu akzeptieren und anzuerkennen. Kirchenführer mögen das Werk des Geistes in den parakirchlichen Bewegungen anerkennen. Leiter von Bewegungen mögen die Berufung und Verantwortung von Bischöfen und Kirchenführern anerkennen. Kirchenführer mögen dem Geist Raum geben, damit er durch zwischenkirchliche Bewegungen wirken kann. Leiter von Bewegungen mögen von der Unterscheidungsgabe, der Weisheit und der Unterstützung von Bischöfen, Kirchenvorsitzenden und anderen Kirchenführern profitieren.

Der Weg des Kreuzes

Die zwei Wege, das Leben der Strömungen mit den historischen Kirchen in Beziehung zu bringen – als Ströme in ihnen oder als neue Gruppierungen, die kooperative Verbindungen mit ihnen herstellen –, sind nicht nur zu befolgende Methoden oder Techniken. Die Strömungen und die Kirchen in eine Wechselbeziehung zu bringen, ist ein Aufruf des

Heiligen Geistes, der nur durch das Werk des Kreuzes Frucht bringen kann.

Damit das Leben einer neuen Strömung im Leben irgendeiner Kirche Frucht bringen kann, muß sie sich selbst sterben können und bereit sein zu leiden. Neue Lebensimpulse des Herrn rufen immer zu einer solchen inneren Reinigung auf, wenn sie anhaltende Früchte tragen sollen. Wenn man den komplementären Charakter der historischen Kirchen und der modernen geistlichen Strömungen unterstreicht, leugnet man damit nicht, daß in dieser Welt immer ein geistlicher Kampf geführt werden muß, doch man es lehnt ab, den Kampf einfach als „wir gegen sie" zu betrachten, ob das nun bedeutet, die neu „wiederaufgebauten" Kirchen gegen die alten toten Konfessionen, oder die „eine wahre Kirche" gegen die Sekten.

Die historischen Kirchen und die geistlichen Strömungen in eine Wechselbeziehung zu bringen, bedeutet nicht automatisch die Schließung eines Kompromisses (es auf diese Weise zu sehen, ist zu sektiererisch). Es heißt vielmehr, das Werk des Heiligen Geistes und Jesu Christi zu erheben und darauf aufzubauen, sowohl in den älteren Kirchen als auch außerhalb. Dies meint gerade nicht, christliche Jüngerschaft auf eine Art Parteiloyalität zu reduzieren; es ordnet alle anderen lauteren Loyalitäten der Nachfolge Christi unter. „Oder seid ihr nicht irdisch eingestellt, handelt ihr nicht sehr menschlich, wenn Eifersucht und Streit unter euch herrschen? Denn wenn einer sagt: Ich halte zu Paulus!, ein anderer: Ich zu Apollos!, seid ihr da nicht Menschen?" (1 Kor 3,3-4).

In den historischen Kirchen

Christen in den Großkirchen, deren Glaube in einer der geistlichen Strömungen belebt wurde, werden versuchen, der ganzen Gnade Gottes treu zu bleiben, die sie empfingen. Sie werden bestrebt sein, für das Leben des Geistes in der geistlichen Strömung Zeugnis abzulegen, in der sie berührt wurden, und werden versuchen, die Gnade Gottes in ihrer eigenen Kirchentradition zu bezeugen. Sie werden ihre geistliche Verwandtschaft mit anderen in ihrer Strömung wahrnehmen, aber auch ihre Kompatibilität mit vollkommener Loyalität für ihre eigene Kirche und das Herz ihrer Tradition. Diese

Haltung wird ihnen nicht immer Beifall und Wertschätzung einbringen, aber dies ist Teil des für treue Jüngerschaft zu zahlenden Preises. Besonders in der katholischen und orthodoxen Tradition gibt es ein tiefes Gespür dafür, daß der Ruf zu einem heiligen Leben und zur Erneuerung der Kirche teuer sein, und daß ein demütiges und gehorsames Zeugnis für den Herrn und seinen Ruf am meisten Frucht bringen wird. Diese Haltung kann anderen Christen nicht aufgedrängt werden. Diese manchmal heroische Berufung paßt eher in eine sakramentale Kirchenlehre, die an die eigene Kirche höhere Ansprüche stellt. Seine Kirchenzugehörigkeit zu ändern, bedeutet nicht dasselbe im freikirchlichen wie im katholischen Zusammenhang. Nichtsdestoweniger ist die Geschwindigkeit, mit der manche Christen ihre Kirchen verlassen, wenn sie auf Widerstand stoßen, eher beunruhigend. Man muß sich fragen, ob dies Teil einer Betäubungsmittel-Kultur ist, in der kein Schmerz toleriert werden darf, und in der ein wahres Aufsichnehmen des Kreuzes instinktiv vermieden wird.

In Konfessionen neuer Strömungen und in den neuen Kirchen

Hier muß auch ein Preis bezahlt werden für das treue Zeugnis des Werkes Gottes, sowohl in der Erneuerung der historischen Kirchen als auch in modernen Heiligungs- und/oder Pfingstkonfessionen und neuen charismatischen Kirchen. Neue Gruppierungen, die sich der Führung des Geistes bewußt sind, sind oft versucht, einen exklusiven Standpunkt einzunehmen, indem sie manchmal andere Gläubige dazu auffordern, „aus Babylon herauszukommen" und keinen Wert in einer Gemeinschaft mit jenen aus toten Institutionen zu sehen. Eine Haltung einzunehmen, die Formen von Gemeinschaft und Zusammenarbeit mit Christen innerhalb der alten Kirchen befürwortet, mag belächelt werden, Widerstand hervorrufen und als Kompromiß verurteilt werden. Nichtsdestotrotz, es ruft zu einem Prinzip der Zusammenarbeit auf, das nicht nur eine „Gemeinschaft mit irgend jemandem" ist, ungeachtet jeglicher Überzeugungen, sondern eine unterscheidende und offene Haltung, die die

Gegenwart des Geistes und des Herrn unter all jenen wahrnehmen möchte, die den Namen Christi bekennen.

Wie auch immer, der Ruf des Herrn zu einer echt ökumenischen Haltung schließt einen Weg des Kreuzes mit ein. Darüber schreibt Paulus, wenn er sagt: „Alle, die zu Christus Jesus gehören, haben das Fleisch und damit ihre Leidenschaften und Begierden gekreuzigt" (Gal 5,24). Der Ruf bedeutet die Ablehnung jeglichen Urteilenwollens, jeglicher Schubladen-Klassifizierung der „anderen" durch Stereotypen und Vorurteile; er bedeutet, sich reinigen zu lassen von der menschlichen Tendenz, alle Unterschiede zu verabsolutieren und träge und irreführende Verallgemeinerungen der wahren Unterscheidung vorzuziehen; er bedeutet ein Ruf zu gegenseitiger Liebe und Achtung derjenigen, die den Herrn Jesus lieben und das Werk des Heiligen Geistes schätzen, aber andere Theologien, andere Kirchenkulturen, andere Wertsysteme haben. Der Weg einer echten Achtung und Zusammenarbeit ist in Wirklichkeit ein Weg persönlicher Reinigung und Heiligung des Lebens.

Kapitel 21

Reue

In den letzten zwei Kapiteln untersuchten wir die Herausforderungen, die die neuen Strömungen an die alten Kirchen stellen, und jene, die die Kirchen an die Strömungen stellen. Diese Herausforderungen haben viele Gesichter. Sie erfordern ein Hinterfragen von Haltungen, von lehrinhaltlichen Voraussetzungen, von Philosophien und von Praktiken. Zum Beispiel Haltungen von Überheblichkeit und Engstirnigkeit, ob sektiererisch oder kirchlich; lehrinhaltliche Voraussetzungen, die einseitig oder rationalistisch sind; Philosophien, die individualistisch, klerikal, kirchenzentriert sind und damit ihre Ausrichtung auf Christus einbüßen; Praktiken, die sich aus irgendeiner dieser Mentalitäten ergeben.

Wo immer eine Herausforderung „anbeißt" und der Heilige Geist uns durch eine Herausforderung überzeugt, wird uns die Gnade der Reue und Vergebung geschenkt. Wann immer wir sehen, daß die Kirche das erlösende Evangelium von Jesus nicht mit Klarheit verkündet hat, muß uns dieses Versagen vor dem Herrn bedrücken. Jedes Mal, wenn wir bemerken, daß wir handelten, als ob unsere Überzeugungen die ganze göttliche Offenbarung wären und alles, was zählt, sollten wir in Demut vor den Herrn kommen und für diese Arroganz um Verzeihung bitten. Wenn wir sehen, daß wir das Wort Gottes vernachlässigt und die Heilige Schrift nicht zur grundlegenden Nahrung unseres Kirchenlebens, unserer Theologie und Frömmigkeit gemacht haben, sollten wir diese Sünde der Nachlässigkeit und Undankbarkeit Gott bekennen, der zu seinem Volk durch sein Wort sprach.

Da unsere Spaltungen durch Sünde entstanden, kann Versöhnung nur durch Bereuen unserer Sünde geschehen. Die alten Kirchen und die neuen Strömungen stellen eine der größten Spannungspunkte in der gegenwärtigen christlichen Welt dar. Hier wird die zügelloseste Sprache zwischen Christen angewandt: sei es durch die Abwertung der meisten Strömungskreise als „fundamentalistisch" oder ihre

Organisationen als „Sekten"; oder die Angriffe auf die alten Kirchen als tot oder abtrünnig, die Verspottung der liturgischen Riten als leblose Rituale. Diese Konfrontation mit all ihrer Härte und gegenseitigen Unkenntnis kann nur durch das überzeugende und erleuchtende Werk des Heiligen Geistes überwunden werden, durch beidseitige Reue für unsere voreiligen Urteile. „Wenn du der Unterdrückung bei dir ein Ende machst, auf keinen mit dem Finger zeigst und niemand verleumdest, ... (Dann bauen) deine Leute ... die uralten Trümmerstätten wieder auf, die Grundmauern aus der Zeit vergangener Generationen stellst du wieder her. Man nennt dich den Maurer, der Risse ausbessert, den, der die Ruinen wieder bewohnbar macht" (Jes 58,9.12).

Das Prinzip, daß wirkliche Versöhnung von streitenden Parteien nur durch beidseitige Buße und Vergebung erreicht werden kann, wird generell in Verbindung mit geistlichem Leben und Beziehungen unter Christen allgemein anerkannt. Die Kirchen und christlichen Bewegungen gestehen sich dieses Prinzip jedoch erst langsam ein und wenden es nur zögernd auf ihre gegenseitigen Beziehungen an.

Die Hindernisse für eine gemeinsame Buße
Sowohl die alten Kirchen als auch die modernen Lebensströmungen haben Schwierigkeiten damit, die ihnen vom Herrn gestellten Herausforderungen durch die anderen anzunehmen und zu einer gemeinschaftlichen Buße für ihre Sünden zu gelangen, die dadurch offengelegt werden. Da sich beide als Gottes erwähltes Volk verstehen, haben sowohl die alten Kirchen und als auch die modernen Strömungen dieselbe Schwierigkeit, daß sie es als unangemessen empfinden, vor jenen Buße zu üben, die sie als verworfen betrachten. Aber manche anderere Gründe für ihre Schwierigkeiten mit einer vereinten Buße sind jeweils spezifisch.

Katholiken und Orthodoxe
Die katholische und orthodoxe Kirche haben beide einen starken Sinn für Tradition und für die Bedeutung der Vergangenheit. Sie haben auch einen ausgeprägten

Gemeinschaftssinn für sich selbst als Kirche, obwohl dieser unter westlichen Katholiken durch den allgegenwärtigen Individualismus der modernen westlichen Kultur gemindert wurde. Diese positiven Faktoren sprechen für die Möglichkeit eines gemeinsamen Akts der Buße für Sünden gegen die Einheit unter Christen und für sündhafte Antworten auf das Werk des Heiligen Geistes in den Strömungen.

Die Hindernisse für eine solche Reue kommen bei Katholiken und Orthodoxen vielmehr von ihrem Glauben an die Heiligkeit der Kirche und ihrer Unfehlbarkeit. Zu sagen, daß die Kirche gesündigt hat, geht zu weit und bedroht das Glaubensbekenntnis der Kirche als Geheimnis und als der Leib, dessen Haupt Jesus Christus ist. Dieses Widerstreben sollte nicht als reine Folge von Arroganz und selbstgefälliger Überheblichkeit abgetan werden. Im katholischen und orthodoxen Verständnis schließt das Geheimnis der Kirche als Gemeinschaft der Heiligen nicht nur Jesus als Haupt ein, sondern auch die glorreiche Kirche des Himmels und die Versammlung der Erlösten, deren Reinigung nach dem Tod vollendet wird.

Die alten Kirchen müssen einen Weg finden, um gemeinsame Reue für jenes Böse zu üben, das der irdischen Kirche zugeschrieben werden kann, einer Institution von Menschen, die sich oft dem Herrn gegenüber schuldig gemacht haben, nicht nur als einzelne, sondern als strukturierte Körperschaften von Gläubigen. Ein Schrei der Buße muß von den verschiedenen Kirchengemeinschaften ausgehen. Manche der deutlichsten Ausdrucksformen von Buße für die Sünden der gesamten Kirchen können an einem Ort gefunden werden, wo viele nicht suchen würden: in der Liturgie der Katholischen Apostolischen Kirche, gegründet in den 30er Jahren des 19. Jahrhunderts mit dem Ziel, die charismatischen, sakramentalen und eschatologischen Elemente zu verbinden:

„Oh, Allmächtiger Gott, dem in seiner Heiligkeit große Furcht gebührt; wir schämen uns unserer vielfältigen Freveltaten; Dir bekennen wir unsere Sünde. Wir fehlen fortwährend und schwer in Taten, in Worten und in Gedanken. Unsere Väter wurden Dir gegenüber schuldig; und wir, unsere Kinder, und unsere Brüder, füllen das Maß ihrer Freveltaten. Dein Volk, von Generation zu Generation, hat Dir widerstanden und sich von Dir abgewandt. Wir verweilten in falscher Lehre, Ketzerei und Spaltung. Die Priesterschaft sündigte, und das ganze Volk. Wir verhärteten unsere Herzen und sind verstockt; wir sind stolz und widerspenstig; wir sind von uns eingenommen und weigern uns, gedemütigt zu werden. Wir verließen Deine Gebote und wählten unsere eigenen Wege. Wir lebten in Streit und Verwirrung; und sehnten uns nicht nach Frieden.

Wie liebten die Lüge und das Vergängliche, die Heuchelei und Falschheit. Wir ersehnen und begehren verderbliche Güter und suchen nicht das himmlische Königreich. Wir bekennen die Sünde all Deines Volkes, der Mitglieder Deiner Einen Katholischen Kirche. Wir empfingen Deine Wahrheit mit unserem Geist, aber verschlossen unsere Herzen vor Dir. Wir saßen zu Gericht über jene, die Du über uns gestellt hast, und wir richten nicht uns selbst. Wir liebten die Wege der Unordnung, auf denen wir lebten, und lernten nur langsam Ehrfurcht und Demut. Durch unsere Torheit und Sünde wurde Deine Wahrheit von den Heiden zurückgestoßen; und Deinen heiligen Namen brachten wir in Verruf. Durch die Härte unseres Herzens und Unglaubens betrübten und erstickten wir Deinen Heiligen Geist. Wir sind Dir eine Last, stehen Deinem Plan der Gnade für andere im Wege; und wir haben unsere eigenen Gnadengaben vernachlässigt.

Dir, oh Gott, bekennen wir unsere Schuld, die Sünde aller Könige, Fürsten und Regierenden; die Sünde der Menschen jeden Ranges und Standes. Vom Höchsten bis zum Niedrigsten haben wir uns alle gegen Dich versündigt. Und als Bewohner dieses Landes, bekennen wir besonders die Sünde dieses Königreiches und Volkes vor Dir. Für all diese unsere vielfältigen Sünden und Freveltaten suchen wir Dein Erbarmen. Wir sündigten bewußt und schwer, dennoch erbitten wir Deine Huld. Wir bauten auf Deine unendliche Geduld, handle mit uns dennoch in Gnade und Wahrheit, und vergib uns unsere Sünden: durch Deinen Sohn Jesus Christus, unseren einzigen Erlöser. Amen."[109]

Die Strömungen

Christen aus den Lebensströmungen haben andere Schwierigkeiten damit, zu einer gemeinsamen Reue für ihre Sünden zu gelangen, besonders jenen gegen die alten Kirchen und ihre Mitglieder. Im allgemeinen sind Christen aus den Strömungen (Evangelikale, Heiligungsanhänger, Pfingstler und Charismatiker) mehr als die meisten anderen Gläubigen daran gewöhnt, ihre Sünden vor anderen zu bekennen. Sie messen der Tradition jedoch normalerweise keine große Bedeutung zu und neigen eher zu einer individualistischen Mentalität als zu einem starken Gemeinschaftssinn. Diese zwei Faktoren wirken einer bereitwilligen Anerkennung von gemeinschaftlicher Sünde entgegen.

Es ist schwierig, sich zu seiner Vergangenheit zu bekennen und die Verantwortung dafür zu übernehmen, wenn man keine Kontinuität mit seinen geistlichen Vorfahren anerkennt. Aber die Kontinuität mit unseren Vorfahren ist genau das, was Tradition im eigentlichen Sinn ausmacht. Weil die Strömungen in der christlichen Geschichte relativ neu sind und von ihrer Natur aus fließender als Kircheninstitutionen, scheinen sie vielleicht eine größere Flexibilität zu besitzen; aber ihre Identität hat auch weniger genau definierte Grenzen, und dies erschwert das Anerkennen von gemeinsamer Verantwortung.

Eine Reue in erster Linie Gott gegenüber

Wir können viele unserer Schwierigkeiten mit gemeinsamer Reue dadurch beseitigen, daß wir uns daran erinnern, daß Reue in erster Linie vor Gott geschieht, da all unsere Sünden zuerst ein Verschulden Gott gegenüber sind. Wie der Sohn im Gleichnis vom verlorenen Sohn sagt: „Vater, ich habe mich gegen den Himmel und gegen dich versündigt" (Lk 15,18.21). Überführung von Sünde bedeutet, daß wir dem Heiligen Geist erlauben, in unseren Herzen ein Gespür dafür einzuprägen, wie wir Gott verletzt und Gottes Majestät beleidigt haben.

Wenn Kirchen eine Haltung der Arroganz gegenüber anderen Gruppen von Christen einnehmen, betrübt dies das Herz Gottes. Man verachtet damit Gottes Werk in ihnen und verleugnet Gottes Liebe für sie. Wenn das Wort Gottes vernachlässigt wird, kann man das gesamte Wirken und die volle Gabe Gottes nicht mehr anerkennen. Das menschliche Wort von theologischen Systemen wird dann dem vom Heiligen Geist eingegebenen Wort vorgezogen. Der Heilige Geist wird uns das Groteske einer solchen Haltung angesichts der Liebe, Heiligkeit und Weisheit Gottes offenlegen. Wenn das Werk Gottes in gewöhnlichen Christen durch Formen des Klerikalismus abgewertet wird, verletzt das Gott. Diejenigen, die Gott erwählte und für die Christus starb, werden ohne Achtung vor der Gegenwart und dem Werk des Heiligen Geistes behandelt.

Schritte der Katholischen Kirche auf eine Reue zu

Das Zweite Vatikanische Konzil nahm in seinem Dekret über den Ökumenismus, *Unitatis Redintegratio*, die Lehre von Abbé Couturier über „geistlichen Ökumenismus" in seine Vision einer ökumenischen Praxis auf und stellte sie in seinen Mittelpunkt. Diese Prinzipien können wie folgt zusammengefaßt werden:

1. „Jede Erneuerung der Kirche besteht im wesentlichen im Wachstum der Treue gegenüber ihrer eigenen Berufung" (Abs. 6).
2. „Es gibt keinen echten Ökumenismus ohne innere Bekehrung" (Abs. 7).
3. „Diese Bekehrung des Herzens und die Heiligkeit des Lebens ist in Verbindung mit dem privaten und öffentlichen Gebet für die Einheit der Christen als die Seele der ganzen ökumenischen Bewegung anzusehen; sie kann mit Recht geistlicher Ökumenismus genannt werden" (Abs. 8).

Obwohl die katholischen Bischöfe den geistlichen Ökumenismus auf diese Weise beim Konzil hervorhoben, widerspiegelte die darauffolgende Entwicklung von ökumenischen Beziehungen diese Priorität kaum. Während die katholische „Bekehrung" zum Ökumenismus der ökumenischen Bewegung für ein Jahrzehnt oder mehr einen entscheidenden Auftrieb gab, nahm der ökumenische Austausch größtenteils entweder die Form eines theologischen Dialogs oder einer praktischen Zusammenarbeit an. Der natürliche Rahmen für ersteres waren bilaterale Dialoge zwischen den Kirchen, zusammen mit multilateralen Ausdrucksformen in Glaubens- und Ordensbewegungen; der vorherrschende Rahmen für praktische Zusammenarbeit waren Kirchenräte auf verschiedenen Ebenen.

In der Zwischenzeit schwand der geistliche Ökumenismus größtenteils aus dem Bewußtsein. Gründe dafür scheinen unter anderem zu sein: (a) Der geistliche Ökumenismus war größtenteils ein Beitrag der katholischen Kirche aus den Jahren der Feindschaft (siehe zehntes Kapitel); (b) das Konzil versäumte es, ausdrücklich auf die Verantwortung für die Bekehrung (und somit für die Reue) als einer gemeinsamen Verantwortung der Kirche und der einzelnen Christen hinzuweisen. Ein „geistlicher Ökumenismus" ohne gemeinsame kirchliche Ausdrucksformen der Reue für die Sünden gegen die Einheit bleibt privater Natur und ohne wirklichen Einfluß auf das öffentliche Verhalten der Kirche.

Daraus folgt, daß die Praxis des Ökumenismus sehr wenige Zeichen der Reue von seiten der Kirchen einschließt. Dies ist sicher einer der Hauptgründe für das Gefühl des Unbehagens und der Stagnation in der heutigen ökumenischen Bewegung. Es gab einerseits eine große Zahl von zwischenkirchlichen theologischen Dialogen, deren Ergebnisse die Erwartungen der meisten übertrafen.

Aber die Kirchen, vor allem vielleicht die römisch-katholische Kirche, hatten dann große Schwierigkeiten damit, die Ergebnisse dieser Dialoge anzunehmen und ihnen Einfluß auf das Leben und die Lehre der Kirche zu gewähren. Liegt das nicht in erster Linie daran, daß kein wirklicher Fortschritt ohne Reue geschehen kann? Wenn theologische Dialoge zu irgendeiner Form von Übereinstimmung kommen, müssen sie zumindest stillschweigend Unzulänglichkeiten in Verständnissen und Praktiken der Vergangenheit anerkennen. Wenn aber eine solche Anerkennung nur stillschweigend und theoretisch bleibt, wenn sie nicht zu einem Ausdruck von tiefem Bedauern unserer Fehler der Vergangenheit führt und zur Bitte um Vergebung bei jenen, die durch diese Fehltritte verletzt und verleumdet wurden, dann ändern sich die Haltungen in unseren Herzen nicht und wir sind einer wahren Versöhnung nicht nähergekommen.

Es sollte jedoch bemerkt werden, daß während das Zweite Vatikanische Konzil den Begriff des geistlichen Ökumenismus aus der Lehre von Abbé Couturier annahm, der Abbé selbst stellvertretend für seine Kirche Formen der Buße lehrte und praktizierte. Die katholische Buße Couturiers kam besonders in Verbindung mit der Grausamkeit zum Ausdruck, die das christliche Gewissen Frankreichs historisch am meisten belastete, das Massaker an mehreren tausend Protestanten in der Bartholomäusnacht, am 24. August 1572. Er erkannte an, daß die Protestanten von den Katholiken aus rein politischen Gründen getötet wurden und daß Rom die Nachricht von dem Massaker mit großer Freude aufnahm, ja eine Gedenkmedaille herausbrachte, um das Ereignis zu feiern. Der Abbé ersuchte, daß die katholische Hierarchie einen Tag der Buße für die französische Kirche in einem Geist der Wiedergutmachung für dieses Böse in all seinen Dimensionen einführte. Er schlug vor, daß dieser Tag mit dem Tag zusammenfiele, den die Nachfolger der Hugenotten jährlich begehen im Gedenken an die Leiden ihrer Vorfahren während der Verfolgungen durch Ludwig XIV. nach Aufhebung des Edikts von Nantes im Jahre 1685. Dieses Ansuchen, das der offiziellen katholischen Akzeptanz des Ökumenismus voranging, wurde nicht gewährt.

Während alle Seiten zur Umkehr von der Sünde und zur Buße in Antwort auf die Gnade des Heiligen Geistes aufgerufen sind, fällt den alten Kirchen von Ost und West eine besondere Verantwortung zu, die sich sowohl aus ihrer langen Geschichte ergibt, als auch aus den hohen Ansprüchen, die von ihnen erhoben werden.

Die römische Kirche trägt die Verantwortung, den Weg der Buße anzuführen, da der Papst den Anspruch auf ein Primat des Dienstes erhebt und sie existierte und sündigte, bevor irgendeine protestantische Kirche entstand. Wenn die Kirche Roms „den Vorsitz in der Liebe" innehat, wie der hl. Ignatius von Antiochien sagt, muß sie die erste sein, die für einen Mangel an dieser Liebe Buße übt.

Zeichen neuer Hoffnung

In jüngster Zeit gab es verschiedene ermutigende Zeichen für eine größere Bereitschaft, sich über einen vernunftorientierten Ökumenismus hinauszubewegen zu Formen von kirchlicher Reue. Die Groupe des Dombes, eine Gruppe katholischer und protestantischer Theologen, die ursprünglich 1937 von Abbé Couturier einberufen wurde, feierte ihr 50jähriges Jubiläum mit einem Dokument über die Bekehrung der Kirchen.[110] Sie unterscheiden zwischen christlicher Identität (das persönliche Bekenntnis des Glaubens an Christus innerhalb des von der Kirche vorgegebenen trinitarischen Rahmens), kirchlicher Identität (der Glaube an die vollkommene Katholizität der Kirche, die noch verwirklicht werden muß) und konfessionelle Identität (das gegenwärtige Selbstverständnis der eigenen Kirche). Entsprechend jeder Identität muß es eine notwendige Reue und Umkehr geben. Die christliche Umkehr wurzelt in dem Aufruf Jesu, „das Reich Gottes ist nahe. Kehrt um, und glaubt an das Evangelium!" (Mk 1,15). Kirchliche Bekehrung ist dieselbe Antwort wie die christliche Bekehrung, aber auf gemeinschaftlicher und institutioneller Ebene, durch die Abwendung von sündhaften Haltungen und Handlungen, die den Leib Christi entehrten. Konfessionelle Bekehrung ist der Teil der kirchlichen Bekehrung, der unserer eigenen Kirchentradition zufällt, das Bereuen der Sünden unserer Kirche/Tradition/Konfession.

Im November 1994 stattete der Patriarch Bartholomeäus I. von Konstantinopel der Benediktinerabtei von Chevetogne in Belgien einen Besuch ab, um ihnen für ihre Arbeit für die christliche Einheit zu danken, besonders zwischen der orthodoxen und der katholischen Kirche. In seiner Ansprache an die Mönche sagte der Patriarch:

„Die Sünden der einen und der anderen Seite sind mehr als einfache theoretische Fehler in den Formulierungen des Evangeliums der Kirche. Sie brachten eine besondere Form sozialen Lebens hervor, das heißt eine besondere Art von Zivilisation. Die theologischen Probleme, die wir zusammen angehen müssen, sind Abweichungen von der Reinheit des kirchlichen Lebens. Sie gaben Anlaß zu Individualismus, Rationalismus, Legalismus, Positivismus und den Früchten der Ängste, die die menschliche Rasse quälen. Leider war es in christlichen Kreisen, wo die ersten Formen von Totalitarismus entstanden, von der Unterdrückung des Gewissens, von systematischer Propaganda, von polizeilicher Unterdrückung. Wenn die gegenwärtige Zivilisation seit dem Zeitalter der Aufklärung hartnäckig auf die Ablehnung der christlichen Wurzeln Europas besteht, wenn sie eine Zivilisation der physischen Macht, des Nihilismus und der stillschweigenden Verletzung von Naturrechten der einzelnen ist, wenn sie zu einer Gesellschaft von assozialen Individuen wurde, tragen wir die Verantwortung, besonders wir, die wird das Evangelium der Kirche auf eine kindische Religiosität reduzierten."[111]

In seinem apostolischen Brief vom November 1994, in dem Papst Johannes Paul II. die katholische Kirche zur Vorbereitung für das dritte Jahrtausend drängt, Tertio Millenio Adveniente, spricht er von der Notwendigkeit, unsere Sünden gegen die christliche Einheit zu bereuen. „Zu den Sünden, die einen größeren Einsatz an Buße und Umkehr verlangen, müssen sicher jene gezählt werden, die die von Gott für sein Volk gewollte Einheit beeinträchtigt haben" (Abs. 34). Später im Text bemerkt der Papst: „Ein weiteres schmerzliches Kapitel, auf das die Kinder der Kirche mit reuebereitem Herzen zurückkommen müssen, stellt die besonders in manchen Jahrhunderten an den Tag gelegte Nachgiebigkeit angesichts von Methoden der Intoleranz oder sogar Gewalt im Dienst an der Wahrheit dar" (Abs. 35).

Sechs Monate später veröffentlichte Papst Johannes Paul II. die Enzyklika über den Ökumenismus, Ut Unum Sint. Der Papst verbindet hier den Dialog mit einer Gewissensprüfung, einem neuen Element in offiziellen katholischen Erklärungen über Ökumenismus und Dialog.

„Wenn er (der ökumenische Dialog) nicht zu einer Gewissensprüfung, gleichsam zu einem ‚Dialog der Gewissen' würde, könnten wir dann mit jener Gewißheit rechnen, die uns derselbe Brief (1 Johannes) mitteilt? ‚Meine Kinder, ich schreibe euch dies, damit ihr nicht sündigt. Wenn aber einer sündigt, haben wir einen Beistand beim Vater: Jesus Christus, den Gerechten. Er ist die Sühne für unsere Sünden, aber nicht nur für unsere Sünden, sondern auch für die der ganzen Welt' (2,1-2) ... Auch nach so vielen Sünden, die zu den historischen Spaltungen beigetragen haben, ist die Einheit der Christen möglich, vorausgesetzt, wir sind uns in aller Demut bewußt, gegen die Einheit gesündigt zu haben, und von der Notwendigkeit unserer Bekehrung überzeugt." (Abs. 34).[112] Die gesamte Enzyklika ist tief erfüllt von einem geistlichen Verständnis des Ökumenismus.

Die zitierten Beispiele von Kirchenführern, die zur Reue für Sünden gegen die Einheit aufrufen, stammen alle aus dem Kontext der Versöhnung zwischen den großen Kirchentraditionen. Das Thema dieses Buches drängt dazu, daß dieser Ruf ausgedehnt werden muß auf die Beziehungen zwischen den historischen Kirchen einerseits und den modernen geistlichen Strömungen auf der anderen Seite. Diese Notwendigkeit ergibt sich besonders aus drei Gründen: (1) Die geistlichen Strömungen spiegeln ein besonderes Werk des Heiligen Geistes in den letzten zweieinhalb Jahrhunderten wider, das in der Aufforderung des Geistes an die Kirchen zur Erweckung und Erneuerung eine zentrale Stellung einnimmt; (2) die Strömungen stellen die Speerspitze christlicher Evangelisation und Ausbreitung in der modernen Welt dar; (3) wenn die Spannungen zwischen den Kirchen und den Strömungen nicht aufgegriffen werden, drohen sie, neue Spaltungen im heutigen Christentum hervorzurufen, gerade in einer Zeit, in der alte Spannungen und Trennungen abnehmen.

Die von den Strömungen an die Kirchen gestellten Herausforderungen (siehe achtzehntes Kapitel) und jene von den Kirchen an die Strömungen (siehe neunzehntes Kapitel) müssen auf Herz und Geist beider Seiten einwirken. Die Herausforderung an unsere Herzen kann zu einer beidseitigen Reue vor dem Herrn und voreinander führen, die in noch nicht dagewesener Weise Dämme göttlicher Gnade aufsprengen könnte.

Kapitel 22

Die Bedeutung Israels

Viele Christen werden sich zunehmend der Bedeutung Israels für die christliche Einheit bewußt. Ich möchte in diesem Kapitel die anhaltende theologische Bedeutung Israels und ihre Folgen für die christliche Reue betrachten.

In unserer modernen Zeit gab es eine Revolution im christlichen Denken über Gottes Bund mit Israel. Die enormen Ausmaße des Holocaust, als sechs Millionen Juden durch die systematische Anwendung nationalsozialistischer Ideologie eliminiert wurden, schärften das christliche Gewissen. Die nagende Frage bleibt bestehen, ob die traditionelle christliche Haltung gegenüber Juden die Voraussetzungen für eine solche Grausamkeit geschaffen hatte. Hauptsächlich als Folge dieses Geschehens wurde zunehmend Abstand von der „Ersatz-Theologie" genommen, die einen Großteil der christlichen Geschichte beherrschte. Diese Theorie bekräftigte, daß der alttestamentliche Bund des Herrn mit Israel aufgrund von Israels Ablehnung von Jesus als Messias widerrufen und daß Israels Platz in Gottes Plan daraufhin von der christlichen Kirche eingenommen wurde.

Ein erneuertes Verständnis von Israel

Sowohl die Strömungen neuen Lebens als auch die römisch-katholische Kirche überdachten neu die christlichen Haltungen gegenüber Israel und den fortwährenden Platz des jüdischen Volkes in Gottes Plan. Die Strömungen als Orte neuen Lebens bemühten sich vor allem, den prophetischen Sinn der Rolle des Volkes Israels in Gottes Plan zu erfassen. Die katholische Kirche mit ihrem detaillierten Glaubensbekenntnis und ihrer formellen Liturgie unternahm sehr bedeutende Schritte, was die Korrektur von traditionellen Lehren bezüglich Israel und das Abschaffen von einer für das jüdische Volk verletzenden Sprache in der Liturgie betrifft, obwohl das Ausmaß, in dem sich allgemeine katholische Haltungen gegenüber Juden geändert haben, von Land zu Land variiert.

Die Evangelikalen

Das größte Verdienst für die christliche Wiederentdeckung des fortwährenden Platzes Israels in Gottes Plan kommt den Evangelikalen zu. Vorgänger im Glauben an die Wiederherstellung Israels gab es bei den Puritanern, aber mit dem frühen 19. Jahrhundert machte sich eine starke Versicherung der Verheißungen an Israel breit, bis hin zur vor-millenniären Lehre der Plymouth-Brüder. Vielen Christen der Großkirchen fällt es eher schwer, diese Anerkennung anzunehmen, da sie eine tiefe Abneigung gegen jegliche Form einer buchstabengetreuen und fundamentalistischen Auslegung der Heiligen Schrift empfinden. Es ist nicht notwendig, alle Dispensationstheorien Darbys und der Brüder zu akzeptieren, um ihnen dafür die Ehre zu erweisen, daß sie die gesamte prophetische Tradition des Alten Testamentes ernst genommen haben, trotz der Schwachpunkte in ihrer Exegese, zu einer Zeit, als der größere Teil der Christenheit weiten Bereichen dieser Tradition wenig oder gar keine Aufmerksamkeit schenkte, besonders jenen, die Israel und die Nationen betreffen.

Die evangelikale Wiederentdeckung der Rolle Israels in der Prophezeiung entsprang dem Kontext einer eschatologischen Dringlichkeit, die durch die napoleonischen Kriege hervorgerufen wurde. Evangelikale Studierende der Heiligen Schrift glaubten, das Ende wäre nahe, der Tag des Herrn würde rasch herannahen und eines der Zeichen dieses raschen Herannahens wäre der Wiedereintritt Israels in den göttlichen Plan. In den Schemata der Dispensationslehre wurde eine zu absolute Trennung zwischen den Zusagen Gottes an Israel, die auf Erden erfüllt werden würden, und den Zusagen Gottes an die Kirche, die im Himmel erfüllt werden sollten, vorgenommen. In diesem Verständnis blieb Israels Zeituhr – mit der Verwirklichung von Gottes Zusagen an Israel – zu dem Zeitpunkt stehen, als die Juden Jesus ablehnten, und würde wieder mit der plötzlichen Entrückung der Kirche von der Erde in den Himmel neu zum Laufen gebracht werden (gemäß Lukas 17,34-35 und 1 Thess 4,17). Von dieser neuen Hoffnung auf das unmittelbare Bevorstehen der Entrückung wurden die Evangelikalen zu einer großen missionarischen Aktivität angetrieben, und sie untermauerte ihr Interesse an

Israel, das im 19. Jahrhundert hochkam. Trotz der theologischen Schwachpunkte in dieser neuen Form der vor-millenniären Lehre,[113] vermittelte sie mehreren Generationen von evangelikalen Gläubigen ein ausgeprägtes Bewußtsein der fortwährenden Rolle Israels in Gottes Plan. Im 20. Jahrhundert wurde dieses Erbe an die große Mehrheit der Pfingstler weitergereicht. Die politischen Entwicklungen dieses Jahrhunderts in bezug auf die Juden – zuerst die Balfour-Erklärung über ein jüdisches Heimatland im Jahre 1917, dann die Schaffung des Staates Israel 1948, die israelische Einnahme der West Bank (Westjordanland/Samarien) und der gesamten Stadt Jerusalem 1967 – wurden von den meisten Evangelikalen als Erfüllung einer biblischen Prophezeiung angesehen. Die moderne Geschichte hat folglich dazu gedient, die Falschheit der „Ersatztheologie" zu unterstreichen, wie auch die Notwendigkeit der Einsicht, daß Gottes Zusagen an Israel immer noch Gültigkeit behalten.

Es lohnt sich auch, die Wiederentdeckung des Glaubens an Israels fortwährender Rolle in Gottes Plan von seiten der Katholischen Apostolischen Kirche aus den 30er Jahren des 19. Jahrhunderts zu erwähnen. Einer ihrer „wiedereingesetzten Apostel", Drummond, schrieb 1844 ein detailliertes Dokument (*Tracts for the Last Days*, No. XXII) mit dem Titel „The Restoration of the Jews" (übers. „Die Wiederherstellung der Juden).

Die Katholiken

Das erneuerte katholische Interesse am jüdischen Volk geht ins 19. Jahrhundert zurück zur Bekehrung zweier jüdischer Brüder, beide Söhne eines Rabbi, die daraufhin zu katholischen Priestern geweiht wurden: Théodore Ratisbonne (1802-1884), 1827 konvertiert, und sein jüngerer Bruder, Alphonse (1814-1884), 1842 konvertiert. Im Jahre 1843 gründete Théodore einen Schwesternorden, die Kongregation von Nôtre Dame de Sion und wurde später von seinem Bruder dabei unterstützt. 1852 gründeten beide ihr männliches Gegenstück, die Väter von Sion. Die Berufung dieser Kongregationen ist es, in der Kirche und der Welt die Treue Gottes und seine Liebe für das jüdische Volk zu bezeugen.

„Wir wissen, wie sehr das Herz Jesu Christi die Söhne Israels liebte ... Diese Liebe, die er für sie empfand, wird er dann immer für sie empfinden."[114] Obwohl Théodore Ratisbonne keinerlei Vorahnung der Rückkehr der Juden in ihr Land zu haben schien, hatte er doch ein starkes Gespür dafür, daß die französische Revolution ein entscheidender Schritt in der Geschichte der Nationen war und der Auftakt für ein Zeitalter heidnischer Abtrünnigkeit, die die Stunde Israels einleitet, in der die Kinder Israels sich Jesus als ihrem Messias zuwenden würden.

Ein gewaltiger Sprung nach vorne ereignete sich beim Zweiten Vatikanischen Konzil mit seiner Erklärung über die Juden. Ursprünglich war sie für eine Aufnahme in das Dekret über den Ökumenismus bestimmt, wurde aber schließlich in die Erklärung über nichtchristliche Religionen (*Nostra Aetate*) eingeschlossen. Der Absatz über Israel, der längste des Dokuments (Abs. 4), besagt:

„(I) Die Juden (sind) ... immer noch von Gott geliebt um der Väter willen; sind doch seine Gnadengaben und seine Berufung unwiderruflich; ... (II) Obgleich die jüdischen Obrigkeiten mit ihren Anhängern auf den Tod Christi gedrungen haben (vgl. Joh 19,6), kann man dennoch die Ereignisse seines Leidens weder allen damals lebenden Juden ohne Unterschied noch den heutigen Juden zur Last legen. (III) Gewiß ist die Kirche das neue Volk Gottes, trotzdem darf man die Juden nicht als von Gott verworfen oder verflucht darstellen, als wäre dies aus der Heiligen Schrift zu folgern. ... (IV) (Die Kirche) beklagt ... alle Haßausbrüche, Verfolgungen und Manifestationen des Antisemitismus, die sich zu irgendeiner Zeit und von irgend jemandem gegen die Juden gerichtet haben", (Numerierung durch den Autor).

Papst Johannes Paul II. führte diese Bekräftigung der anhaltenden Bedeutung des Judentums und des Volkes Israels weiter. 1980 sagte er deutschen jüdischen Vertretern in Mainz, daß der Alte Bund „nie von Gott widerrufen wurde", wobei er Römer 11, 29 zitierte. Im April 1986 war Papst Johannes Paul II. der erste Papst der Geschichte, der eine jüdische Synagoge besuchte. Den römischen Juden sagte er, daß „die Kirche Christi ihre ‚Verbindung' mit dem Judentum entdeckt, indem sie ‚in ihrem eigenen Geheimnis sucht'. Die jüdische Religion liegt nicht ‚außerhalb' von uns, sondern in gewisser Weise ‚innerhalb' unserer eigenen Religion. Mit dem Judentum haben wir eine Beziehung, wie wir sie mit keiner anderen Religion haben. Ihr seid unsere innig geliebten Brüder, und in gewisser Weise könnte gesagt werden, daß ihr unsere älteren Brüder seid."[115]

Das Bedauern des Antisemitismus wurde in der Vereinbarung wiederholt, mit der im Dezember 1993 diplomatische Beziehungen zwischen dem Vatikan und dem Staat Israel aufgenommen wurden. Der Heilige Stuhl „bedauert Angriffe auf Juden und Entweihungen von jüdischen Synagogen und Friedhöfen, Handlungen, die das Gedenken an die Opfer des Holocaust verletzen, besonders, wenn sie an denselben Orten auftreten, die Zeugen dafür waren".[116]

Die Bedeutung christlicher Reue für Sünden gegen Israel

Das letzte Kapitel untersuchte die Rolle und Notwendigkeit von Reue für alle Sünden gegen die Einheit unter Christen. Während diese Verpflichtung allen Christen zukommt, wurde argumentiert, daß eine größere Verantwortung bei den alten Kirchen liegt, gerade weil sie die ersten waren, die fehlten, sowie aufgrund ihrer hohen Ansprüche bezüglich ihres apostolischen Charakters. Diese Überlegungen treffen besonders auf Israel und christliche Haltungen gegenüber Juden zu.

Christliche Reue für Sünden gegen die Einheit der Kirche muß mit einer Reue für Sünden gegen das jüdische Volk beginnen. In erster Linie wurzelt der Antisemitismus in einem Ausdruck menschlicher Verärgerung über die Vorstellung eines erwählten Volkes, eine Rebellion gegen Gottes besondere Liebe für Israel. Israel ist in diesem innerhistorischen Sinn Gottes erste Liebe, die das Eintreten von Gottes ewiger erster Liebe, seinem einzig gezeugten Sohn, in die Geschichte vorbereitet. In vielerlei Hinsicht ist der Antisemitismus ein Symbol für alle Sünden, er stellt die menschliche Auflehnung gegen den Willen und Plan Gottes dar.

Die ursprüngliche Spaltung der Kirche kam durch die Trennung zwischen Kirche und Synagoge, die zum Absterben des jüdischen Christentums führte. Es entsprach der Natur der Kirche, Juden und Heiden zu vereinen, „um die zwei in seiner Person zu dem einen neuen Menschen zu machen" (Eph 2,15), so daß die „Heiden Miterben sind, zu demselben Leib gehören und an derselben Verheißung in Christus Jesus teilhaben durch das Evangelium" (Eph 3,6), der „Zweig vom wilden Ölbaum" eingepropft in den „edlen Ölbaum" (Röm 11,17-24). Die gegenseitige Ablehnung von Kirche und Synagoge stellt die Kernsünde gegen die Einheit dar, an der wir noch leiden.

Im Herzen der Sünde der christlichen Kirche lag die Ablehnung einer anhaltenden Gültigkeit des alten Bundes zwischen Gott und dem Volk Israel. Aus dieser Ablehnung heraus entstand die Lehre, wie sie allgemein vertreten, jedoch nie zum Glaubenssatz erhoben wurde, daß die Kirche Israels Platz in Gottes Plan eingenommen hätte; somit träfen die noch nicht erfüllten alttestamentlichen Zusagen an Israel nun auf die christliche Kirche und nicht auf Israel zu. Als Ergebnis wurde die jüdisch christliche Kirche, die ursprünglich der Stamm des Baumes war, sowohl von der Kirche als auch von der Synagoge zurückgewiesen, und sein Absterben war im wesentlichen sichergestellt. Die Lehre von Ablehnung und Ersatz schuf auch die Voraussetzungen dafür, daß Christen diese Begriffe in darauffolgenden Jahrhunderten auf die alten Kirchen anwandten und mit ihrer Ablehnung durch Gott argumentierten, weshalb sie durch neue und reine Glaubensgemeinschaften ersetzt würden.[117]

Ein Geheimnis, keine Verwerfung

Um die christliche Reue für unserer Sünden gegen Israel zu vertiefen, ist es wesentlich, daß wir immer wieder zur Lektüre von Römer 11 zurückkommen. Paulus sagt darin: Ihr sollt „dieses Geheimnis wissen", und er möchte das, „damit ihr euch nicht auf eigene Einsicht verlaßt" (11,25). Dieses Geheimnis ist die Antwort auf die Frage, die durch die Ablehnung von Jesus als den Messias durch sein Volk aufgeworfen wurde, eine Frage, die Paulus zuerst sich selbst stellen mußte: „Ich frage also: Hat Gott sein Volk verstoßen?" (11,1). Seine Antwort ist, daß Gottes Handeln hier ein Geheimnis darstellt, was bedeutet, daß sie Teil von Gottes vor allen Zeiten erdachten Planes sind, der nicht vor der vorherbestimmten Stunde seiner Offenbarung in Christus erkannt werden konnte. Das Geheimnis ist: „Verstockung liegt auf einem Teil Israels, bis die Heiden in voller Zahl das Heil erlangt haben; dann wird ganz Israel gerettet werden" (11,25-26).

In der Tat achtete die christliche Kirche während eines Großteils ihrer Geschichte nicht auf dieses Wort des hl. Paulus. Wir taten, wovon Paulus uns abriet, wir verließen uns auf eigene Einsicht, also die Schlußfolgerung, daß Israel und der Bund mit ihm von Gott widerrufen wurde und daß die Kirche an Israels Stelle trat. Israel wurde nicht als Gottes Volk verstoßen, sondern ein Teil Israels wurde für eine bestimmte Zeit abgesondert (die Bedeutung von *apobole* in Römer 11,15[118]); aber diese Absonderung ist ein wesentliches Element in Gottes Erlösungsplan für die Heiden und für die endgültige Erlösung von „ganz Israel". Die Stellvertretungs-Ersatz-Theorie bezüglich Israel und der Kirche ist das genaue Gegenteil des göttlichen Geheimnisses; sie spiegelt die falsche Einfachheit menschlicher Arroganz wider.

Die entsetzliche Geschichte von Schmähung und Verfolgung

Ein angesehener jüdischer Gelehrter mit einer Sympathie für das Christentum, der verstorbene Jules Isaac (1877-1963), bestand darauf, daß der christliche Antisemitismus aufgrund seines Inhalts, seiner Klarheit, seiner vielfältigen Themen und seiner Kontinuität schlimmer als vorangegangene heidnische Formen desselben war. Mehr noch waren die Sünden der Kirche gegen das jüdische Volk schlimmer und wurden über eine längere Zeitspanne aufrechterhalten als alle Sünden, die gegen christliche Gruppen mit dem Vorwand der Häresie oder des Schismas begangen wurden. Die antisemitischen Themen, deren Vielfalt Isaac bemerkte, waren: das Thema eines degenerierten Judentums, eines fleischlichen Volkes, des Mißverständnisses und der Verwerfung Christi durch ein blindes und widerspenstiges Volk, das Thema eines von Gott getadelten, degradierten und verratenen Volkes, eines Volkes von

Gottesmördern, einer Versprengung von Israel sowie das Thema der Synagoge Satans.[119]

Die Trennung von Kirche und Synagoge vertiefte sich mit der Zerstörung des Tempels von Jerusalem im Jahre 70 n. Chr. und wurde wahrscheinlich besiegelt durch die Weigerung der Christen, an der Rebellion von Bar Kochba im Jahre 135 teilzunehmen, die für die heilige Stadt Jerusalem so verheerende Folgen hatte. Die Ersatz-Vorstellung, daß die christliche Kirche nun zum „wahren Israel" wurde, trat in apologetischen Werken gegenüber den Juden ab dem zweiten Jahrhundert auf, aber erst mit der Bekehrung von Kaiser Konstantin und der Christianisierung des Römischen Reiches verhärteten sich antijüdische Haltungen unter Christen und führten zur gezielten Schmähung von Juden. Viele der Kirchenväter wandten eine unmäßige und unschickliche Sprache in bezug auf Juden an, ein berühmter Bischof verglich die Synagoge mit einem Bordell. Die geltenden Rechtssysteme reduzierten die jüdischen Rechte immer mehr; der Theodosianische Kodex verbot Juden, öffentliche Ämter zu bekleiden, Land oder christliches Dienstpersonal zu besitzen, und der Justinianische Kodex verurteilte jeden Juden zum Tode, der versuchte, einen anderen Juden vom Übertritt zum Christentum abzuhalten, oder der Christen zum Judentum bekehren wollte. Obwohl diese Gesetze nicht immer in Kraft gesetzt wurden, sind sie Zeugen der starken christlichen Abneigung gegenüber dem jüdischen Volk.

Die gewaltsamere Verfolgung der Juden und das Aufkommen von allgemeinem Haß gegen sie gehört jedoch dem zweiten Jahrtausend an. Die Bewegung für eine Reform in den Kirchen aus der Zeit von Hildebrand (ca. 1021-1085) wandte der Feinseligkeit der Kirchenväter gegenüber den Juden neue Aufmerksamkeit zu und führte zu neuen Bemühungen, sie aus dem Land zu vertreiben. Im Mittelalter entstanden Zünfte als christliche Körperschaften, was die Anstellungsmöglichkeiten für Juden reduzierte und sie immer mehr in die verachtete Rolle von Geldleihern drängte, eine Tätigkeit, die Getauften durch das Kirchenrecht untersagt war. Dies schürte den Haß gegen die Juden, besonders unter den Rittern und der „Mittelklasse" jener Zeit. Als der erste Kreuzzug einsetzte, griffen solche Gruppen gelegentlich Juden in verschiedenen deutschen Städten und 1096 in Rouen an, und als Jerusalem 1099 in die Hände der Kreuzritter fiel, wurden die Juden massakriert, auch Hunderte, die in einer Synagoge Zuflucht gesucht hatten. Peter der Ehrwürdige, der Abt von Cluny (1092-1156), schrieb über die Juden: „Gott möchte nicht, daß sie sterben oder ausgerottet werden, sondern daß sie an einem Leben erhalten bleiben, das schlimmer ist als der Tod, in größerer Qual und Demütigung als der Brudermord Kains."[120] Im dreizehnten Jahrhundert verstärkte sich die kirchliche und staatliche Unterdrückung der europäischen Juden noch weiter. Zu dieser Zeit war es sehr gebräuchlich, Juden der Entweihung der eucharistischen Hostie und der rituellen Ermordung nichtjüdischer Kinder zu beschuldigen. Eines der schlimmsten Massaker von Christen an Juden ereignete sich 1190 in York. Seltsamerweise führten die neuen Erneuerungsbewegungen der Bettelmönche die antijüdischen Kampagnen an.

Vom Mittelalter bis in die Moderne gab es europäische Länder – fast nie alle zur selben Zeit – in denen Juden konsequent geächtet und in Ghettos zusammengetrieben wurden und nicht voll am bürgerlichen Leben teilnehmen durften. Oft wurden sie angegriffen, gequält und getötet; andere Male wurden sie gezwungen, sich zu Christus zu bekennen, oder aus einem Land vertrieben (England tat dies zuerst im Jahre 1290). Die Vertreibung aller Juden aus Spanien im Jahre 1492 wurde gefolgt von Bemühungen der Inquisition, um alle noch verbleibenden Sympathien für das Judentum unter den Marranen auszurotten, den Juden, die die Taufe einer gezwungenen Auswanderung vorzogen. Ihnen wurde Erschreckendes zugefügt, oft im Namen Christi und unter dem Zeichen des Kreuzes. Die orthodoxe Kirche und Länder Osteuropas haben in dieser Hinsicht keine besseren Akten als die katholische Kirche und die westlichen Nationen: In der Tat war die Mißhandlung von Juden in Osteuropa seit der Reformation im allgemeinen extremer als im Westen, sowohl von katholischer als auch von orthodoxer Seite. Der für Massaker an Juden verwendete Begriff „Pogrom" ist ein russisches Wort. In der protestantischen Reformation trugen die Ausfälligkeiten Martin

Luthers (1483-1546) gegen die Juden stark dazu bei, den Antisemitismus in Deutschland aufrechtzuerhalten und zu pflegen.[121]

Historische Studien zeigen, daß die Schmähung und Verfolgung der Juden durch die Kirche und durch Christen Höhen und Tiefen hatte. Oft gab es Bischöfe und Könige, die die Juden verteidigten und die Grausamkeiten gegen sie verdammten; der hl. Bernard von Clairvaux (1090-1153) reiste gegen Ende seines Lebens auf einen Ruf des Erzbischofs von Mainz hin nach Deutschland, um einen Zisterzienser-Mitbruder in seine Schranken zu weisen, der zum Töten von Juden anstiftete. Es muß jedoch eingeräumt werden, daß solche Proteste sich innerhalb eines theologischen Rahmens bewegten, der einen Respekt für das jüdische Volk verleugnete oder verhinderte.

Die Bedeutung einer gemeinsamen Anerkennung von Verantwortung

Da katholische, orthodoxe und protestantische Christen alle an der Unterdrückung und Verfolgung der Juden mitwirkten, ist es besonders angemessen, daß sie alle zusammenkommen, um von ihren jüdischen Brüdern und Schwestern Vergebung zu erbitten. Die Katholiken und Orthodoxen müssen jedoch ihre größere Verantwortung anerkennen, da sie schon Jahrhunderte vor dem Entstehen des protestantischen Christentums die Juden verfolgten und demütigten.

Dies kann auch ein Schritt sein, um die Verantwortung für unsere gemeinsame Geschichte zu übernehmen, und Protestanten könnten über die Einstellung hinauswachsen, daß das vergangene Verhalten der Katholiken nichts mit ihnen zu tun hatte und umgekehrt. Eine gemeinsame christliche (orthodoxe, katholische und protestantische) Selbsterniedrigung vor dem jüdischen Volk wird auch in nie dagewesener Weise anerkennen, wieviel jeder Christ und jede christliche Körperschaft dem Volk des alten Bundes schuldet. Es könnte auch in Gottes Vorhersehung liegen, daß solch ein gemeinsames Bekenntnis vor den Juden helfen könnte, unser gegenseitiges Schuldbekenntnis voreinander als Katholiken, Orthodoxe und Protestanten zu erleichtern und zu vertiefen.

Die christliche Buße vor dem Herrn und dem jüdischen Volk für all die vielfältigen Formen von Antisemitismus in Gedanken und in der Praxis müssen einschließen:

1. Reue für die Schmähung des erwählten Volkes Israel, für das Gott eine besondere Liebe zeigte, durch Christen und die Kirche. Dieses Volk, das der Herr „wie seinen Augenstern" hütete (Dtn 32,10) und „mit ewiger Liebe ... geliebt" hat (Jer 31,3), wurde von der christlichen Kirche über viele Jahrhunderte geächtet. Als Heiden-Christen müssen wir bekennen, daß wir die Anweisung des hl. Paulus in Römer 11,18 nicht befolgten: „So erhebe dich nicht über die anderen Zweige", schreibt er. Und nochmals: „Sei daher nicht überheblich, sondern fürchte dich!" (Röm 11,20).

2. Reue dafür, das volle jüdische Wesen Jesu nicht geehrt zu haben. Das jüdische Volk nicht zu lieben bedeutet, Jesus nicht vollkommen zu lieben.

3. Reue für die „Ersatz"- oder „Stellvertretungs"-Theologie, die der zugrundeliegende Antrieb der christlichen Schmähung und Verfolgung des jüdischen Volkes war. Ein Teil dieser Reue beträfe die Ablehnung der Möglichkeit eines jüdischen Christentums und die Forderung, daß jüdische Konvertiten jegliche jüdische Praxis und Identität aufgeben müßten. Dies war besonders die Entscheidung von Kirchenautoritäten und erfordert Reue von seiten der Kirche.[122]

4. Reue für alle stereotypen Formen christlicher Vorurteile gegenüber Juden, die vielleicht in Shakespeares Shylock im Kaufmann von Venedig deutlich dargestellt werden. In diesem Punkt sollten Christen am leichtesten davon überzeugt werden können, daß sie eine gewisse Verantwortung für die erschreckende Behandlung von Juden durch Christen über die Jahrhunderte hinweg tragen. Dieser Schandfleck auf dem christlichen Gewissen wird in allen Formen des Antisemitismus unter Christen weitergetragen, ob offenkundig oder versteckt, vieles liegt tief in der christlichen Psyche begraben. Es tritt in antijüdischem Humor hervor, in unseren stereotypen Vorstellungen von Juden, die im allgemeinen mehr negativ als positiv sind (viel mehr

über jüdische Liebe zum und Geschicklichkeit mit Geld als über die Qualitäten von jüdischem Familienleben), unsere heidnische Abneigung gegen besonders jüdische Kleidungsformen.

5. Reue für das Versäumnis der Kirchen, die Bedeutung des Messianischen Judentums in unserer Zeit anzuerkennen und gemeinsam Wege zu suchen, um Juden, die Jesus als den Messias anerkennen, ein Verbleiben in ihrer jüdischen Identität zu ermöglichen. Es ist wahr, daß das Messianische Judentum ein Hindernis für den jüdisch-christlichen Dialog darstellt, es ist jedoch ungerecht, es als gleichwertig oder schlimmer als eine Form des „Uniatismus" darzustellen.[123] Wie man auch immer den Uniatismus definiert, das Messianische Judentum ist etwas ganz anderes: Es stellt in gewisser Weise den Wiederaufbau der Form des Christentums dar, die allen heidnischen Ausdrucksformen des Glaubens an Christus vorausging.

Kapitel 23

Ein Tag des Fastens und Gebets?

Jede ernsthafte Untersuchung des Themas der modernen geistlichen Strömungen und der historischen Kirchen führt notwendigerweise zu der Frage der Reue für unsere Sünden und Versäumnisse, nicht nur als einzelne Christen, sondern als Kirchen und Gemeinschaften. Wenn wir die Notwendigkeit der Reue anerkennen, stellt uns das vor die Tatsache, daß es keine Struktur oder keine Einrichtung gibt, um eine solche Reue in unseren Kirchenkreisen zum Ausdruck zu bringen, geschweige denn in Form eines gemeinsamen Aktes ökumenischer Demut.[124] Ich frage deshalb: Ruft der Heilige Geist uns alle zu einem gemeinsamen Eingeständnis unserer Sünden gegeneinander als Christen und unserer Sünden als Christen gegen Israel? Brauchen wir jedes Jahr einen Tag, an dem wir aus allen christlichen Hintergründen zusammenkommen, Kirche und Strömung, um unsere Sünde zu bekennen und das liebende Erbarmen Gottes anzurufen?

Das Beispiel des jüdischen Versöhnungsfestes

In der christlichen Kirche gab es nie einen weltweiten Tag für das gemeinsame Sündenbekenntnis, das jüdische Volk aber hält einen solchen Tag schon seit einigen Jahrhunderten vor Christus ein. Es ist Yom Kippur, das Versöhnungsfest, das am 20. Tag des siebten Monats im jüdischen Jahr gefeiert wird; in der nördlichen Hemisphäre fällt es auf den Herbst. Als die christliche Kirche sich aus dem Judentum des ersten Jahrhunderts entwickelte, führten die heidnischen Christen die jüdischen Feste von Pascha und Pfingsten weiter, nicht aber das Versöhnungs- und Laubhüttenfest.

Die Feste Israels

Aus der Thora, den Büchern Mose, geht klar hervor, daß die frühesten Festformen Israels drei Feiern im Jahr umfaßten: das der Ungesäuerten Brote (Pascha), der Ernte (Wochen- oder Pfingstfest) und der Lese (Laubhüttenfest). Nur diese Feiern werden in Exodus 23,14-17; 34,18-23 und Deuteronomium 16,1-16 aufgeführt. Die erste Auflistung wird mit den Worten eingeleitet: „Dreimal im Jahr sollst du mir ein Fest feiern" (Ex 23,14). Erst in Levitikus (16 und 23,26-32) und Numeri (29,7-11), Texten späteren Ursprungs, wird das Versöhnungsfest erwähnt.

Die ursprünglichen drei Feiern gliederten das jährliche Leben Israels. Jede Feier verband Ereignisse der Erlösungsgeschichte mit dem landwirtschaftlichen Zyklus einer ländlichen Bevölkerung. Das Fest der Ungesäuerten Brote war die Feier der ersten Garbe (Lev 23,10) und die Erinnerung an die Befreiung aus Ägypten (Ex 23,15; 34,18; Dtn 16,3). Das Wochenfest war die Feier der Erstlingsfrüchte von der Weizenernte (Ex 34,22) und wurde mit dem Empfang des Gesetzes auf dem Sinai in Verbindung gebracht.[125] Das Laubhüttenfest feierte das Einbringen der vollen Ernte; später wurde es mit dem Hüttenbau in Verbindung gebracht zur Erinnerung an die Zeit in der Wüste (Lev 23,40-43).

Diese drei Feste haben eine Heilsbedeutung. Die erste Garbe ist Jesus Christus, der an Ostern von den Toten auferstanden ist. Die ersten Früchte fünfzig Tage später sind die ersten Christen, die an Pfingsten mit dem Heiligen Geist erfüllt wurden. Die abschließende Ernte wird das Einsammeln aller Heiligen am Tag Jesu Christi sein. Somit gliederten diese drei Feste nicht nur das jährliche Leben des Volkes Israels, sondern, was sie darstellen, gliedert das Leben der christlichen Kirche, die durch das Pascha Jesu errichtet wurde und zwischen der Erstlingsfrucht des Pfingstfestes und der vollständigen Einsammlung bei der Wiederkehr Christi beim Jüngsten Gericht existiert.

In Klammern soll bemerkt werden, daß die zwei großen jüdischen Feste, die ihren Weg ins christliche liturgische Jahr nicht fanden, das Versöhnungs- und das Laubhüttenfest, wirklichen Schwächen der Kirche entsprechen, zumindest seit dem Sieg Konstantins im vierten Jahrhundert: Es gibt keinen Rahmen, um die Sünden des ganzen christlichen Volkes zum Ausdruck zu bringen; und unsere Hoffnung auf die Wiederkehr des Herrn ist sehr kraftlos.

Die Ursprünge des Versöhnungsfestes

Die meisten Bibelexperten gestehen ein, daß es in den für das Versöhnungsfest in Levitikus 16 vorgeschriebenen Praktiken primitive Elemente gibt. Es ist unwahrscheinlich, daß die Praxis, einen Ziegenbock zu wählen und in die Wüste zu schicken, aufkam, nachdem sich das Volk im Land niedergelassen hat. Die Ursprünge der in diesem Kapitel genau beschriebenen Abläufe scheinen eher in der Zeit nach Nehemia zu liegen. Denn Yom Kippur wird am zehnten Tag des siebten Monats gehalten, und Nehemia versammelte die Israeliten am 24. Tag dieses Monats zu einer Bußfeier („zu einem Fasten ... in Bußgewänder gehüllt und das Haupt mit Staub bedeckt", Neh 9,1), was er kaum in dieser Form getan hätte, wenn zwei Wochen zuvor das Versöhnungsfest gefeiert worden wäre.

Es liegt jedoch nahe, daß das von Nehemia geleitete israelitische Sündenbekenntnis, wie es in Nehemia 9 beschrieben wird, eine gewisse Rolle bei der Entstehung von Yom Kippur und seiner Festlegung auf den siebten Monat spielte. Es ergibt historisch und geistlich am meisten Sinn, daß die Einführung des Versöhnungsfestes als Sündenbekenntnis des ganzen Volkes aus der Demütigung durch das babylonische Exil hervorkam sowie aus der prophetischen Deutung des Exils als Strafe für Israels Aufstand und Untreue.

Wir sind dann wahrscheinlich auf der richtigen Spur, wenn wir die Einführung von Yom Kippur als liturgische Ausdrucksform desselben Geistes sehen, der in den Klageliedern und in den Psalmen 74 und 79 zum Ausdruck kommt. Der treue Jude, der durch den Zerfall Jerusalems und die Zerstörung des Tempels zerschmettert ist, klagt: „Denn Trübsal hat der Herr ihr gesandt wegen ihrer vielen Sünden" (Klgl 1,5); „Schwer gesündigt hatte Jerusalem, deshalb ist sie zum Abscheu geworden" (1,8); „Herr, sieh an, wie mir angst ist. Es glüht mir in der Brust; mir dreht sich das Herz im Leibe, weil ich so trotzig war" (1,20). „Seinen Altar hat der Herr verschmäht, entweiht sein Heiligtum" (2,7). „Deine Propheten schauten dir Lug und Trug. Deine Schuld haben sie nicht aufgedeckt, um dein Schicksal zu wenden" (2,14). Dies war „wegen der Sünden ihrer Propheten, wegen der Verfehlung ihrer Priester" (4,13). In anderen Worten entstand aus der gemeinschaftlichen Demütigung durch das Exil die Notwendigkeit, einen Ritus zu haben, der die Sünden des Volkes als ganzes behandelte und sich von dem für individuelle Sünden unterschied, sowie aus dem inneren Werk des prophetischen Geistes in Personen wie Nehemia und dem Autor der Klagelieder, um den Rest der frommen Juden anzuführen und die Sünde des Volkes zu erkennen und zu bekennen. In diesem Bekenntnis sind sie sich besonders der Sünden jener bewußt, die das Volk anführen, die Könige, Propheten und Priester; dies stellt zum Beispiel eine Verbindung zu den Worten des Herrn durch den Propheten Ezechiel gegen die Hirten Israels her (Ez 34).

Dieser Prozeß hebt etwas hervor, das für evangelikale Protestanten schwer zu verstehen ist, nämlich die wesentliche Verbindung zwischen einem priesterlichen Ritus und der tiefen inneren Erfahrung des Wirkens des Geistes im Volk. Die Vorschrift wurde nicht nur in einem Augenblick der Offenbarung in allen Einzelheiten verordnet, sondern entstand aus dem Werk des Geistes in der Wechselwirkung von Gottes beharrlichem Ruf und dem konstanten Schwanken der Antwort des Volkes.

Ein Tag zum Bekenntnis der Sünden der Kirchen

Vieles spricht für den Vorschlag, daß es nun für alle Kirchen und jede christliche Körperschaft an der Zeit ist, einen Tag im Jahr für ein demütiges Eingeständnis ihrer Sünden gegeneinander und gegen das jüdische Volk vorzuhalten. Aus welchen Gründen sollte dieses letzte Jahrzehnt des zweiten Jahrtausends die richtige Zeit sein, um einen solchen Brauch einzuführen?

Erstens ist das Ende eines Jahrtausends eine angebrachte Zeit, um über die Geschichte der zwei Jahrtausende der Christenheit nachzudenken. Papst Johannes Paul II. lud in seinem Schreiben *Tertio Millennio Adveniente* zu einem Nachdenken ein; er bemerkt darin, daß das letzte Jahrtausend vor allem durch christliche Trennung gekennzeichnet war. „Mehr noch als im ersten Jahrtausend hat die kirchliche Gemeinschaft im Verlauf des nun zu Ende gehenden

Jahrtausends oft nicht ohne Schuld der Menschen auf beiden Seiten schmerzliche Trennungen erlebt" (Abs. 34). Im zweiundzwanzigsten Kapitel bemerkten wir, daß die Verfolgung der Juden durch Christen im zweiten Jahrtausend merklich zunahm.

Zweitens dachten Christen in jüngster Zeit zunehmend über das Ereignis des Holocaust nach, und zeigten Bereitschaft, die christliche Verantwortung für die systematische Ausrottung von sechs Millionen Juden durch Hitler und seine Handlanger zu übernehmen. Mehr und mehr Christen werden sich langsam bewußt, daß eine solche Grausamkeit nicht möglich gewesen wäre ohne die seit langem verübte Brandmarkung der Juden als von Gott Verworfene und Mörder Christi. Darüber hinaus erfordert die Tatsache, daß der christliche Antisemitismus bis tief in die Ära der Kirchenväter zurückreicht, zumindest eine gewisse Abkehr von der beliebten katholischen Vorstellung von jener Zeit als dem goldenen Zeitalter der Kirche.

Drittens entzog das letzte Jahrzehnt unserem naiven Optimismus in der Vorstellung, daß die Welt sich beständig einem neuen Zeitalter der Harmonie und des Friedens nähert, immer mehr den Boden. Die schrecklichen Völkermorde in Bosnien und in Ruanda unter dem bohrenden Blick moderner öffentlicher Sensationsgier entsetzte uns mit der darin zur Schau kommenden abgrundtiefen Unmenschlichkeit und Erniedrigung. Diese Schrecken bereiten nicht nur der ganzen menschlichen Rasse Schande, sondern sie stürzen auch die christlichen Kirchen in Ungnade: im ehemaligen Jugoslawien aufgrund der Rolle der orthodoxen und katholischen Kirchen, und in Ruanda, weil dies dem Namen nach eines der christlichsten Länder Afrikas war. Vieles weist darauf hin, daß das 20. Jahrhundert, das so wunderbare Bewegungen des Geistes Gottes bezeugen kann, auch ein Anwachsen des Bösen hervorbringt, wie auch Papst Johannes Paul II. festgestellt hat.

Viertens wird unsere Aufmerksamkeit auf die Sünden der Kirchen gelenkt, wenn wir die Beziehung zwischen den historischen Kirchen und den geistlichen Strömungen unserer Zeit betrachten. Der Heilige Geist wurde sicher nur aufgrund der Sünden und Versäumnisse der historischen Kirchen über die geistlichen Strömungen ausgegossen, die sich nur teilweise innerhalb der Kirchen befinden und oft in Konkurrenz zu ihnen stehen. Daß sich die Strömungen in der heutigen Zeit enorm ausbreiten, unterstreicht noch weiter die Schwäche und Unzulänglichkeit des Zeugnisses der Kirche. Gleichzeitig sprechen die Zeichen der Erneuerung in den historischen Kirchen in wunderbarer Weise von der Größzügigkeit des Herrn, sie sollten aber nicht als Argument gegen das Werk des Herrn „außerhalb der Stadt" vorgebracht werden. Denn es ist bei weitem nicht deutlich, daß die Erneuerung innerhalb stärker und kraftvoller ist als die Erweckung außerhalb. Vielmehr ist die Tatsache, daß Gott innen und außen wirkt, sowohl ein Zeichen für die Tiefe von Gottes Liebe als auch eines von Gottes Urteil über unsere Sünden.

Eine Ausdrucksform der Sünde der Kirche

Ein Tag der Reue für die Sünden des christlichen Volkes gegeneinander und gegen die Juden muß, wie das Versöhnungsfest, aus einer tiefen inneren Überzeugung unserer Verantwortung für unsere Spaltungen entspringen, für den schwachen Zustand unserer Kirchen und für die Armut unseres Zeugnisses vor der Welt. Papst Johannes Paul II. schrieb: „An der Schwelle des neuen Jahrtausends müssen die Christen demütig vor den Herrn treten, um sich nach den Verantwortlichkeiten zu fragen, die auch sie angesichts der Übel unserer Zeit haben."[126] Wir müssen vor dem Herrn mit Schmerzen ausrufen: „Meine Augen ermatten vor Tränen, mein Inneres glüht. Ausgeschüttet auf die Erde ist mein Herz über den Zusammenbruch der Tochter, meines Volkes. Kind und Säugling verschmachten auf den Plätzen der Stadt" (Klgl 2,11). „Weh, wie glanzlos ist das Gold, gedunkelt das köstliche Feingold, hingeschüttet die heiligen Steine an den Ecken aller Straßen" (Klgl 4,1).

Jede christliche Initiative in diesem Bereich muß ein großes Einfühlungsvermögen für die jüdische Praxis aufweisen. Erstens, damit wir keine unnötige Verletzung verursachen, indem wir einen tief im jüdischen Bewußtsein verankerten Brauch zu imitieren scheinen, den diese besonders mit dem Schrecken des Holocaust assoziieren. Zweitens, damit eine tiefe Wertschätzung der Tradition von Yom Kippur zum Ausdruck kommt, und drittens, damit die christliche Mißhandlung der Juden in den Mittelpunkt des Brauches gestellt wird, zusammen mit einer Anerkennung, daß darin der Anfang und die Wurzel der Verfolgung von Brüdern des Glaubens an den Einen Gott Abrahams, Isaaks und Jakobs lag.

Vorbereitung auf die Parusie

Ein Tag vereinter Reue der Kirchen hätte eine eschatologische Bedeutung. Tatsächlich wurde das jüdische Versöhnungsfest unmittelbar vor das Laubhüttenfest gelegt, das eine Vorahnung auf das Einsammeln der Ernte des Herrn am Ende der Zeiten gibt.[127] Diese zeitliche Abfolge bedeutet, daß das Volk Gottes Reue üben muß, bevor es als Volk die Rückkehr seines Herrn in Herrlichkeit feiern kann.

An verschiedenen Orten des Neuen Testaments wird auf die Rolle der Reue in Vorbereitung auf den Tag des Herrn hingewiesen. „Also kehrt um, und tut Buße, damit eure Sünden getilgt werden und der Herr Zeiten des Aufatmens kommen läßt und Jesus sendet als den für euch bestimmten Messias (Apg 3,19-20). Dieselbe Botschaft wird in 2 Petrus 3 angetroffen: „Wie heilig und fromm müßt ihr dann leben, den Tag Gottes erwarten und seine Ankunft beschleunigen!" (3,11-12). Diese Ermahnung ist ein Beispiel für die beständigen Aufforderungen, den Tag der Wiederkehr des Herrn frei von Schuld und Tadel zu erwarten (1 Kor 1,8; 1 Thess 3,13; 5,23).

Es besteht folglich eine wesentliche Verbindung zwischen den Themen der Erneuerung und Evangelisation, christlicher Einheit, der Rolle Israels und dem zweiten Kommen Jesu. Die Ausgießungen des Geistes geschieht in Vorbereitung auf das letzte große Werk des Geistes in der Auferstehung der Toten und der Errichtung des neuen Himmels und der neuen Erde. Diese Vorbereitung benötigt eine Kraft, um das Evangelium allen Stämmen und Nationen vor dem Ende zu verkünden, damit sich Israel Jesus als seinem Messias zuwendet und um die gespaltenen christlichen Kirchen zu versöhnen. Nur dann wird die Braut für die Rückkehr des Bräutigams bereit sein.

Kapitel 24

Maria, die Mutter Jesu

In diesem Kapitel möchte ich das höchst sensible Thema der Mutter Jesu direkt ansprechen. Schon die verschiedenen Bezeichnungen, mit denen sie unter Christen bekannt ist, drücken ihrerseits eine Bandbreite von Gefühlen aus: Maria, die Jungfrau Maria, die Selige Jungfrau, Unsere liebe Frau. Auch wenn es waghalsig erscheinen mag, diesen schwierigen Boden zu betreten, müssen die Probleme in bezug auf Maria zwischen der katholischen Kirche und den geistlichen Strömungen angesprochen werden. Der Gegenstand dieses Buches, den komplementären Charakter der Kirche und der Strömungen in Gottes Plan und ihren Bedarf aneinander darzustellen, würde deutlich geschwächt werden, wenn man die Hauptschwierigkeiten einfach ignoriert, die durch die marianische Frage aufgeworfen werden. Eine solche Unterlassung könnte den Eindruck vermitteln, daß das ganze Buch hoffnungslos utopisch und der ökumenische Traum eine weit von der Realität entfernte Schwärmerei ist.

In diesem Kapitel werde ich weder eine vollständige Darstellung des katholischen Glaubens im Hinblick auf Maria[128] noch eine Untersuchung aller protestantischen Einwände dagegen in Angriff nehmen. Mein Ziel ist lediglich, dieses Thema auf eine Weise anzugehen, die uns hilft, uns über ein katholisches Triumphieren hinwegzubewegen, das sich nicht berühren läßt von protestantischen Empfindungen und einer evangelikalen Entrüstung, die marianische Frömmigkeit als bloßes Überbleibsel oder Eindringen von Heidentum ablehnt. Denn damit sich die Kirche und die Strömungen auf diesem Gebiet näherkommen können, müssen sie aufeinander hören und bereit sein, den Heiligen Geist um Erleuchtung zu bitten, ob das, was man an der anderen Partei bestätigt oder bestreitet, gültig und authentisch ist. Es reicht nicht aus, so vorzugehen, wie beide Seiten das normalerweise tun: die andere Form vom eigenen gegenwärtigen Standpunkt aus auszuwerten in der Annahme, daß die eigene

Seite vollkommen im Recht und die andere vollkommen im Unrecht ist. Eine Übereinstimmung inmitten von weitverbreiteter Beschimpfung und Verachtung anzustreben, ist ziemlich unrealistisch. Es ist jedoch möglich zu versuchen, sich ein paar Schritte aufeinander zuzubewegen. Diese paar Schritte zeigen uns dann, wie wir weitere machen können.

Es ist wichtig, in diesem und in anderen strittigen Punkten voranzugehen, wenn eine wachsende Zusammenarbeit und gegenseitige Achtung erreicht werden will anstelle von zunehmenden Zusammenstößen und Verdächtigungen zwischen der Kirche und den Strömungen. Die Person und das Thema Mariens hat eine besondere Stellung in den Herausforderungen, die die Strömungen an die Kirche stellen und die Kirche an die Strömungen. In der Tat sind nicht nur die Schwierigkeiten in bezug auf Maria groß, sondern auch die Herausforderungen, die beide Seiten einander stellen. Das heißt, daß die großen Unterschiede verschiedene Stärken und Schwächen darstellen, und daß in diesen Unterschieden eine bedeutende Herausforderung des Heiligen Geistes von jeder Seite an die andere liegt.

Maria als Symbol

Von einer Anzahl von Theologen, besonders von Karl Barth (1886-1967) wurde bemerkt, daß Maria den römischen Katholizismus als ganzen symbolisiert und daß unterschiedliche Meinungen über sie symptomatisch für alle katholisch-protestantischen Verschiedenheiten sind. Vor allem ist Maria ein Symbol für menschliche Zusammenarbeit mit Gottes erlösendem Werk: sie, die sagte, „Ich bin die Magd des Herrn; mir geschehe, wie du es gesagt hast" (Lk 1,38), kooperiert mit Gott durch ihren Glauben und empfängt so das ewige Wort in ihrem Leib.

Die katholische Doktrin bekräftigt die Notwendigkeit menschlicher Mitwirkung, die dennoch nur mit Gottes Gnade möglich ist; die protestantische Lehre, besonders die evangelikalere Richtung, ist sehr vorsichtig damit, irgendeine menschliche Mitwirkung hervorzuheben, um das Aufkommen eines „Jesus und ..."-Verständnisses oder jeglichen Anspruch auf menschliche Errungenschaften und

Verdienste dabei zu verhindern. In diesem Sinn ist das solus Christus (Christus allein) des klassischen Protestantismus einer seiner Grundlagen, zusammen mit sola Scriptura (die Bibel allein), sola fide (Glaube allein) und sola gratia (Gnade allein).

Die katholische Tradition sagt „sowohl ... als auch", die protestantische hingegen „entweder ... oder". So sagt der Katholik „Christus und die Kirche", „Jesus und Maria" und „Christus und wir", zusammen mit „Heilige Schrift und Tradition" sowie „Glaube und Werke". In Wirklichkeit bekräftigt die katholische Lehre nicht die Gleichheit beider Pole in diesen Paaren: Wir wurden durch Christus allein gerettet, aber der Gerettete muß kooperieren; die Heilige Schrift wurde allein vom Heiligen Geist eingegeben; aber sie wurde uns weitergereicht, d. h. sie ist in die Tradition eingegangen, durch und innerhalb des Rahmens der Kirche; wir wurden durch den Glauben gerettet, der in Werken Früchte erbringen muß. In der Praxis besteht bei den Katholiken jedoch die Gefahr, besonders bei populären Einstellungen, beide Pole auf dieselbe Ebene zu stellen und die totale Abhängigkeit des zweiten vom ersten nicht ausreichend zu erfassen: die totale Abhängigkeit aller Gläubigen, Maria eingeschlossen, von Christus, die der Tradition von der Heiligen Schrift, und die der Werke vom Glauben.

Es steht enorm viel auf dem Spiel. Indem man die Einzigartigkeit Jesu Christi, die Einzigartigkeit der Heiligen Schrift und die Einzigartigkeit des Glaubens gefährdet, werden die Quellen des christlichen Lebens selbst bedroht. Auf der anderen Seite wird durch eine Abschaffung menschlicher Kooperation, eine Ablehnung der bedeutenden Rolle der Tradition in bezug auf die Heilige Schrift und ihr Verständnis sowie eine Abwertung der Ausübung von Werken der Gerechtigkeit riskiert, daß die Einzigartigkeit Christi, der Bibel und des Glaubens funktionsuntüchtig gemacht wird. Vom protestantischen Gesichtspunkt aus ist Maria die größte Bedrohung für die Einzigartigkeit Jesu als Mittler und Retter. Aber von katholischer Seite aus ist sie die Verbindung mit Jesus, die ihn auf die Erde bringt, in unsere Welt, und sie ist die Erstlingsfrucht des Glaubens, die auf die vollkommenste Frucht, Jesus, hinweist, sie ist die Erstlingsfrucht der Schriften und des Glaubens.

Der einzige Weg, auf dem ein Fortschritt erzielt werden kann, besteht in einem tieferen Eintreten in das Geheimnis des Handelns des unendlichen Gottes mit endlichen Menschen. Die Vorstellung eines Bundes zwischen Gott und menschlichen Wesen kann von jemandem, der ein Stückchen von Gottes Wesen erfaßt, nicht leicht eingeordnet werden. Dennoch erhebt ein solcher Bund Gottes „Partner" zu einer neuen Würde jenseits von allem, was man sich vorstellen oder was verdient werden kann, sogar im Alten Testament. Diese Großzügigkeit und Zartheit Gottes erreicht in gewisser Weise seinen Höhepunkt in der Botschaft des Erzengels Gabriel an die Jungfrau von Nazareth.

Dieser Weg des Voranschreitens erfordert die konstante und wachsame Aufrechterhaltung von zwei scheinbaren Gegensätzen: die transzendente Einzigartigkeit des absoluten und souveränen Gottes, und die wirkliche Teilnahme an Gottes ewigem Leben, das der Vater den Menschen frei anbietet. Das göttliche Handeln und die menschliche Antwort bleiben auf zwei sehr unterschiedlichen Ebenen, von denen die niedrigere immer voll und ganz von der höheren abhängt und aus ihr hervorgeht. Von diesem Standpunkt aus ist die katholische Bekräftigung der Aussage „Gott und ..." absolut korrekt: Denn Gottes Zugabe ist die gesamte Schöpfung, und die gesamte Erlösung, die die ganze Schöpfung reinigt und zur Herrlichkeit der neuen Himmel und der neuen Erde emporhebt. Aber diese katholische Bekräftigung erfordert immer den protestantischen Einwand, der über jede unklare Linie zwischen dem Schöpfer und der Kreatur, zwischen dem eingegebenen Wort Gottes und allen anderen Schriften, und zwischen der göttlichen Gabe des Glaubens und allen anderen Tugenden wacht. Ohne diesen Einwand kann das kirchliche Leben in ein „Jesus und die Kirche", „Schrift und Tradition", „Glaube und Werke", „Jesus und Maria" verfallen, in dem die völlige Unterordnung und Abhängigkeit des zweiten Elements verschwommen oder in Vergessenheit geraten ist.

Die Herausforderung an die Strömungen

Die Herausforderung der Kirche der Geschichte an die Strömungen und besonders an alle Ausdrucksformen des evangelikalen Protestantismus konzentriert sich darauf, den biblischen Angaben in bezug auf Maria gerecht zu werden. Sie kann in wenigen Worten durch die Frage ausgedrückt werden, ob diese Christen unter jenen aller Generationen sind, die Maria selig preisen (Lk 1,48). Bis zu welchem Ausmaß erkennen sie das „Große" an, das der Herr an ihr getan hat (Lk 1,49) und aufgrund dessen sie selige Jungfrau Maria genannt werden würde?

Die Herausforderung der Kirche in bezug auf Maria kann auf eine andere Weise dargelegt werden, die für protestantische Christen weniger leicht nachzuvollziehen, aber hier doch von Bedeutung ist. Wie kommt es, daß alle alten Kirchen des Osten und Westens, nicht nur die römisch-katholische Kirche, sondern auch die orthodoxen Kirchen in Gemeinschaft mit Konstantinopel und alle kleineren westlichen orthodoxen Kirchen von Armenien, Irak und Indien, sowie die Kopten aus Ägypten und Äthiopien, Maria hoch verehren?

Wenn dieses Zeugnis nur aus einer oder zwei alten Traditionen käme, bestünde die Möglichkeit, daß deren Lehre vom Evangelium abgewichen oder aus dem Gleichgewicht geraten war. Aber daß alle alten Kirchen, sogar jene, die größtenteils über Jahrhunderte vom Rest abgeschnitten waren, auf dieselbe Weise vom Weg abkamen, scheint höchst unwahrscheinlich. Dies sind meist sehr konservative Körperschaften, die über viele Jahrhunderte der Prüfung und des Leidens, oft als Minderheiten inmitten des Islam, um ihr Überleben kämpften. Über drei Viertel der Kirchengeschichte gab es folglich eine Übereinstimmung, daß Marias Rolle in der Erlösungsgeschichte von einzigartiger und anhaltender Bedeutung ist, und daß ihr als gesegnetster von allen Geschöpfen Ehre gebührt.

Argumente dieser Art können nur irgendeine Überzeugungskraft gewinnen, wenn Christen aus den Strömungen geholfen werden kann zu sehen, daß all diese alten christlichen Traditionen dieselbe biblische Grundlage und Verwurzelung der Verehrung Mariens haben. Hierbei ist das Zeugnis der alten Kirchen des Ostens besonders bedeutend, denn als „östliche Brüder", meist aus ähnlichen semitischen Kulturen, die weniger von westlicher Geschichte beeinflußt waren, neigen sie zu einer geschlosseneren Art des Denkens und Auslegens der Welt der Bibel und ihrer Autoren.

Diese Perspektive zwingt uns zur Fragestellung: Wie viele der protestantischen Ablehnungen der Verehrung Mariens als „unbiblisch" stammen aus einer modernen westlichen Art der Bibellektüre, die viel von dem Reichtum des alten semitischen Gedankenguts vermissen läßt. Auch römische Katholiken können sich fragen, wieviel der katholischen Frömmigkeit des Westens Formen westlichen Gedankenguts und westlicher Kultur widerspiegelt (Individualismus, Rationalismus, Romantizismus), die der Gedankenwelt der Heiligen Schriften ebenso fremd sind.

Kontemplation und Maria

Die christlichen Traditionen, in denen Maria verehrt wird, sind jene, die Formen kontemplativen Lebens entwickelt haben, besonders Ordensberufungen. Der tiefe Respekt und die Ehrung Mariens, die die patristische Ära kennzeichnete, kam aus langen Betrachtungen des Wunders der Inkarnation und was es bedeutet, daß der ewige Sohn Gottes von der Jungfrau geboren wurde, aus ihr Leben und Nahrung erhielt und in der Familie Josefs im Stamme Juda Mensch wurde.

Als ich kürzlich bei einer Leiterkonferenz in einer großen parakirchlichen Bewegung einige Arbeitskreise hielt, griff ich absichtlich das strittige Thema Maria auf. Nach einer Darlegung und einiger Diskussion kam von einem Protestanten der einsichtige Kommentar: „Was ich höre, ist, daß Maria für Katholiken eine Person ist, die sie lieben, aber für Protestanten ist Maria eine Lehre, die sie ablehnen." Das kontemplative Leben bringt eine Tiefe der Glaubensanwendung hervor, die von Texten und Doktrinen zu Personen übergeht. Ein Teil der Herausforderung der Kirche an die Strömungen ist es, mehr Platz für eine kontemplativere Dimension einzuräumen, die einen Aktivismus mäßigt, der wohl ihren wahren Errungenschaften zugrunde liegt, jedoch auch deren Tiefe und Dauerhaftigkeit bedroht. Nicht per Zufall stellt das Lukasevangelium Maria als Beispiel für dieses betrachtende Staunen über die großen und geheimnisvollen Taten des Herrn dar: „Maria aber bewahrte alles, was geschehen war, in ihrem Herzen und dachte darüber nach" (2,19), und „Seine Mutter bewahrte alles, was geschehen war, in ihrem Herzen" (2,51).

Die Herausforderung an die römisch-katholische Kirche

Dieser Abschnitt wird die Herausforderung in bezug auf Maria an die römisch-katholische Kirche betrachten, da die Mariologie und marianische Frömmigkeit in der katholischen Kirche des Westens mehr als in allen historischen Kirchen entwickelt ist. Es ist deutlich, daß die Strömungen die Kirche vor allem dazu herausfordern, christozentrisch, biblisch und lebensspendend zu sein.[129]

Da die Strömungen alle das lebensspendende Evangelium und die Dringlichkeit der Evangelisation betonen, ist die Vorrangigkeit der Evangelisation ein Hauptpunkt, in dem sich die katholische Kirche hinterfragen muß. Verschiedene katholische Leitfiguren, unter anderem Kardinal Suenens, erkannten an, daß viele Katholiken sakramentalisiert, aber nicht evangelisiert sind. Eine Folgerung dieses Mangels ist, daß viele von ihnen Formen der Frömmigkeit und Verehrung gelehrt und empfohlen bekamen, die in keinem Teil des Evangeliums begründet waren.

Die postkonziliaren Erneuerungsströme entdecken diese Priorität einer ausdrücklichen Evangelisation neu, was auch stark vom Dokument Evangelii Nuntiandi (1975) Papst Pauls VI. unterstützt wurde, und sahen deutlich, daß das Evangelium der Erlösung die Grundlage für das gesamte christliche Leben bildet.

Diese Wiederentdeckung weist folglich auf die Problematik der Förderung marianischer Verehrung unter jenen hin, die nie richtig evangelisiert wurden. Hier wirkt sich die Herausforderung der Strömungen an die Neuordnung der kirchlichen Prioritäten in bedeutendem Maße auf die Volksfrömmigkeit in der katholischen Kirche aus.

Die Verborgenheit Mariens

Wenn wir das kirchliche Leben durch eine tiefere Verwurzelung in der Heiligen Schrift erneuern möchten, müssen wir auf alle biblischen Angaben bezüglich der Person und Rolle Mariens achten. Es liegt eine Herausforderung darin, daß die Mutter des Herrn relativ selten direkt erwähnt wird, dafür ist sie jedoch in den Schlüsselmomenten des Offenbarwerdens von Gottes Erlösungswerk durch ihren Sohn gegenwärtig. Offensichtlich ist sie bei seiner Geburt gegenwärtig, aber sie ist es auch beim Beginn seines öffentlichen Wirkens (Kana in Johannes 2), am Fuß des Kreuzes (Johannes 19) und anscheinend am Pfingsttag (Apostelgeschichte 1,14; 2,1). Diese Kombination von Seltenheit und wichtigen Momenten muß ernstgenommen werden. Es weist sowohl auf ihre Bedeutung als auch auf ihre Zurückhaltung hin. Zurückhaltung bedeutet, daß sie ihre Wichtigkeit nicht hinausposaunt; ihre Bedeutung wird mehr „nahegelegt" als „bewiesen" oder „offengelegt". In anderen Worten steckt in Marias Rolle im Neuen Testament eine Verborgenheit, die von der protestantischen Ablehnung und von der katholischen Begeisterung nicht immer berücksichtigt wird. Diese Verborgenheit begegnet uns in der Erzählung des Wunders von Kana, in der die Diskretion Marias veranschaulicht wird: sie sagt einfach zu ihrem Sohn, „Sie haben keinen Wein mehr" und versucht nicht, ihm zu sagen, was er tun soll. Dann sagt sie zu den Dienern, „Was er euch sagt, das tut!" Diese Worte sind voll von Glauben, voll von Glauben an Jesus, aber sie sind feinfühlig und nicht aufdringlich.

Die Verborgenheit Mariens wird auch durch ihre Rolle am Fuß des Kreuzes veranschaulicht. „Als Jesus seine Mutter sah und bei ihr den Jünger, den er liebte, sagte er zu seiner Mutter: Frau, siehe dein Sohn! Dann sagte er zu dem Jünger: Siehe, deine Mutter! Und von jener Stunde an nahm sie der Jünger zu sich (eis ta idia)" (Joh 19,26-27). Da Johannes weniger Episoden als die Synoptiker vorstellt, und jene, die er einschließt, eine heilsgeschichtliche Bedeutung haben, ist es höchst unwahrscheinlich, daß Jesus nur häusliche Arrangements für seine Mutter nach seinem Tode trifft. Hinter diesen Versen birgt sich ein Reichtum an Bedeutung, was besonders durch die Worte „jene Stunde" nahegelegt wird, die sich in Johannes auf das Pascha Jesu an den Vater beziehen (vgl. Joh 13,1). Katholiken gingen dazu über, sie in bezug auf die geistliche Mutterschaft Mariens für alle Jünger ihres Sohnes zu verstehen; gleichwohl bleibt der hintergründige Gehalt solcher Texte wichtig. Ein bedeutender Fortschritt wird dann erzielt werden, wenn Katholiken und Evangelikale gemeinsam, mit gegenseitiger Achtung und ohne Angst, diese und andere Abschnitte betrachten, aus dem einfachen Wunsch heraus, das Wort Gottes zu hören und es zu durchdringen; dieses Wort kann nicht in rein menschliche Kategorien eingekapselt werden.

Die biblische Erneuerung der katholischen Kirche ruft zu einer sorgfältigeren biblischen Form der Verehrung Marias auf. Diese Art Reinigung ist aus verschiedenen neuen katholischen Schriften ersichtlich. Diese biblische Betrachtung muß lernen, wie die Verborgenheit oder Diskretion Marias im Neuen Testament respektiert werden kann, während sie von der Herrlichkeit des Herrn, die in seinen Dienern offenbar wird, Zeugnis ablegt In der Art von deduktiver katholischer Mariologie, die sich auf menschliche Logik stützt und auf Maria und ihre Privilegien getrennt vom biblischen Zusammenhang konzentriert, wird diese Verborgenheit nicht angemessen respektiert.

Wir können hier eine Spannung innerhalb des Katholizismus wahrnehmen zwischen der zurückhaltenderen und kontemplativeren Betrachtung Marias in den Klöstern und der überschwenglicheren und ausdrucksvolleren marianischen Frömmigkeit der Massen. Diese Spannung tritt auch auf dem Gebiet der Kunst in Erscheinung zwischen den großen künstlerischen Meisterwerken mit Themen aus der Kindheit Jesu und den kitschigen, in Massen produzierten Gegenständen, die in vielen katholischen Geschäften verkauft werden. Die Tatsache, daß Volksfrömmigkeit zu einer lehrinhaltlichen Gleichgewichtsstörung und einer Herabsetzung des Heiligen neigt, ist jedoch nicht nur ein Problem für die katholische Kirche, sondern kommt auch in der pfingstlerischen und charismatischen Welt auf verschiedene Weise zum Ausdruck. Man muß hier den schwierigen Mittelweg zwischen Formen des geistlichen Snobbismus einerseits und exzessiver Toleranz auf der anderen Seite finden. Die katholische Kirche, die seit jeher die Fähigkeit besaß, Völkerkulturen zu formen, scheint Abweichungen säkularer und nichtreligiöser Art viel weniger tolerant zu begegnen, jedoch Abweichungen in der volkstümlichen Religiosität und Aberglaube ziemlich nachsichtig zu behandeln. Wenn man sich aufeinander zubewegen soll, muß die katholische Seite eine größere Bereitschaft zeigen, Ausschweifungen und Mißbräuche in marianischer Frömmigkeit wahrzunehmen. Teil der Herausforderung an die katholische Kirche ist es, deutlichere Kriterien zu entwickeln für das, was in der Volksfrömmigkeit gesund und was ungesund ist.

Ein wachsendes Einfühlungsvermögen füreinander

Der Kernpunkt der Herausforderungen der geistlichen Strömungen und der römisch-katholischen Kirche aneinander kann mit dem Begriff eines gegenseitigen Einfühlungsvermögens ausgedrückt werden. Teil des Prozesses, uns mit Christen von sehr unterschiedlichen theologischen und kulturellen Hintergründen zu treffen und auszutauschen, ist, daß wir zu lernen beginnen, welcher Geist und welche Liebe ihren Glauben und ihre Glaubenspraxis beseelen. Ein solches Kennenlernen führt zu Achtung und Einfühlungsvermögen. Diese Achtung und dieses Einfühlungsvermögen müssen ihrerseits zu Änderungen von Verhaltensformen (auf beiden Seiten) führen, die schockieren und Anstoß erregen. Es liegt etwas Schockierendes und Anstoßerregendes in der Gleichgültigkeit, mit der wir den gegenseitig hervorgerufenen Ärgernissen begegnen. Katholiken ist es gleichgültig, daß manche katholischen Ausdrucksformen und Praktiken in bezug auf Maria unter Evangelikalen, Pfingstlern und charismatische Christen Anstoß erregen. Protestanten ist es gleichgültig, daß hingebungsvolle Katholiken evangelikale Angriffe auf marianische Verehrung schockierend und verabscheuungswürdig empfinden.

Beide Seiten müssen sich dieser Herausforderung stellen. Der größte Skandal ist es, daß wir der tiefsten Empfindsamkeit unserer Brüder und Schwestern, die Jesus Christus lieben und für das Wirken des Heiligen Geistes offen sein möchten, gleichgültig gegenüberstehen. Wir müssen gegenseitig auf unsere Herzen hören. Wir müssen nicht mit allem einverstanden sein, was die anderen denken. Aber wir müssen zuhören; wir müssen ein Gefühl dafür entwickeln, was andere engagierte Christen anderer Traditionen an unserer als verletzend empfinden. Verletzen manche katholische Ausdrucksformen das biblische Zeugnis der Einzigartigkeit unseres Herrn Jesus Christus? Offenbaren manche protestantischen Haltungen eine mangelnde Wertschätzung des geheimnisvollen und barmherzigen Handelns des Herrn in der Inkarnation? Nur durch das Wachsen eines solchen Einfühlungsvermögens können wir die Liebe und Sympathie erlangen, die den Abgrund der Mißverständnisse und Verachtungen überbrücken, der in den Augen der Nichtchristen ein schwerwiegender Skandal bleibt. Das Wachsen dieser Achtung und dieses Einfühlungsvermögens ist wesentlich, wenn die relativ jungen Formen des Teilens und der Kooperation eine wirkliche Chance auf einen langen Fortbestand haben sollen.

Eine Annäherung zur Annahme dieser Herausforderungen
Jegliche Annäherung an das Thema der Seligen Jungfrau Maria, das Evangelikalen und Pfingstlern dienen kann, muß deutlich biblisch und christozentrisch sein. Es ist auch klar, daß jede Annäherung, die römische Katholiken und Orthodoxe überzeugen soll, daß ihr Glaube an die Mutter Gottes keinem Kompromiß ausgesetzt wird, tief in ihrer historischen Tradition verwurzelt sein muß. Eine mögliche Annäherung, die beiden Anforderungen gerecht werden könnte, ist die Konzentration auf zwei Dimensionen des christlichen Glaubens, die der Heilige Geist in den Erweckungs- und Erneuerungsströmungen in den Vordergrund stellte: die Beziehung Israels zur Kirche und die christliche Eschatologie.

Israel und die Kirche
Maria ist die Verbindung zwischen Israel und der Kirche. Aufgrund der jungfräulichen Empfängnis Jesu, gehört Jesus

nur durch Maria physisch dem Hause Israel an. Jesus ist nicht nur Sohn Gottes, sondern auch Sohn Davids und Sohn Abrahams: „der dem Fleische nach geboren ist als Nachkomme Davids, der dem Geist der Heiligkeit nach eingesetzt ist als Sohn Gottes in Macht seit der Auferstehung von den Toten" (Röm 1,3-4).

Folglich tritt der ewige Sohn Gottes durch Maria in die menschliche Geschichte ein und nimmt menschliches Fleisch an. Die Geschichte, in die er eintritt, ist die Geschichte der Menschheit, aber besonders die Geschichte Israels und des Stammes Juda. „Nie weicht von Juda das Zepter, der Herrscherstab von seinen Füßen, bis der kommt, dem er gehört, dem der Gehorsam der Völker gebührt" (Gen 49,10).

Kernpunkt der Berufung Israels ist es, das Kommen des Messias vorzubereiten, das Werkzeug zu sein, das allen Völkern den Erlöser der Welt bringt. Hierin ist Maria wie eine Personifizierung Israels. Hierin wird sie, eine Frau, in die Reihe der repräsentativen Gestalten gestellt, die das Leben und die Geschichte Israels prägten: Abraham, Jakob, Moses, David, der leidende Knecht. Das, was das Volk Israel seit Jahrhunderten mit sich trug und vorbereitete, das Fundament für das Kommen des Messias zu legen, in der Art und Gestalt, in der Zusage und Glaubenserwartung, verwirklicht jetzt Maria als Werkzeug des Geistes und als Magd des Herrn. Sie empfängt und gebiert den Messias-Erlöser und gibt ihn im Glauben an seine Mission zuerst dem Volk Israel und dann der Welt.

Maria ist also der Höhepunkt des Glaubens des Volkes Israel, sie glaubt an die Zusage, und sie ist der Ursprung des Glaubens der Kirche, jener, die an Jesus, seine Person, seine Identität und seine Mission glauben. Sie muß ganz im Rahmen Israels und des Alten Testaments verstanden werden, sowie ganz im Rahmen des neuen Bundes. Wenn sie in diesen vollen biblischen Kontext Israels eingeordnet wird, meidet die Kirche die Gefahr jeglicher „nicht-geschichtlichen Orthodoxie", die sie einzig an die Seite Christi stellen würde, anstatt in ihr die herausragende Gestalt Israels und der Kirche zu sehen.

Eschatologie

Die meisten Bibelexperten stimmen darin überein, daß zwischen Genesis 3,15 und Offenbarung 12 eine Verbindung besteht. Beide sprechen von der Feindseligkeit der Schlange gegenüber der Frau und ihrem Nachwuchs und der letztendlichen Niederlage der Schlange. Katholische Exegeten neigen dazu, in der „Frau" beider Texte einen Bezug zu Maria zu sehen, obwohl sie in jüngerer Zeit zunehmend eine doppel- oder vielschichtige Bedeutung der Frau in beiden Stellen wahrnahmen: in Genesis einen Bezug zu Eva wie auch Maria, und in der Offenbarung einen Bezug zu Israel wie auch zu Maria als der Mutter des „Sohnes" (V. 5). Dieses sind Beispiele für die Verborgenheit Marias in der Bibel, der kein Abweg ist, um aus nichts etwas zu machen, sondern vielmehr wirkliche Bezugnahmen und Anspielungen, die absichtlich nicht logisch und systematisch ausformuliert werden. Katholiken müssen eine Zurückhaltung üben, die diese Form der Anspielung respektiert, während Protestanten ihre Hemmungen überwinden müssen, in Freiheit und Wahrheit die umfassenderen Folgerungen solcher Abschnitte zu berücksichtigen.

Diese engen Verbindungen zwischen Maria und Israel haben ihrerseits eine eschatologische Dimension. Das Thema der Tochter Zion im Alten Testament wird mit dem Tag des Herrn in Verbindung gebracht: siehe Zefania 3,4; Sacharja 9,9 (auch Sacharja 2,10). Maria ist die Verkörperung der Tochter Zion, die sich freuen und dem Herrn zujubeln wird bei seinem Kommen. Aber sein erstes Kommen kann nicht total vom zweiten getrennt werden, am wenigsten in den messianischen Prophezeiungen des Alten Testamentes. Marias Lied der Freude im Magnifikat ist das Lied der „anawim", der Armen des Herrn; sie ist ein Beispiel für die Niedrigen, die erhöht werden (vgl. Lukas 1,52). Die katholische Lehre von Marias körperlicher Aufnahme in den Himmel ist nicht biblisch im gewöhnlichen evangelikalen Sinn; ich lege aber nahe, daß sie definitiv biblische Wurzeln in einer weniger wörtlichen und textnachweislichen Form besitzt. Die Vorstellung einer körperlichen Aufnahme entsprach nicht nur dem jüdischen Verständnis (vgl. die biblischen Beispiele von Enoch und Elija und der Bezug auf den Streit um den „Leichnam des Mose" in Judas 9), sondern sie stellt im Fall Mariens den vollkommensten Ausdruck von Gottes Erhöhung der Demütigen dar, die durch die Vision in Offenbarung 12 nicht eindeutig nachgewiesen wird; darin ist aber doch ein Bild enthalten, das diese Erhöhung ausmalt.

Soll nun jedoch ein Fortschritt auf diesem sehr schwierigen und gefühlsgeladenen Gebiet erreicht werden, müssen Katholiken die schwere Aufgabe in Angriff nehmen, jene Ausdrucksformen und Praktiken bezüglich Maria, die sich nicht voll mit der Einzigartigkeit unseres Herrn Jesus Christus und seiner Rolle als Herr, Retter und Vermittler vereinbaren lassen oder diese in irgendeiner Weise überschatten, anzusprechen. Maria ist nicht das Thema, das bei unserer ersten Begegnung mit Brüdern und Schwestern von der anderen Seite der katholisch-evangelikalen Scheidelinie aufgegriffen werden sollte; aber wenn wir nicht beginnen, uns mit diesem Bereich zu befassen, nachdem wir einmal Beziehungen gegenseitiger Achtung aufgebaut haben, dann werden schleichende Zweifel von der Realisierbarkeit einer solchen Kooperation verbleiben.

Kapitel 25

Der kommenden Fülle entgegen

In diesem letzten Kapitel möchte ich die wichtigsten Schlußfolgerungen dieses Buches zusammenfassen. Seine Haupt-
aussage ist, daß die historischen Kirchen und die modernen
Strömungen neuen Lebens einander benötigen. Für diese
Behauptung gibt es verschiedene Grundlagen, die wir kurz
nacheinander untersuchen werden.

**1. Der Heilige Geist ist nachweislich in beiden Bereichen
am Werk.**
Wenn der Heilige Geist sowohl in den historischen Kirchen
als auch in den geistlichen Strömungen am Werk ist, dann
müssen sich die zwei ergänzen, denn zwischen den Werken
des Heiligen Geistes Gottes muß es eine Einheit und einen
Zusammenhang geben.

**2. Eine gezielte Ausrichtung und eine organische Fülle
ergänzen sich.**
Die gezielte Ausrichtung der Strömungen, die an ihre Vitalität
und ihren großen Einfluß geknüpft ist, ergänzt – und richtet
sich nicht gegen – die Bemühungen um Katholizität und organische Fülle der alten Kirchen von Ost und West.

**3. Strömungen außerhalb der Kirchen sind Teil von Gottes
Urteil und Erbarmen gegenüber den Kirchen.**
Das Entspringen von Strömungen, die nicht in die histori-
schen Kirchen integriert sind, ist eine Folge der Sünde der
Kirchengemeinschaften. Zwar ist dies eine Art Urteil, es ist
aber auch ein Ausdruck von Erbarmen, denn das neue Leben
der Strömungen wurde nicht als Maßnahme gegen die
Kirchen gegeben (obwohl einige das Leben der Strömungen
auf diese Weise verstanden haben), genauso wenig wie die
Gnade Gottes gegenüber den Heiden als Maßnahme gegen
Israel gegeben wurde. Die Strömungen werden als Gabe des
Lebens an diejenigen dargeboten, die Gott erlösen und erneu-
ern möchte zum Aufbau des einen Leibes Christi.

4. Die gegenseitige Ergänzung von Kirche und Strömung kann nur durch Reue verwirklicht werden.

Aufgrund von Sünde in den Kirchen traten die Strömungen in Erscheinung und entwickelten sich beachtlich außerhalb der Kirchen. Aufgrund des Erbarmens Gottes traten sie innerhalb der Kirchen auf. Als Reaktion auf die Sünde in den Kirchen sündigten Evangelikale, Pfingstler und Charismatiker durch ihre Verachtung nicht nur der Sünde, sondern der Substanz der historischen Kirchen. Beidseitige Sünde brachte den völligen Gegensatz von „Kirche" und „Sekte" hervor. Da man der Sünde nur mit Buße entgegenwirken kann, müssen zuerst die Kirchen und dann die Strömungen ihre eigenen sündhaften Haltungen gegeneinander bereuen. Nur durch eine solche Buße wird jede wirkliche Zusammenarbeit ermöglicht, denn ohne Buße gibt es keine wirkliche Achtung vor der Gegenwart und dem Wirken des Heiligen Geistes im anderen.

5. Reue für die Sünden gegen Israel ist wesentlich für einen Fortschritt in der Beziehung Kirche-Strömung.

Die erste Sünde der Ablehnung eines Bundesvolkes geschah durch die Kirche der Heiden, und dies öffnete die Tür für nachfolgende „sektiererische" Ablehnungen der katholischen Kirche. Reue für die Sünden der Kirche gegen die Juden bedeutet folglich, die Wurzeln jeglicher „Ersatz"-Ideologie zu behandeln, die Gottes erwähltes Volk der Vergangenheit mit uns als neuer Familie Gottes ersetzt. Die Auseinandersetzung mit der Frage Israels ist somit fundamental, um die Themen Kirche und Erwähltsein zwischen den Kirchen und den Strömungen in Angriff zu nehmen.

6. Eine Wechselbeziehung und Zusammenarbeit von Kirche und Strömungen ist notwendig für die christliche Vorbereitung der Wiederkehr Jesu.

Dieser Punkt ist eine Konsequenz daraus, daß (I) der Heilige Geist sowohl in den Strömungen als auch in der Erneuerung der historischen Kirchen wirkt, und (II) das gesamte Werk des Geistes Gottes in der Zeit der Kirche auf die Erfüllung des Planes des Vaters in Christus in der Parusie ausgerichtet ist. Das Neue Testament legt nahe, daß die Parusie (Wiederkunft

Christi) beschleunigt oder verzögert werden kann durch den Gehorsam oder Ungehorsam des Volkes Gottes (2 Petr 3,11-12); das Erbarmen des Vaters hält den Tag des Gerichts zurück, bis das Evangelium der ganzen Welt gepredigt würde (Mt 24,14) und bis alle die Möglichkeit erhalten haben, die sie brauchen, um umzukehren und zu glauben (Röm 2,4; 2 Petr 3,9). Die gehorsame Zusammenarbeit aller, bewegt vom Heiligen Geist in Kirche und Strömung, wird die Evangelisation der Welt vorantreiben und Israels Annahme des Messias sowie die Rückkehr des Herrn in Herrlichkeit beschleunigen. In diesem Aufbau hin zur Erfüllung der Geschichte haben sowohl Maria als auch Israel Schlüssel-rollen, deren Verbindung untereinander nicht unbeachtet bleiben sollte.

Was auf dem Spiel steht

Für das Christentum selbst steht enorm viel auf dem Spiel in der Art und Weise, wie die geistlichen Strömungen und die historischen Kirchen miteinander in Beziehung stehen. Besonders die vier modernen Strömungen einerseits und die alten Kirchen von Ost und West, die orthodoxe und die katholische, auf der anderen umfassen zusammen einen hohen Prozentsatz der weltweit an Jesus Christus Glaubenden. Jeder Seite steht es frei, wie sie mit der anderen umgeht. Sie können sich gegenseitig ablehnen oder sich gegenseitig akzeptieren.

Sich gegenseitig ablehnen ist einfach: Das führt zu wachsenden Konfrontationen und vermehrten Fehldarstellungen. Die Ablehnung der im anderen gegenwärtigen Gnade, Wahrheit und Erleuchtung bringen eine Verdrehung des eigenen Verständnisses des Evangeliums und der göttlichen Offenbarung hervor. Die evangelikal-pfingstlerische Ablehnung der alten Kirchen erhöht die in den Strömungen vorhandene sektiererische Tendenz und führt zu noch strengeren Formulierungen der Lehre, die dann das Fließen neuen Lebens bedrohen, das wahre Wesen der Strömungen. Die katholische und orthodoxe Verurteilung der Strömungen als Sekten und ihre Einordnung in einen ganz anderen Bereich als die großen protestantischen Kirchen, mit denen ökumenische Beziehungen gepflegt werden können, versäumt es, die Ausrichtung auf das Evangelium in deren Herzen wahrzunehmen, und erschwert eine wahre Erneuerung aus dem Evangelium in den alten Kirchen. Dies erschwert dann ebenfalls jegliche wirksame Evangelisation der modernen Welt.

Eine gegenseitige Annahme ist vielschichtiger. Sie beinhaltet, die Gegenwart und das Wirken des Heiligen Geistes im anderen anzuerkennen. Es bedeutet nicht, alles auf der anderen Seite als vom Heiligen Geistes anzuerkennen, aber es bedeutet, das, was man als vom Geist Gottes kommend wahrnimmt, anzuerkennen und zu bekräftigen. Es heißt, reine Vorurteile durch einen unterscheidenden Glauben zu ersetzen. Das Prinzip, sich für eine gegenseitige Anerkennung auszusprechen, läßt die möglichen und erwünschten Formen für einen Austausch und eine Zusammenarbeit offen, es bedeutet aber, daß manche möglich sein müssen – auf der Grundlage dessen, was als vom Heiligen Geist kommend anerkannt wird.

Ein paar auf dem Spiel stehende Punkte

Ein Punkt ist Leben und Tiefe. Die Strömungen sind Ströme neuen Lebens. Sie sind Ausgießungen des Heiligen Geistes von Gott, vom Thron des Vaters. Wie der Fluß, der in Ezechiel 47 vom Tempel fließt, bringen die Strömungen neues Leben und Heilung, wo immer sie fließen. (Damit soll nicht geleugnet werden, daß sie auch problematische Elemente mit sich bringen können.) Aus sich selbst heraus tendieren sie zu Aktivismus und unmittelbaren Ergebnissen, ihnen fehlt die mehr betrachtende-kontemplative Dimension, die vor allem mit Tiefe in Verbindung steht. Aber ohne die Strömungen scheint die Tiefe in den Kirchen die Erhaltung des wenigen darzustellen. Wenn die Kirche und die Strömungen nicht zusammenkommen, beobachten wir wahrscheinlich eine in Zahl und Flächendeckung enorme Ausbreitung der Strömungen, die überall in der Welt neues Leben bringen, jedoch auf eine Art und Weise, durch die das neue Leben keine tiefen Wurzeln schlagen kann und unter mangelnder Tiefe leidet, manchmal an Oberflächlichkeit, und dadurch Modetrends und dem Geist der Zeit schutzlos ausgeliefert ist.

Ein weiterer Punkt ist das Himmlische und das Weltliche. Die Strömungen halfen mit bei der Wiederherstellung eines eschatologischen Bewußtseins, daß das Reich Gottes nicht von dieser Welt ist und daß Christen nach einer „besseren Heimat" streben, nach der „himmlischen" (Heb 11,16). Aber durch ihre Trennung zwischen dem Geistlichen und dem Körperlichen, wie es die Aufklärung lehrte, verstehen sie das Himmlische als Gegensatz zur physischen Ordnung. Dies führt, trotz einer wirklichen Rückkehr zur eschatologischen Hoffnung, zum Verlust der neutestamentlichen Vision vom neuen Himmel und der neuen Erde (2 Petr 3,13) und der Heiligen Stadt, dem neuen Jerusalem, das „von Gott her aus dem Himmel" herabkommt (Offb 21,2). Im Gegensatz dazu richteten sich die Kirchen zu sehr in dieser Welt ein und fühlen sich in ihr zu Hause, so daß sie ihre Sehnsucht nach der Rückkehr des Herrn verlieren und eher hoffen, daß er nicht zu früh kommen wird. Nur die Erneuerung der Kirche, die Fleisch wurde in dieser Welt, aber nun mit Christus einen Platz im Himmel innehat (Eph 2,5-6), wird das Gleichgewicht zwischen dem Erbe im Himmel (vgl. Phil 3,20) und der Erlösung der gesamten Schöpfung wiederherstellen, die „bis zum heutigen Tag seufzt und in Geburtswehen liegt" (Röm 8,22).

Einer evangelikal-charismatisch-katholischen Fülle entgegen

Was also in der Beziehung zwischen Kirche und Strömungen auf dem Spiel steht, ist die Verwirklichung der Fülle des Leibes Christi. Es scheint, daß den Kirchen ohne den Lebenssaft, der in den Strömungen fließt, die gezielte Ausrichtung und die verwandelnde Kraft des Heiligen Geistes fehlt. Es scheint aber auch, daß die Strömungen ohne die Kirche nicht ein Leib werden können und es ihnen an der Fähigkeit fehlt, ihr neues Leben und ihre neue Energie in den Zusammenhang und die Tiefe des Leibes Christi umzusetzen. Der Brief an die Epheser ist der Ort im Neuen Testament, wo am meisten über die Fülle des Leibes Christi gesprochen wird. In der Kirche, dem Leib Christi, „lebt die ganze Fülle dessen, der alles erfüllt" (1,23 GN). Die Gaben und Dienste des Geistes werden ausgegossen, „um die Heiligen für die Erfüllung ihres Dienstes zu rüsten, für den Aufbau des Leibes

Christi. So sollen wir alle zur Einheit im Glauben und in der Erkenntnis des Sohnes Gottes gelangen, damit wir zum vollkommenen Menschen werden und Christus in seiner vollendeten Gestalt darstellen" (4,12-13). Christus hat die Kirche geliebt, wie ein Bräutigam seine Braut liebt, „um sie im Wasser und durch das Wort rein und heilig zu machen. So will er die Kirche herrlich vor sich erscheinen lassen, ohne Flecken, Falten oder andere Fehler; heilig soll sie sein und makellos" (5,26-27).

Diese Fülle wird evangelikal sein, weil sie vom versöhnenden Opfer Golgothas fließt und in Reue und Umkehr wurzelt. Die Fülle wird Heiligung offenbaren, denn die Frucht des Kreuzes ist der Tod für die Sünde und die Auferstehung zu einem Leben der Heiligung in Gemeinschaft mit Jesus. Die Fülle wird pfingstlerisch und charismatisch sein, denn dies ist die Frucht der Gabe Jesu, des Geistes, der ursprünglich zu Pfingsten durch den auferstandenen, in den Himmel aufgefahrenen Christus vom Throne Gottes ausgegossen wurde; denn die Aufgabe des Geistes ist es, Gläubige mit göttlichem Leben, göttlicher Liebe und Kraft zu füllen.

Die Fülle des Leibes Christi wird katholisch sein, denn es existiert nur „ein Leib und ein Geist" (Eph 4,4), denn in diesem Leib ist alles in Christus vereint (Eph 1,10), denn dieser Leib wird „zu einer Einheit zusammengefügt und durch verbindende Glieder zusammengehalten … so wächst der ganze Körper und baut sich durch die Liebe auf" (Eph 4,16).

Dieser letzte Abschnitt verdeutlicht, daß die Fülle des Leibes Christi nur durch Liebe verwirklicht werden wird, durch das Opfer der Selbsthingabe, das im Neuen Testament „agape" genannt wird. Während der Kontakt zwischen Evangelikalen und Katholiken notgedrungen anfangs vorsichtig ist, muß er sie doch durch gegenseitige Achtung zu einer gegenseitigen Liebe führen. Diese Liebe, die ganz und gar die Gabe und Gegenwart des Heiligen Geistes ist, sollte entstehen, sobald wir lernen, das Wirken des Heiligen Geistes ineinander wahrzunehmen und uns daran zu freuen.

In diesem „pleroma" oder dieser Fülle des Leibes Christi wird Israel seinen Platz einnehmen, sobald es seinen eigenen

Messias anerkennt; das Evangelium wird in das Geheimnis Christi einführen; die Gaben und Dienste des Geistes werden sichtbar die Früchte des Geistes hervorbringen; die Kraft des Geistes wird in der Kraft der Liebe zu erkennen sein, die vom Herzen Jesu fließt, die Kirche auf Erden wird das Kommen der glorreichen Kirche in der Parusie einleiten, der Wiederkunft Christi beim Jüngsten Gericht.

Anmerkungen

1 in Deutsch unter dem Titel *Ein Herr, Ein Geist, Ein Leib* beim Vier-Türme-Verlag (Münsterschwarzach, 1993) erschienen.

2 *One Lord One Spirit One Body* (Exeter: The Paternoster Press, 1987, und *The Glory and the Shame* (Guildford, Eagle, 1994)

3 Exeter: Paternoster Press, 1986. Eine überarbeitete Ausgabe ist in Vorbereitung.

4 Das europäische Treffen in Wien, Österreich, im Oktober 1991 und das lateinamerikanische Treffen in Quito, Ecuador, im Juni 1992.

5 Word Publishing, Dallas und London, 1995

6 J. I. Packer, „Crosscurrents among Evangelicals" in Charles Colson und Richard John Neuhaus (Hrsg.) *Evangelicals and Catholics Together: Toward a Common Mission* (Dallas und London: Word Publishing, 1995), 147-174.

7 *The History of an Encounter: Roman Catholics and Protestant Evangelicals*, 81-114

8 In der deutschen Sprache gibt es zwischen diesen Begriffen keinen wesentlichen Unterschied, sie werden beide mit Evangelisation übersetzt. Wobei jedoch im katholischen Bereich, vor allem in offiziellen kirchlichen Dokumenten, von Evangelisierung gesprochen wird.

9 D. W. Bebbington, *Evangelicalism in Modern Britain: A History from the 1730s to the 1980s* (London: Unwin Hyman, 1989), 271.

10 Die Scofield Bibel war keine neue Übersetzung, sondern eine Version einer existierenden Übersetzung, ursprünglich die Autorisierte oder King-James-Version, versehen mit ausgiebigen Fußnoten, die die Bibeltexte auf der Grundlage von Darbys Lehre über die aufeinander folgenden Befreiungen interpretierte, wobei jede die jeweils vorange-gangene ersetzt und während derer Gott mit der Menschheit auf unterschiedlichen Grundlagen handelt.

11 Das englische Zitat wurde entnommen aus seiner Einleitung zu *The Lausanne Story* (Charlotte, NC: LCWE,

1987), 4.

12 Englisches Zitat aus Phoebe Palmer, *Selected Writings* (Hrsg.) Thomas C. Oden (Mahwah, NJ: The Paulist Press, 1988), 109.

13 Englisches Zitat aus M. E. Dieter, *The Holiness Revival of the Nineteenth Century* (Metuchen, NJ: The Scarecrow Press, 1980), 21.

14 Die Pilgrim Holiness Church schloß sich 1968 mit der Wesleyschen Methodistenkirche zur Wesleyschen Kirche zusammen.

15 Der Evangelische Gnadauer Gemeinschaftsverband wurde nach dem Ort benannt, an dem die Konferenz stattfand, die zu seiner Gründung in der Woche nach Pfingsten 1888 führte, Gnadau bei Magdeburg.

16 Hudson Taylor und die Glaubensmissionen werden eingehender im sechsten Kapitel erläutert.

17 Das englische Zitat wurde entnommen aus J.E. Church, *Quest for the Highest* (Exeter: The Paternoster Press, 1981), 99.

18 *The Message of Keswick and Its Meaning* (London & Edinburgh: Marshall, Morgan & Scott, 2. Ausg. 1957).

19 Der Titel des Buches über pfingstlerische Ursprünge und Pioniere in den USA von Robert Mapes Anderson (New York: Oxford University Press, 1979).

20 Tomlinson wurde später, als Konflikte bezüglich der Leiterschaft der Church of God aufkamen, Begründer der Church of God of Prophecy, deren Zentrum sich auch in Cleveland, Tennessee, befindet.

21 Auch in einen jüngeren Buch von Jean-Jacques Suurmond, *Word and Spirit at Play* (Grand Rapids: Wm B. Eerdmans, 1995) wird ausführlich darauf eingegangen.

22 David Reed, einer der wenigen Forscher, die sich auf „Oneness Pentecostalism" spezialisierten, beschrieb ihn als eine Form von „simultanem Modalismus".

23 Mit der Church of God (Cleveland, Tennessee) verbunden.

24 Quelle des englischen Zitats: „Are we too 'Movement' Conscious?" *Pentecost* 2 (Dez. 1947, Innenseite des rückwärtigen Deckblatts).

25 Michael Harper trat im März 1995 der Syrisch-Orthodoxen

Kirche von Antiochien bei und wurde inzwischen zum orthodoxen Priester geweiht.

26 Keiner dieser beiden Begriffe ist ganz zufriedenstellend. Bei „messianisch" liegt das Problem darin, daß sich alle Juden durch die Erwartung des Messias kennzeichnen und folglich an den Messias glauben, selbst wenn sie Jesus nicht als Messias anerkennen. Der Begriff „vollkommen" spricht den anderen Juden das Messiasbekenntnis nicht ab, ist aber doch in gewisser Weise eschatologisch undifferenziert, da der Begriff der Vollkommenheit den endzeitlichen Vorgängen beim zweiten Kommen Christi beschreibt.

27 Haltungen gegenüber der charismatischen Strömung unter Southern Baptists wurden lebendig veranschaulicht durch die genaue Befragung von Dr. Jerry A. Rankin über seine Einstellung zu Geistesgaben und sein Bekenntnis, während seines persönlichen Gebets „im Geist gebetet zu haben", bevor er 1993 zum Präsidenten des Southern Baptist Foreign Mission Board ernannt wurde.

28 Vgl. Peter Hocken, „The Charismatic Movement in the United States", *Pneuma* 16/2 (1994), 191 - 214.

29 Vgl. den Artikel von Reinhard Hempelmann, „Protestant Charismatic Renewal in Germany", *Pneuma* 16/2 (1994), 215-226.

30 Die CIM war die erste der sogenannten „Glaubensmissionen": vgl. Klaus Fiedler, *The Story of Faith Missions* (Oxford: Regnum Books, 1994).

31 Nicht konfessionsfrei. „Sie vermieden alle konfessionsfreien Auffassungen, die die Brüdergemeinden darboten. Gleichermaßen lehnten sie alle Angebote einer Eingliederung, ob von Konfessionen oder von überkonfessionellen Organisationen, ab. Sie mußten dies tun, wenn sie überleben wollten" (aus dem Englischen übersetzt: Fiedler, ebd., 183).

32 Fiedler, ebd., 33.

33 Grattan Guinness lebte von 1835 bis 1910, und Fanny Guinness (geborene Fitzgerald) von 1832 bis 1898.

34 Fiedler gibt eine lange Liste der Glaubensmissionen an, die die Gründung neuer Denominationen in den erreichten Ländern zur Folge hatten (ebd., 92-101), und veranschau-

licht den achtstufigen Prozeß, über die die Mission Philafricaine zur Evangelical Church of south-east Angola wurde (ebd., 90-91).

[35] Norman P. Grubb, *The Four Pillars of WEC* (London: WEC, 1963).

[36] J. I. Packer „Crosscurrents among Evangelicals" in Charles Colson & Richard John Neuhaus (Hrsg.) *Evangelicals and Catholics Together: Toward a Common Mission* (Dallas & London: Word Publishing, 1995) 166.

[37] Die Wurzeln der Navigatoren reichen bis in die 1930er Jahre zurück, aber ihre Organisation und Struktur stammt in Wirklichkeit aus der Zeit des Zweiten Weltkrieges. Vgl. B. Skinner, *Daws* (Colorado Springs: Navpress, 1974).

[38] *Operation World* (Hrsg. P. Johnstone), Ausg. 1993, 636.

[39] Erstes Gesetz: Gott liebt dich und hat einen wunderbaren Plan für dein Leben. Zweites Gesetz: Der Mensch ist sündhaft und von Gott getrennt, deshalb kann er Gottes Liebe und Plan für sein Leben nicht erkennen und erfahren. Drittes Gesetz: Jesus Christus ist die einzige Maßnahme Gottes gegen die Sünde des Menschen. Durch ihn kannst du Gottes Liebe und Plan für dein Leben erkennen und erfahren. Viertes Gesetz: Jeder einzelne muß Jesus Christus als Retter und Herrn annehmen; dann können wir Gottes Liebe und Plan für unser Leben erkennen und erfahren.

[40] *Operation World* (Hrsg. P. Johnstone) führt in seiner Ausgabe von 1993 CCC mit 11.043 Missionaren in 105 Ländern auf (633).

[41] *Operation World* (Hrsg. P. Johnstone, 1993) führt JmeM mit 7.076 Missionaren in 106 Ländern auf (640).

[42] Gemäß *Operation World* hatte OM 2.234 Missionare in 57 Ländern (637).

[43] Mooneyham wurde von Ted Engstrom (1982-1984) und Tom Houston (1984-1989) abgelöst.

[44] Gemäß *Operation World* (1993) hat WV 1.287 Missionare in 32 Ländern (640).

[45] World Vision International, *Corporate Policy Manual*, 11.1.3.

[46] Auch weitere Organe fallen unter die Schirmherrschaft von Robertson, wie z. B. AIMS.

47 Englisch in „Do Tongues Matter?" *Pentecost* 45 (Sept. 1958) auf der Innenseite des rückwärtigen Umschlags.

48 Die pfingstlerische und charismatische Strömung werden hier gemeinsam betrachtet, da der Unterschied zwischen den beiden nicht die besondere Ausrichtung betrifft, die grundlegend dieselbe ist, sondern die Bevolkerungsschicht, in der diese Botschaft weitergegeben und gelebt wird.

49 Besonders der Vater, Johann Christoph Blumhardt (1805-1880), aber in geringerem Ausmaß auch sein Sohn, Christoph Friedrich Blumhardt (1842-1919).

50 Man muß der pfingstlerischen Heiligungstheologie nicht zustimmen, um die Bedeutung in der Geistestaufe, die auf die Umkehr zu Christus aufbaut, sowie im Umgang mit grundsätzlichen Formen von Sünde im eigenen Leben wahrzunehmen.

51 Vgl. z. B.: „The Cross and the Spirit: Towards a Theology of Renewal" in Tom Smail, Nigel Wright und andrew Walker, *Charismatic Renewal: The Search for a Theology* (London: SPCK, 1993), 49-70.

52 Glenn Myers liefert eine Beschreibung eines Verbandsnetzes: „Die Analogie ist ein Netz: die Knoten im Netz sind autonome Organisationen wie Kirchen, Missionsorgane und Denominationen vor Ort. Gegenseitiger Informationsfluß ist das, was sie miteinander verbindet ... Wahre Netze sind locker, offen, nicht bedrohlich, nicht bürokratisch. Sie fördern unsere individuellen Bemühungen, geben ihnen einen weiteren Kontext." („The Network Revolution", *Renewal* 214, März 1994, 14-15).

53 Aus Puseys erster Rede bei der English Church Union, zitiert von Peter G. Cobb in seinem Artikel „Leader of the Anglo-Catholics?" in P. Butler (Hrsg.) *Pusey Rediscovered* (London: SPCK, 1983), 354.

54 Englisch aus R. W. Church, *The Oxford Movement* (London, 1892), 191-192.

55 Englisches Zitat aus A. Perchenet, *The Revival of the Religious Life and Christian Unity* (London: A. R. Mowbray & Co., 1969), 247.

56 Perchenet, Zitat aus obengenannter Quelle, 249.

57 Zitiert aus F. Biot, *Communautés Protestantes* (Paris:

Editions Fleurus, 1961).

58 übersetzt aus: Hl. Johannes von Kronstadt, My Life in Christ (Jordanville, NY: Holy Trinity Monastery, 1984), 2, 496

59 Vgl. Thailand-Bericht, *Christian Witness to Nominal Christians Among the Orthodox*, ein Bericht über eine 1980 abgehaltene Konferenz, die vom Lausanner Komitee für Weltevangelisation gefördert wurde.

60 Vgl. Sergey Chapnin, „St. Tikhon, Moscow, Russia: The Orthodox Charitable Brotherhood" in Gerhard Linn (Hrsg.), *Hear What the Spirit Says to the Churches* (Genf: WCC Publications, 1994), 30-33.

61 übersetzt aus: G. M. da Masserano, The Life of St. Leonard of Port Maurice (Philadelphia, 1909), 88.

62 Es ist jedoch wichtig, die Grenzen des posttridentinischen Katholizismus nicht zu übertreiben, was geschehen würde, wenn man die Kultur des katholischen Europa seit dem 16. Jahrhundert als einfach defensiv und nach innen gerichtet darstellen würde. Den deutlichsten Gegenbeweis für eine solche Sicht liefert die ausgiebige missionarische Tätigkeit des hl. Franz Xaver (1506-1552), die erstaunlicherweise den protestantischen missionarischen Einsätzen um 200 Jahre vorausging.

63 In Englisch erschienen: Antonio Rosmini, The Five Wounds of the Church (Leominster: Fowler Wright Books, 1987), 17.

64 Rosmini sagt über das Textbuch des Seminars: „Ich glaube, daß diese Bücher in den kommenden Jahrhunderten, die die Hoffnungen für eine unvergängliche Kirche mit sich bringen, als miserabelste, schwächste Arbeiten beurteilt werden, die in den ganzen achtzehn Jahrhunderten der Kirchengeschichte geschrieben wurden" (ebd., 37).

65 ebd., 34

66 übersetzt aus: John Henry Newman, *On Consulting the Faithful in Matters of Doctrine*, J. Coulson, Hrsg. (London: Geoffrey Chapman, 1961), 106.

67 Elena Guerra wurde von Papst Johannes XIII. 1959 seliggesprochen.

68 Die englische Übersetzung des französischen Originals

wurde zuerst von der University of Nôtre Dame Press (1956) veröffentlicht, wurde aber später von Servant Books von Ann Arbor, Michiga,n im Jahre 1979 neu aufgelegt.

69 So schrieb Daniélou beispielsweise drei Kapitel über die Arten von Taufe im Alten Testament: eines über die Schöpfungsgeschichte und die Sintflut, eines über die Durchquerung des Roten Meers und eines über Elias und den Jordan.

70 *Exégèse Mediévale* (1959)

71 Die englische Übersetzung von Bruce of Milwaukee, Wisconsin, erschien 1938.

72 Die englische Übersetzung erschien 1948 von MacMillan.

73 Es ist nicht bekannt, ob dieser Brief jemals den Papst erreichte. Er wurde nicht beantwortet.

74 Aus dem Englischen rückübersetzt: Lilian Stevenson, *Max Josef Metzger: Priest and Martyr* (London: S.P.C.K., 1952) 47, 49-51.

75 Dieses Buch wurde nie ins Englische übersetzt.

76 1965 wurde eine englische überarbeitete Version mit Nachtrag veröffentlicht (London: Geoffrey Chapman).

77 Die katholische Kirche erkannte seit langem an, daß Nichtkatholiken gerettet werden konnten, jedoch aufgrund ihrer Aufrichtigkeit und unüberwindbaren Unwissenheit und trotz ihrer Kirchenzugehörigkeit. Pius XII. wies sogar einen amerikanischen Priester, Fr. Leonard Feeney, zurecht, der lehrte, daß Nichtkatholiken nicht gerettet werden konnten.

78 Zuerst die Liturgie des römischen Ritus.

79 „Von größtem Gewicht für die Liturgiefeier ist die Heilige Schrift. Aus ihr werden nämlich Lesungen vorgetragen und in der Homilie ausgedeutet, aus ihr werden Psalmen gesungen, unter ihrem Anhauch und Antrieb sind liturgische Gebete, Orationen und Gesänge geschaffen worden, und aus ihr empfangen Handlungen und Zeichen ihren Sinn. Um daher Erneuerung, Fortschritt und Anpassung der heiligen Liturgie voranzutreiben, muß jenes innige und lebendige Ergriffensein von der Heiligen Schrift gefördert werden, von dem die ehrwürdige Überlieferung östlicher und westlicher Riten zeugt" (Abs. 24).

[80] „Die Riten mögen den Glanz edler Einfachheit an sich tragen und knapp, durchschaubar und frei von unnötigen Wiederholungen sein. Sie seien der Fassungskraft der Gläubigen angepaßt und sollen im allgemeinen nicht vieler Erklärungen bedürfen" (Abs. 34).

[81] Von den zwei vatikanischen Dokumenten über die Befreiungstheologie ist das zweite mit dem Titel *Christliche Freiheit und Befreiung* (Heilige Kongregation für die Glaubenslehre, 1986) positiver. Das positivste Kirchendokument über Frauen ist der Brief Papst Johannes Pauls II. an Frauen vom 29. Juni 1995.

[82] übersetzt aus: Chiara Lubich, *That All Men be One: Origins and Life of the Focolare Movement* (London: New City Press, 1969)

[83] übersetzt aus: R. Lombardi, *Hope for a Better World* (Langley: Society of St. Paul, 1958), 21.

[84] Die drei Teile wurden in neun Punkte untergliedert, von denen ich nur drei zitiere: „4. Der gegenwärtige Zustand der Welt und die Mentalität der Massen ist vorwiegend materialistisch. 5. 'Aufruhr' der Söhne Gottes gegen diesen unannehmbaren Sachverhalt. 6. Dies ist die Stunde des Evangeliums – eines sozial angewandten Christentums (Liberalismus und Kommunismus haben beide versagt – es ist an der Zeit, das Zeitalter Jesu zu errichten" (ebd., 25).

[85] Cursillo bedeutet „kleiner Kurs".

[86] Auf französisch sind inzwischen verschiedene Studien Marthe Robins verfügbar; die einzige, die bislang ins Englische übersetzt wurde, ist Raymond Peyret, *Marthe Robin: The Cross and the Joy* (New York: Alba House, 1983).

[87] Es ist interessant, daß diese Prophetie etwa zwei oder drei Wochen nach der Prophetie über die große pfingstartige Erweckung empfangen wurde, von der David du Plessis berichtete, daß sie ihm von Smith Wigglesworth in Südafrika gegeben wurde.

[88] Gemäß der Lehre des Zweiten Vatikanischen Konzils erreicht diese Manifestation der Kirche in der Eucharistie ihren vollkommensten Ausdruck, besonders durch die Eucharistie, die von einem Bischof gefeiert wird

(Konstitution über die Liturgie, Abs. 41). Die Ekklesiologie der orthodoxen Kirche ist sogar noch stärker eucharistisch.

89 Der Gebrauch des Begriffes „Erneuerung" anstatt „Erweckung" durch die Befürworter des „Torontosegens" spiegelt einen eher anderen Grundgedanken wider: Da dieser Aufbruch noch nicht die Ebene einer Erweckung in bezug auf ihren Einfluß auf die Unbekehrten erreicht hatte, mußte eine andere Bezeichnung gefunden werden. Die Wahl von „Erneuerung" weist darauf hin, daß diese Welle als eine Erneuerung der pfingstlerischen und charismatischen Strömung erfahren wird.

90 Vgl. Peter Hocken, The Glory and the Shame (Guildford: Eagle, 1994), 11. Kapitel.

91 Zwar wurden einzelne Katholiken schon zuvor im Geist getauft, der Februar 1967 stellt jedoch den Beginn einer sichtbaren Bewegung innerhalb der katholischen Kirche dar.

92 Nicht zu verwechseln mit den Plymouth Brethren.

93 Vgl. Artikel des Autors über „The Charismatic Movement in the United States" in *Pneuma* 16 (Herbst 1994), 191-215.

94 Übersetzt aus: C. Norman Kraus „Evangelicalism: A Mennonite Critique" in Donald W. Dayton und Robert K. Johnson (Hrsg.) *The Variety of American Evangelicalism* (Downers Grove, Illinois: InterVarsity Press, 1991), 189. Mit „prophetischem Zeugnis" bezieht sich Kraus nicht auf das evangelikale Interesse an der Prophetie an sich, die in der modernen Zeit häufig war, sondern auf ihr prophetisches Zeugnis einer gegenkulturellen Lebensart.

95 Die postmoderne verbale Art der Pfingstler wurde wiederholt von Walter J. Hollenweger betont und ihre spielerische Leichtigkeit in Suurmonds neuer Studie hervorgehoben (vgl. Anm. 21).

96 Protestantische Konfessionen können natürlich auf nationaler Ebene sehr unterschiedlich organisiert sein und verschiedene Theologien der Kirche widerspiegeln.

97 Der katholische Theologe, der die wichtigste Arbeit in der theologischen Betrachtung gegenwärtiger Entwicklungen in der Kirche und ihrer Bedeutung für die systematische

Theologie leistete, war der deutsche Jesuit Karl Rahner (1904-1984).

[98] Die offizielle katholische Lehre, vor allem seit dem Zweiten Vatikanum, erkennt die normative Rolle der Heiligen Schrift an; dies ist aber noch weit davon entfernt, alles katholische Denken und Handeln zu prägen.

[99] Im Juni 1995, während des Besuches von Patriarch Bartholomäus I. von Konstantinopel, bat Papst Johannes Paul II. um eine Klarstellung, daß die traditionelle katholische Lehre des *Filioque* nicht der ursprünglichen Formulierung des Credo vom Konzil von Konstantinopel aus dem Jahre 381 widersprach. In Antwort darauf gab der Päpstliche Rat für die Förderung der Christlichen Einheit eine Erklärung über die griechischen und lateinischen Traditionen bezüglich der Abstammung des Heiligen Geistes heraus. Diese Erklärung besagt, daß die katholische Lehre auf eine Art weitergegeben werden soll, durch die „sie weder der Monarchie des Vaters noch der Tatsache, daß er der alleinige Ursprung (archè, aitia) des *ekporeusis* des Geistes ist, widersprechen kann". Der Papst zelebrierte auch zu verschiedenen Gelegenheiten eine Liturgie und betete das Nicäno-konstantinopolitanische Credo ohne die hinzugefügte *Filioque*-Klausel, was der Version der orthodoxen Kirche entspricht.

[100] Abs. 702. Durch diesen ganzen Teil über den Heiligen Geist hindurch spricht der Katechismus von der „gemeinsamen Sendung" des Sohnes und des Geistes anstelle von zwei Missionen.

[101] Das Zweite Vatikanische Konzil erkannte dies prinzipiell an: „Im Glauben daran, daß es vom Geist des Herrn geführt wird, ... bemüht sich das Volk Gottes, in den Ereignissen, Bedürfnissen und Wünschen, die es zusammen mit den übrigen Menschen unserer Zeit teilt, zu unterscheiden, was darin wahre Zeichen der Gegenwart oder der Absicht Gottes sind" (*Gaudium et Spes*, Abs. 11)

[102] Konstitution über die göttliche Offenbarung, *Dei Verbum*, Abs. 21.

[103] Das Stundengebet umfaßt das Morgen- und Abendgebet, eine Lesung, drei kürzere Gebetszeiten während des Tages

und das Nachtgebet oder Komplet.

[104] Im Stundengebet werden die gesamten Psalmen gesungen oder gelesen und bringen somit das ganze inspirierte Gebet Israels hervor, das ihre Sehnsucht nach dem Messias und dem kommenden Königreich ausdrückt. Dieser zentrale, sogar dominante Gebrauch der Psalmen des Alten Testaments durch die christliche Kirche entspringt aus einem christus-zentrierten Verständnis der Heiligen Schrift und fördert es, sowie auch den Sinn dafür, daß Jesus Christus sowohl Objekt als auch Subjekt der Psalmen ist, derjenige, auf den sie hinweisen, und derjenige, der sie äußert.

[105] Enzyklika *Redemptoris Missio* (1988), Abs. 52.

[106] Eine französische Religionssoziologin, Martine Cohen, bemerkte, daß die vier größten charismatischen Gemeinschaften Frankreichs alle mit einem bestimmten Zweig der französischen katholischen Geschichte in Verbindung stehen: die Emmanuel-Gemeinschaft mit der französischen Schule von Monsieur Olier und Kardinal de Bérulle; die Chemin Neuf-Gemeinschaft mit den Jesuiten; die Gemeinschaft der Seligpreisungen mit den Karmelitern und Pain de Vie-Gemeinschaft mit den Franziskanern.

[107] Zweites Vatikanisches Konzil, Dekret über den Ökumenismus, Abs. 3.

[108] ebd., Abs. 3.

[109] Übersetzt aus: *The Liturgy and other Divine Offices of the Church* (London: H.J. Glaisher, 1925), 121-122.

[110] Das französische Original *Pour La Conversion des Eglises* (Paris, Centurion) wurde 1988 veröffentlicht; eine englische Übersetzung ist bereits erschienen.

[111] Übersetzt vom französischen Text, der in *Irénikon* 68/1 (1995), 110, veröffentlicht wurde.

[112] Ähnliche Empfindungen wurden vom Papst früher im Mai 1995 in seinem apostolischen Brief *Orientale Lumen* über die Ostkirchen ausgedrückt (siehe Abschnitte 17-18).

[113] Unter den Problemen, die sich durch die absolute Trennung zwischen Israel und der Kirche im Erlösungsdenken ergaben, sind: die Tatsache, daß viele Aspekte des Lebens und der Geschichte Israels im Alten Testament das Leben und

die Geschichte der christlichen Kirche im neuen Bund andeuten; die Tatsache, daß in Christus die physikalische Ordnung des vom Herrn Erwählten (in der Erwählung Israels und gekennzeichnet durch das körperliche Zeichen der Beschneidung und die Verheißung des Landes) nicht ersetzt, sondern als geistlicher Leib auferstehen wird (vgl. 1 Kor 15,42-49); die Lehre in Röm 11,26, daß ganz Israel gerettet werden wird; die Lehre des Neuen Testaments, daß es der Natur der Kirche entspricht, Juden und Nichtjuden in einem Leib zu vereinen (Eph 2,15-16; 3,6); die Tatsache, daß im himmlischen Jerusalem die Namen der zwölf Apostel des Lammes, die jüdische Christen waren, auf den Grundsteinen stehen (Offb 21,14).

[114] Es ist interessant, daß ein jüdischer Zeitgenosse von Théodore Ratisbonne, auch der Sohn eines Rabbi, einen sehr ähnlichen Weg verfolgte. Jakob, später Francois, Libermann (1802-1852), der 1826 konvertierte und 1841 die Priesterweihe empfing, hatte eine kleine missionarische Kongregation gegründet, die sich 1848 der Kongregation des Heiligen Geistes anschloß und von der Libermann Abt wurde. Libermann war ein Pionier der Missionsarbeit unter der schwarzen Bevölkerung Afrikas, er sah die Armen des Herrn, die *anawim* des 19. Jahrhunderts, als schwarze Sklaven, und strebte schon damals eine Kirche an, die von Afrikanern für Afrikaner geleitet werden würde.

[115] Übersetzt aus: *Information Service* (Sekretariat zur Förderung Christlicher Einheit) 60/I-II (1986), 27.

[116] Art. 2, Abs. 2.

[117] Ich verdanke diesen Punkt M. Fadiey Lovsky, einem französischen Kirchenhistoriker, der tief einsichtige Bücher über Israel und die christliche Einheit schrieb.

[118] Die Übersetzung „rejection" (in deutschen Fassungen: Verstoßung), die in vielen englischen Versionen (RSV, NIV, REB, NJB) gebraucht wird, widerspricht der formellen Antwort Paulus' in Römer 11,1, die das ganze Thema dieses Kapitels untermauert.

[119] Jules Isaac, *Has Anti-Semitism Roots in Christianity?* (National Conference of Christians and Jews, New York City, 1961).

[120] 30. Brief, geschrieben anläßlich des Zweiten Kreuzzuges 1146.

[121] Calvin war in seiner Lehre über die Juden viel gemäßigter.

[122] Die (evangelikale) Lausanner Konferenz bemerkte in einer Erklärung über jüdische Evangelisation vom Juni 1995 „den Skeptizismus vieler Kirchen gegenüber Juden, die an Jesus glauben und ihre jüdische Identität beibehalten".

[123] Uniatismus ist ein Begriff, der sich auf jene Kirchen und Menschen bezieht, die liturgische und andere Traditionen der Ostkirchen beachten, aber das Primat des Papstes in Rom anerkennen. Von den orthodoxen Kirchen werden sie als eine Art abwerbender Angriff der römisch-katholischen Kirche betrachtet. Ein gemeinsames katholisch-orthodoxes Dokument über dieses höchst sensible Thema wurde 1993 in Balamand in Syrien aufgesetzt.

[124] Im lutherischen Deutschland gab es während des letzten Jahrhunderts einen solchen Tag, der ironischerweise vom Staat eingeführt und nun wieder vom Staat abgeschafft wurde.

[125] Diese Assoziation wurde durch die Beschreibung der Israeliten von ihrer Ankunft am Berg Sinai ermöglicht, im „dritten Monat", nachdem sie Ägypten verließen (Ex 19,1), und die Erfordernis, das Paschafest im ersten Monat zu feiern (Ex 12,3; 18), wonach die fünfzig Tage nach dem Paschafest auf den Beginn des dritten Monats fallen; man bemerke „am heutigen Tag" aus Exodus 19,1.

[126] *Tertio Millennio Adveniente*, Abs. 36.

[127] Das Versöhnungsfest wird am zehnten Tag des siebten Monats gefeiert, und das Laubhüttenfest beginnt am fünfzehnten Tag desselben Monats.

[128] Dies kann am besten im *Katechismus der Katholischen Kirche* gefunden werden.

[129] In seinem apostolischen Schreiben über Maria, *Marialis Cultus* (1974), gab Papst Paul VI. Richtlinien für eine Erneuerung marianischer Verehrung unter den Aspekten: biblisch, liturgisch, ökumenisch und anthropologisch an (II, 2, Abs. 29-39).